河南形象文化符号传播研究

大象学术书坊

李建伟
— 主编 —

中原出版传媒集团
大地传媒

大象出版社
·郑州·

图书在版编目(CIP)数据

河南形象文化符号传播研究 / 李建伟主编.— 郑州 :
大象出版社, 2015. 11

ISBN 978-7-5347-8602-0

Ⅰ. ①河… Ⅱ. ①李 Ⅲ. ①地方文化—符号学—研
究—河南省 Ⅳ. ①G127. 61

中国版本图书馆 CIP 数据核字(2015)第 223675 号

河南形象文化符号传播研究

李建伟 主编

出 版 人 王刘纯
责任编辑 董墨华
责任校对 钟 骄
封面设计 王莉娟

出版发行 大象出版社(郑州市开元路 16 号 邮政编码 450044)
发行科 0371-63863551 总编室 0371-65597936
网 址 www.daxiang.cn
印 刷 新乡市豫北印务有限公司
经 销 各地新华书店
开 本 787mm×1092mm 1/16
印 张 19.5
字 数 269 千字
版 次 2015 年 11 月第 1 版 2015 年 11 月第 1 次印刷
定 价 45.00 元

印厂地址 新乡县翟坡镇兴宁村
邮政编码 453000 电话 0373-5635065

——本书为河南省教育厅人文社科重点项目《河南形象文化符号传播研究》(WX02)成果

中原文化与中原崛起(代序)

徐光春

大家知道,河南又称“中州”“中原”,为什么呢?因为中国古有九州,河南称“豫州”,因居九州之中,故称“中州”;又因境内平原多,故又称“中原”。中原是一个以河南为中心相对的区域性概念。一个是大概念,就是泛指黄河中下游地区;一个是中概念,主要指黄河中游地区,包括河南、陕西、山西、安徽、山东一部分,湖北一小部分;小概念,特指河南。我们现在讲的中原崛起,就是小概念,指河南经济社会发展如何加快实现崛起。现在我要讲的中原文化,就是指河南文化。那么,什么是中原文化呢?外面的人未必了解,甚至有些河南人也未必清楚,我到河南工作两年多了,一直在思考这个问题。这次来香港前,我又花时间专门对这个问题进行了研究。

近年来,在河南乃至全国学术界掀起了研究中原文化与河洛文化的热潮,两种文化之间究竟有什么关系?是不是一种文化的两种不同表达方式?抑或是两种完全不同的文化?见仁见智,莫衷一是。因此,在介绍中原文化之前,不能不说说河洛文化,尤其是河洛文化与中原文化的关系。一般来说,河洛文化是以洛阳为中心的古代黄河与洛水交汇地区的物质文化与精神文化的总和。根据我个人的学习和思考,参考大多数专家学者的研究成果,我认为,河洛文化与中原文化是既相互区别又相互联系的区域文化,集中体现在地域范围、存在时间、文明起源、思想内涵等几个主要方面。从地域范围看,河洛文化的产生地与发展地都在中原这一地域内,主要是在豫西的洛宁、孟津、巩义一带,比中原文化的范围要小得多。从存在时间看,河洛文化只是中原文化的一段历史,主要是宋代之前,尤其以夏、商、周三代文化为重点;而中原文化不仅包括古代、近代,也包括现代和当代的一切文化现象。从文明起源看,河洛文化只是中原文化的重要源头之一,主要以传说中的“河图”“洛书”为标志;中原文化除此之外,还有裴李岗文化、仰韶文化、龙山文化等其他源头。从思想内涵看,河洛文化与中原文化都是包罗万象,但人们对它们的关注点并不一样,对前者主要是以社会上层为依托,侧重于精神上和理论上的研究;而对后者则是以社会大众为基调,贯通上下、融汇古今,注重传承、研究实用。由此可见,河洛文化诞生在中原,繁荣在中原,并由此传播到全国各地和海外,是中原文化的重要组成部分,是中原文化前期的核心和主流,充分体现了中原文化的根源性、传承性、厚重性和辐射性。

一、中原文化的主要内容

中原文化博大精深,源远流长。从表层看,她是一种地域文化;从深层看,她又不是一般的地域文化,而是中华民族传统文化的根源和主干,在中华文化发展史上占有突出地位。具体来讲,她包含以下 17 个方面的主要内容。

第一,史前文化。中原的史前文化,时间久远,内容丰富,领域广泛。8000 年前的裴李岗文化,在新郑裴李岗遗址出土了数百件磨制石器和陶器。在舞阳贾湖遗址,出土了新石器时代的房址 53 座、窖穴 370 座、陶窑 13 座,以及灰坑、墓葬、瓮棺葬等,出土文物近 5000 件,特别是出土的世界上年代最早、保存最完整的骨笛,改写了世界音乐史;出土的酿酒遗物,被美国人配方复制后,生产出了 9000 年前的古酒,引起世界轰动。7000 年前的仰韶文化,出土了大量的彩陶和磨光石器,充分反映了新石器时代先民们的生产、生活状况。5000 年前的龙山文化,河南也发现了相当丰富的陶器动物浮雕及鼎、罐、壶等文化遗存。由此可以看出,史前文化在河南发现不止一处,也不只是少数、若干处的几件历史遗存,而是连续的、有规模的历史遗存。这些都充分表明河南在整个史前文明时期都处于领先地位,也足以说明中原大地是中华民族文明最早起步的地方之一。

第二,神龙文化。神龙是中国人智慧、勇敢、吉祥、尊贵的象征。河南是龙的故里。被称为人文始祖的太昊伏羲,在今周口淮阳一带“以龙师而龙名”,首创龙图腾,实现了上古时期多个部族的第一次大融合;另一被称为人文始祖的黄帝,在统一黄河流域各部落之后,为凝聚各部族的思想和精神,在今新郑一带也用龙作为新部落的图腾,我们今天的中国人被称为“炎黄子孙”和“龙的传人”,就是由此而来。从发掘出土的文物来看,我省发现的龙文物不但历史久远,而且最为正宗。濮阳蚌龙距今6400年,是中国最早的龙形象,被考古学界誉为“中华第一龙”;在“华夏第一都”偃师二里头遗址发现的大型绿松石龙形器,距今至少3700年,被学者命名为“中国龙”;等等。这些龙文化的遗存从夏、商、周到汉唐、明清一脉相承,都是中华民族龙图腾的源头,在形态上可以说都是北京故宫里各种龙形象的祖先。中原和全国各地的民俗,也有不少与龙有关,如每逢喜庆之日舞龙灯,农历二月二祭龙王、吃龙须面,端午节赛龙舟等。这些文化除了在中华大地传播继承外,还被远渡海外的华人带到了世界各地。在世界各国的华人居住区或中国城内,最多和最引人注目的饰物就是龙。从中原大地产生并完善的龙形象,目前已成为中华民族的象征、中华文明的精神内核、中华民族团结的纽带和共同的精神支柱。

第三,政治文化。历史上的中原大地长期是政治角逐、政权更迭、政体演变、“你方唱罢我登场”的大舞台,发生了难以计数的重大政治事件和政治活动,积累了大量的政治智慧和政治经验,形成了非常丰富的政治文化。黄帝是公认的先祖,开创了初始的政权制度,建立了国家治理的雏形。从尧、舜、禹的禅让制到夏、商、周的世袭制,完成了部落联盟向奴隶制国家的转变。之后,国家之间的纷争、交往与联盟等政治行为,不断地推动政体的发展,开启了封建社会的先河,形成了比较完善的封建制度。从夏朝到宋代3000多年间,河南一直是我国政治、经济和文化的中心,先后有200多位帝王建都或迁都于此，几度形成政治文明的巅峰与辉煌。中国八大古都，河南就有开封、洛阳、安阳、郑州4个。中国自古“逐鹿中原”“问鼎中原”“得中原者得天下”，就是由此而来。

第四，圣贤文化。在世界四大文明古国中，各种文化背景不一样，崇拜也不一样，印度崇尚动物，希腊和埃及崇尚神，中国非常崇尚圣贤。作为中华文化重要发祥地的中原，涌现出了许多文化圣人，而且名气很大。比如，“谋圣”姜太公、“道圣”老子、“墨圣”墨子、“商圣”范蠡、“医圣”张仲景、“科圣”张衡、“字圣”许慎、“诗圣”杜甫、“画圣”吴道子、“律圣”朱载堉等，他们不仅以其伟岸的人格有人们所敬仰，而且以自己丰富的知识和深邃的思维，创制了一大批经典著作，成为中华文化发展史上的不朽丰碑。春秋时期思想家老子的《道德经》，以“道”解释宇宙万物的演变，阐述了大量朴素辩证法观点，对我国2000多年来思想文化的发展产生了深远的影响，在世界上的发行量仅次于《圣经》。墨子提出的“兼相爱、交相利”观点，庄子提出的“天地与我并生，万物与我为一”，韩非子提出的以“法”为中心、“法、术、势”三者合一的统治思想，都受到了历代统治者的重视，也在普通民众中产生巨大影响。

第五，思想文化。中原思想文化是中华民族思想文化的核心，也是百家思想集大成者。孔子是儒学的开山人物，虽然出生在山东，但祖籍是河南，而且孔子讲学、游说的主要活动地域在中原。洛阳人程颢、程颐开创的宋代理学，又把儒学推向一个新的思想高峰，成为宋元明清以来居统治地位的主流意识形态。道家思想的老祖宗老子，是河南鹿邑人，长期生活与活动在河南，《道德经》就是在河南写的。法家思想的主要代表人物韩非子，也是河南人。总的来看，中原思想文化传达着刚健有力、自强不息、中庸尚和的生活哲学，不仅隐含着“日新”的变革进取精神，而且也体现了友好共处、向往和平的精神境界。这些思想文化塑造了中华民族的基本文化形态和性格，丰富了中华民族的精神宝库，并对世界文化产生了很大影响。西方许多杰出人物如伏尔泰、狄德罗、托尔斯泰、布莱希特都曾受到《道德经》的影响。托尔斯泰直至暮年还在阅读《道德经》，他说孔子、孟子对他的影响很大,而老子对他的影响是巨大的。

第六,名流文化。名流是一个以圣人为顶峰的特殊社会群体,也就是说,圣人肯定是名流,但名流未必是圣人,名流的外延要远大于圣人。名流以其文化素养、文化格调和文化创造影响着社会,形成一种社会文化效应和文化风尚。中原历史名人辈出。据统计,在二十四史中立传的历史人物5700余人,其中河南籍的历史名人有912人,占总数的15.8%。唐代留名的2000多名作家,河南居两成。在中原名流中,既有思想家、哲学家、政治家、军事家、科学家、文学家,也有社会贤达和社会名士,如纵横家张仪、苏秦,兵家吴起,政治家子产、李斯、张良、晁错、司马懿、姚崇、赵普,等等。尧舜时代的贤士许由,坚辞帝尧的禅让,被奉为隐士的鼻祖。魏晋时期的"竹林七贤",当时主要在河南焦作一带活动,其中阮籍、阮咸、山涛、向秀都是河南人。这些名流对社会风尚的形成甚至社会历史的进程产生了重要影响。

第七,英雄文化。河南是一片仰慕英雄、产生英雄的土地,也是热爱英雄、造就英雄的热土。中原儿女在历史的长河中谱写的英雄谱,如灿烂画卷,光耀神州。女娲补天、夸父追日、大禹治水、愚公移山等歌颂英雄的神话传说,都产生、流传在河南。历史上第一次农民起义的领袖陈胜,是河南登封人。代父从军的巾帼英雄花木兰,是河南虞城人,其义举令世人赞叹不已,甚至美国人也将其英雄事迹搬上银幕,全球传播。河南邓州人、唐代名将张巡在抵御叛军中,坚守睢阳,"守一城,捍天下",被后人奉为神灵。宋代的包拯权知开封府,刚正不阿、铁面无私、不畏权贵、惩恶扬善,成为世人景仰、万代传颂的"包青天"。南宋爱国将领岳飞是河南汤阴人,其"精忠报国"的壮志、"还我河山"的呐喊、"驾长车踏破贺兰山阙"的豪情,一直激励着中华儿女抵御外侮、报效祖国。这些英雄人物,历来都是人们尊崇、歌颂的对象。这是一种不寻常的文化现象。

第八,农耕文化。农业最早是在中原地区兴起来的。中原农耕文化包含了众多特色耕作技术、科学发明。裴李岗文化有关遗存中有不少农业生产工具,为早期农耕文化的发达提供了实物证据,尤其是琢磨精制的石磨盘棒，成为我国所发现的最早的粮食加工工具。大家知道，三皇之首的伏羲教人们“作网”，开启了渔猎经济时代；炎帝号神农氏，教人们播种收获，开创了农业时代。大禹采用疏导的办法治水，推进了我国水利事业的发展，也促进了数学、测绘、交通等相关技术的进步。战国时期，由河南人郑国主持修建的“郑国渠”，极大地改善了关中地区的农业生产条件。随着民族的融合特别是中原人的南迁，先进的农业技术与理念传播到南方，提高了中国古代农业的水平。可以说，中国农业的起源与发达、农业技术的发明与创造、农业的制度与理念，均与河南密切相关。

第九，商业文化。中国商人、商业和商业文化的起源在中原，是考古学界、史学界的共识。自古以来，中原地区就有比较自觉的商业意识，产生了中华商业文化的许多第一。商代的王亥“肇牵车牛远服贾”，也就是第一个用牛车拉着货物到远地去做生意，被奉为商业鼻祖。第一个儒商——孔老夫子的高足子贡，是河南浚县人，不仅能做官，而且善于经商致富。第一个热心公益事业而被后人称为商圣的范蠡，是南阳人，他帮助越王勾践灭吴复国之后，悄然引退，把才能用于经商。第一个爱国商人是新郑人玄高，在经商途中遇到了秦师入侵，以自己的15头牛为代价智退秦军。此外，中原还产生了中国商业的许多第一。比如中国历史上第一批职业商人诞生于西周时期的洛阳，第一个由政府颁布的保护商人利益的法规《质誓》诞生于春秋时期的新郑，以“城门之征”为代表的最早的关税征收发生在春秋时期的商丘，第一个有战略思路的产业商人为东周时期的洛阳人白圭，第一个商业理论家是今商丘人计然，最早的商家诉讼条例发生在春秋时的郑国即今郑州，第一个重商理论的倡导者为西汉洛阳人桑弘羊，唐代洛阳城内管理市场的“三市之长”是最早的“市长”。世界上第一座真正意义的人口超百万的国际化大都市就是北宋时的汴京（今开封），当时人口达到150多万，宋代著名画家张择端的《清明上河图》就是这一盛况的真实写照，而欧洲最古老、最发达的城市之一伦敦当时只有5万人。清代巩义的康百万家族，更是写下了“富过十二代、历经400年而不败”的商业神话。由此可见，中原商业文化在中华文化体系中占有重要的地位。

第十，科技文化。中原科技文化比较发达，具有内容的广博性、发明创造的实用性、历史发展的传承性等特点。如安阳殷墟出土的司母戊大方鼎，是迄今为止发现的最大最重的青铜器，其冶铸技术和工艺不仅达到了那个时代最先进的水平，就连现代人也叹为观止。三门峡出土的西周时期的铜柄铁剑，为目前我国最早的人工冶铁实物，被誉为“华夏第一剑”。郑州发现的汉代冶铁高炉，为世界上最早的椭圆形高炉。东汉河南人杜诗发明的“水排”鼓风技术，较欧洲早1000余年。陶器、瓷器最早也出现在河南。仰韶彩陶造型精美，“唐三彩”驰名中外，钧瓷色彩缤纷，汝瓷古朴典雅，不仅代表了历史上瓷器制作技术的最高水平，而且具有极高的美学艺术价值。常言道，“家有财产万千，不如钧瓷一件”，就说明了这个道理。被誉为“科圣”的东汉太史令张衡发明的地动仪比西方早1700年，创立的“浑天说”比同时代的希腊天文学家托勒密的“宇宙理论”先进得多。唐代河南人僧一行，不仅发明了世界上最早的自动计时器，而且比英国天文学家哈雷早1000年提出了“恒星自行”的观点，他与同行们进行了世界上首次子午线实测活动，因此成为古代天文学发展的里程碑。中国的四大发明，都是在中原孕育发明的。

第十一，医学文化。中原医学文化以整体的治疗思想、多角度观察病理的方法、奇特的治疗技术、和谐的用药手段而著称于世，是传统文化中的精华与国粹。黄帝被后人公认为中医药的创始人，战国时期编著的《黄帝内经》至今仍是中医学工作者必读的指导性医学著作。东汉南阳人张仲景的《伤寒杂病论》，提出了六经辨证的理论体系，是我国第一部理、法、方、药兼备的中医经典专著，被誉为“中国医方之祖”。洛阳龙门石窟的“药方洞”，保留有北齐时期完整的中医药方118个，治疗的病种达37个。这些药方为中国现存最早的石刻药方。北宋都城开封设有“尚医局”“御药院”“药密库”“太医局”“翰林医官院”等机构，设置之全在当时首屈一指。在“医官院”放置的制作精细的“针灸铜人”，成为世界针灸医学发祥地的象征。可以说，中医药文化起源于中原，中医药大师荟萃于中原，中医药文化发达于中原，中医药巨著诞生于中原。

第十二，汉字文化。汉字是传承和弘扬中华文化的重要载体，是中华民族的基本标识，也是中华文明的显著标志，并对朝鲜、韩国、日本等国的文字文化有着巨大而深远的影响。连续4000多年的汉字文化史，可以说就是一部中原汉字史，汉字的产生及其每一个重要发展阶段几乎都发生在中原大地上。传说中黄帝时代的仓颉造字在河南；第一套完善的汉文字系统甲骨文出土于河南；帮助秦始皇“书同文”、制定规范书写“小篆”的李斯，是河南上蔡人；编写世界第一部字典、归纳汉字生成规律、统一字义解析的文字学家许慎是河南漯河人，他在家乡完成了《说文解字》这部汉文字学巨著；至今我们还在使用的规范性字体“宋体”产生于河南开封，著名的活字印刷术也发生在这里。

第十三，诗文文化。河南是中国文学的发祥地。中国最早的散文总集《尚书》，是经过东周洛阳的史官整理成书的。我国第一部诗歌总集《诗经》中，属于今河南省境内的作品有100多篇，占总篇目的1/3以上。鲁迅说过，在秦代可称为作家的，仅河南上蔡的李斯一人。汉魏时期，有“汉魏文章半洛阳”之说。洛阳贾谊开骚体赋之先河，张衡《二京赋》则为汉大赋之极品，贾谊、晁错将西汉政论推向巅峰。汉魏时期的“建安七子”中的阮瑀、应场都是河南人。左思的《三都赋》名动天下，留下了“洛阳纸贵”的佳话。“梁园文学”的主阵地在商丘，宋词的故乡在开封，都留下了许多千古绝唱。东晋以后，河南大族南迁，以谢灵运的山水诗、江淹的抒情赋为代表的中原文人作品，推动了江南文学的繁荣。唐代最著名的三大诗人中，河南有二。“诗圣”杜甫是河南巩义人，他以沉郁顿挫的笔锋反映了一个时代的沧桑巨变，其诗歌被赞为“诗史”；把现实主义和浪漫主义完美结合的诗人白居易是河南新郑人，他创作的《长恨歌》《琵琶行》成为千古传诵的佳篇。“文起八代之衰”的孟州人韩愈，位居“唐宋八大家”之首，达到了中国散文的高峰。岑参、刘禹锡、李贺、李商隐等河南人，也以其卓越的文学成就跻身于著名诗人之列。

第十四，宗教文化。中华民族传统文化的一个重要特点就是儒、释、道“三教合流”，其中“释”（即佛）、“道”都属于宗教文化，其繁荣发展都与河南息息相关。道教是中国的本土宗教，被奉为鼻祖的老子李聃是河南鹿邑人。登封中岳庙是历代皇帝祭祀中岳神的地方，是我国现存最早、规模最大的道教建筑群之一。济源的王屋山为道教“十二洞天”之一，是唐代著名道长司马承祯偕玉真公主出家修道的地方。佛教传入中国后，第一座佛寺白马寺就在河南洛阳。洛阳的龙门石窟是佛教三大艺术宝库之一，已被列入世界文化遗产名录。推动佛教信仰大众化的“净土宗”祖庭就在开封相国寺。标志着佛教文化中国化初步完成的“禅宗”，其祖庭就在嵩山少林寺。在佛教文化史和中外文化交流史上鼎鼎大名的玄奘法师，是河南偃师人，也是《西游记》中唐僧的原型。儒、释、道三教合流的典型代表也在登封嵩山脚下。

第十五，民俗文化。中原地区民俗文化特色鲜明，斑斓多姿，集中体现在饮食、服饰、日常起居、生产活动、礼仪、信仰、节令、集会等各个方面。西周时期在中原形成的婚仪“六礼”，逐步演化为提亲、定礼、迎娶等固定婚俗，并延续至今。与生产、生活密切相关的岁时风俗，如春节祭灶、守岁、吃饺子、拜年，正月十五闹元宵，三月祭祖扫墓，五月端午节插艾叶，七月七观星，八月中秋赏月，九月重阳登高，等等，大多起源于中原，并通行全国。中原民俗还创造了民间的生活形态和艺术品，太昊陵庙会、洛阳花会、信阳茶叶节、马街书会、开封夜市等古代的民间节会至今不衰，开封的盘鼓和汴绣、朱仙镇的木版年画、南阳玉雕、濮阳和周口的杂技等民间艺术享誉中外。中原因其“中天下而立”，民俗文化广泛影响了周边地区乃至华夏和世界华人族群。比如饮食方面，广东人在豆腐上挖个洞，填满肉馅，蒸熟后食用，其实就是客家人从中原带去的吃饺子风俗的变异。中原民俗的广泛影响可见一斑。

第十六，武术文化。武术文化又称为功夫文化，是中原文化的鲜明特色。中原武术文化技冠天下，德播神州。“天下功夫出少林”之说，形象地表明了少林武术在中国武术文化中的重要地位。“十三棍僧救唐王”的历史传奇，帮助戚继光抗倭立功的光辉业绩，使少林寺闻名遐迩,成为中华武术的荟萃之所、流播之处、发扬光大之地,使"少林"成为中国武术的品牌,成为中原文化乃至中华文化的品牌。河南温县陈家沟人创立的太极拳,是中国武术文化的又一重要流派,以刚柔并济为特征,以强身健体、修身养性为主旨,已推广到五大洲,成为上亿民众生活中的重要组成部分。

第十七,姓氏文化。河南是中华姓氏的摇篮,中华姓氏无论肇始与大量衍生都与中原密切相关。《中华姓氏大典》中的4820个汉族姓氏中,起源于河南的有1834个,占38%;在当今的300个大姓中,根在河南的有171个,占57%;在根据人口数量多少而排列的100个大姓中,有78个姓氏的源头与部分源头在河南,无论是以李、王、张、刘为代表的中华四大姓,还是以林、陈、郑、黄为代表的南方四大姓,其根均在河南。近年来,我们以"万姓同根,万宗同源"为主题举办的姓氏文化节,得到了海内外的广泛认可与响应,在全球华人中掀起了寻根到河南、朝觐到河南、拜祖到河南的热潮。姓氏文化是河南独有的文化现象。

二、中原文化的显著特点

从中原文化的主要内容可以看出,中原文化的确源远流长、博大精深、内涵丰富、光辉灿烂。概括起来,有以下五个主要特点:

第一,根源性。就是说中原文化在整个中华文明体系中具有发端和母体的地位。无论是人类记忆的史前文明,还是有文字记载以来的文明肇造,都充分体现了这一点。从盘古开天、女娲造人、三皇五帝、河图洛书等神话传说,到早期的裴李岗文化、仰韶文化等考古学发现,都发生在河南。夏、商、周三代,被视为中华文明的根源,同样发端于河南。作为东方文明轴心时代标志的儒、道、墨、法等诸子思想,也正是在研究、总结三代文明的基础上而生成于河南的。

第二,原创性。就是说中原文化对构建整个中华文明体系发挥了筚路蓝缕的开创作用。无论是元典思想和政治制度的建构,还是汉文字和商业文明的肇造,乃至重大科技的发明与中医药的重大发现,都烙下了中原文化的印记。《易经》《道德经》对宇宙、社会、人生的独特发现,极大地影响了中国人的民族性格和民族文化心理。黄帝“都有熊”置百官和李斯提出的郡县制，确立了中国几千年封建社会的基本制度模式；张仲景的《伤寒杂病论》、张衡的浑天仪，都在中国历史乃至世界历史上占据着举足轻重的地位。

第三，包容性。就是说中原文化具有兼容众善、合而成体的特点。中原文化通过经济、战争、宗教、人口迁徙等众多渠道，吸纳了周边多种文化中的优秀成分，实现了物质文化、制度文化和思想观念的全面融合与不断升华。考古人员发现，20万年前南北文化就交会在中原一带。进入新石器时代，文化交流更为频繁，文化融合更为深化。新石器时代中原文化与周边地域文化具有许多共同点。如中原地区的大汶口文化就是东夷集团的海岱民族和中原民族交往、融合的结果；郑州大河村遗址中出土的一些富有山东大汶口文化特征的陶器，说明中原文化在那时就开始吸收周边文化成果，熔铸自己的文化。胡服、胡乐、胡舞、胡人食品在汉唐时期传入中原，都融入中原文化之中。世界其他地区的宗教基本都具有排他性，但是作为外来宗教的佛教传入中原，却被本土的儒、道文化所接纳，成为中原文化和中华文化的重要组成部分。

第四，开放性。就是说中原文化有着很强的辐射力和影响力。集中表现在：一是辐射各地。如岭南文化、闽台文化及客家文化，其核心思想都来源于中原的河洛文化。唐代的河南思想家、文学家韩愈就极大地影响了潮汕文化。二是化民成俗。中原文化中的一些基本礼仪规范常常被统治者编成统一的范本，推广到社会及家庭教育的各个环节，从而产生了“万里同风”的社会效果。三是远播异域。秦汉以来，中原文化主要是通过陆路交通向东向西广泛传播，不仅影响了朝鲜、日本的古代文明，而且开辟了延续千年的丝绸之路。班超出使西域、玄奘西天取经、鉴真东渡扶桑等历史记载，都书写了中原文明传播的壮丽画卷。从北宋开始，中原文化凭借当时最发达的航海技术，远播南亚、非洲各国，也开辟了世界文明海路传播的新纪元。

第五，基础性。就是说中原文化在中华文化系统中处于主体、主干的地位。中原文化在与其他文化不断融合交流的过程中，自身的外延也在不断扩大,并由此催生了中华文化的形成。中原文化的核心思想,如“大同”“和合”,都成为中华文化的核心思想;中原文化的核心价值观,如礼义廉耻、仁爱忠信,都成为中华民族的核心价值观;中原文化的重大民俗活动,如婚丧嫁娶、岁时节日等,都成为中华民族的民俗活动。正如一位著名考古学家所说,中原以外的文化区都紧邻或围绕着中原文化,很像一个巨大的花朵。这些外围的文化区是花瓣,而中原文化是花心。正是花心的不断绽放,才形成了中华文化这朵绚烂的文明之花。

三、中原文化的重要作用

正是中原文化的上述特性,决定了中原文化对于历史进程的推动,对于中华文明的形成,对于民族精神的传承,对于经济社会的发展,都发挥了独特而重要的作用。

第一是认识作用。中原文化是5000年中华文明的缩影,反映了中华文明发展的轨迹,折射着中国历史发展的脉络。透过中原文化可以从总体上认识中国社会和中原发展,并从中总结出社会前进的有益借鉴。与此同时,中原文化的先贤们发现并阐发的许多精辟思想,至今仍闪烁着真理的光芒,具有重要的世界观和方法论意义。例如格物致知、有无相生等朴素精辟的思想,仍是我们今天认识事物、认识世界的重要方法与途径。又如,老子“天下难事必作于易,天下大事必作于细”就是对许许多多规律性社会现象的高度概括,至今仍有启发意义。

第二是引领作用。长期以来,中原文化都以其文化理想引领着东方文明的进程。近古以来,中原文化的文化理想甚至远播西方文明而绽放出瑰丽的文化魅力。《马可·波罗游记》对当时和谐的东方国度的赞誉,至今还为人们称道。中原文化在精神层面建构的文化理想,已经成为全人类共同的文明成果。如天下大同的文化气度、天人合一的理念境界、尊道贵德的理性气质、大德曰生的人文情怀和中庸辩证的思维理路,在环境恶化、能源危机、人为灾难频繁发生的今天,不仅是引领人类社会发展建设的美好理想,而且对于我们今天进行道德建设、人格完善,对于整个民族素质的提升,乃至世界文明的进步,都仍具有积极的引领作用。

第三是推动作用。就是说中原文化产生的新思想、新知识、新技术有力地推动了中国经济社会的发展。从周朝的“封邦建国”到北宋文官制度的全面繁荣,从北魏孝文帝改革到王安石庆历新政,中原大地上的每一次重大改革都推动了中华民族政治文明的递进。从殷商王朝对商业经济方式的自觉选择,到以宋朝交子、汇票等为标志的商业革命,都促进了社会分工的极大发展,实现了社会生产效率的显著提高,先后创造了我国奴隶社会与封建社会的繁荣时期。新技术作为促进经济社会发展的直接动力,中原文化也做出了彪炳史册的贡献。东汉蔡伦发明的造纸术,实现了文字载体的新突破;北宋毕昇的活字印刷迎来了铅与火的新时代,开创了知识传播的新纪元;成熟于宋代的火药,把人类征服自然的能力提高到一个新水平;指南针导致了航海技术革命,为近代文明的到来准备了必要的条件。中原文化就如一台功能强大的引擎,从不同方面不断带动中华历史甚至世界历史的车轮前行。

第四是支撑作用。就是说中原文化具有对中华民族共同精神的维系、智慧成果的传承功能。一个民族是要有精神的,一个没有精神的民族就如同一盘散沙。中原文化对中华民族精神的塑造发挥了重要的作用。无论是后羿射日、嫦娥奔月、愚公移山等激励鞭策人们奋发向上的神话故事,还是岳飞报国、木兰从军等宣扬爱国主义的名人传说,都是中华民族极其宝贵的精神财富,今天仍然给我们以强大的精神支撑。这种精神,尤其在民族存亡的危难关头,无不成为支撑全民族的坚强力量。中原文化所包含的“民为贵,社稷次之,君为轻”等治国思想,“上兵伐谋,其次伐交,其次伐兵,最下伐城”等军事思想,至今仍闪烁着智慧的光芒,中原文化正以其无可比拟的系统性、丰富性、完整性,为中国经济社会的发展提供不竭的智力支撑。

第五是凝聚作用。就是说中原文化固有的向心力在促进民族的伟大复兴中发挥着聚合作用。中原文化是广泛吸收众多民族优秀品质而成的中华文明的主流文化,团结和谐、爱国统一始终是她倡导的主题。千百年来,一直广泛而深刻地影响着海内外华人,报效国家、热恋故土等炽热情怀成为全球华人的民族意识和价值追求。中原文化作为中华民族的根文化,作为传承中华文明的主干文化,长期以来就是海内外华人魂牵梦绕的精神寄托,大家无论身在何方,都有"常回家看看"的心理和愿望。新郑黄帝拜祖大典和周口姓氏文化节的成功举办,正是中原文化这种特有历史震撼力和时空穿透力的生动展现。历史发展反复证明,中华民族无论怎样一波三折,甚至分分合合,但维护团结、追求统一的历史主流始终没有改变。

解读中原文化,我们不难看出,历史上的河南之所以能够长期成为中国政治、经济、文化中心,成为中华崛起的高地,与根深叶茂的繁荣文化是分不开的。当历史的车轮进入21世纪后,我们要实现中原崛起,很重要的一个方面,就是要开发我们的文化,发展我们的文化,创新我们的文化,要把我们丰富的文化资源变为强大的文化力量,促进又好又快的发展,推动中原崛起。所以河南省第八次党代会明确提出要实现经济大省向经济强省跨越、文化资源大省向文化强省跨越,这两个跨越相辅相成、缺一不可。特别是随着经济文化化、文化经济化、经济文化一体化时代的到来,我们只有把这两大跨越有机地结合起来,才能加快中原崛起的进程。为此,我们将坚持先进文化的前进方向,大力发展先进文化与和谐文化,坚持用科学理论引领中原崛起,用人文精神凝聚中原崛起,以文化产业支撑中原崛起,以人才智力支持中原崛起,以创新文化推动中原崛起,全面提升中原文化的引领能力、服务能力和创新能力,为实现中原崛起提供强大的精神支持、智力支持和不竭动力。现阶段,我们首先要把家底摸清,弄清到底有多少文化的"金矿""银矿""铜矿""铁矿"。这项工作,目前已经全面启动,在全省范围内展开了文化资源的普查,一俟普查结束,我们就制定开发利用的规划。从当前掌握的情况看,我们至少有以下八大文化产业可以很好地发展,这就是传媒出版、文博会展、文化旅游、功夫娱乐、影视动漫、戏曲演艺、书法绘画、网络创意等。我省的这八大文化产业都是省委、省政府下一步将重点支持发展的产业，无论从资源禀赋看，还是从市场潜力看，都具有明显的比较优势和可期的经济效益。比如绘画书法，我们商丘市有一个王公庄村，家家户户画老虎，一年卖画收入400万。我们的开封市多数成年人都是书法爱好者或者是各级书协会员。绘画、书法在河南不仅有广泛的群众基础，而且有全国领军人物，现任的中国美协主席和中国书协主席都是我们河南人。再如功夫产业，少林功夫影响已经波及世界，来自国内外学习武术的学员仅登封一地就有10万多人，俄罗斯总统普京访问中国时专程拜访少林寺。陈氏太极拳也已经走出国门，开始在澳大利亚、美国等国家设馆收徒，吸引了大量国外的年轻人。河南文化产业的发展前景由此可见一斑。在此，我真诚地欢迎香港的企业家和有识之士到河南去看一看，也欢迎大家积极参与到河南文化产业的开发中来。我相信，只要我们团结一心，措施有力，有9800万勤劳智慧的中原儿女的奋发进取，有包括香港同胞在内的海内外朋友的热情参与，中原文化就一定能够迎来发展的春天，就一定能够放射出更加瑰丽的光彩，成为推动中原崛起的强大动力。

（2007年在“中原文化港澳行”恳谈会上的讲话）

目录

第一章 形象符号传播现状及问题

形象是其客观条件和文化内涵的符号，是人们对媒介信息所构成模型的投影，是传媒通过对内和对外传播来影响人们对某一事物的印象。[1] 形象需要借助一定的符号才能传播，塑造良好的地区形象，传播具有地区标识的符号能够增加民众对该地区的总体印象和评价，增强地区软实力，对该地区社会经济发展具有重要意义。河南地处中原大地，在几千年的历史长河中创造了辉煌的历史和灿烂的文化，拥有许多形象符号。河南更有"一部河南史，半部中国史"之说，河南在改革开放中经济发展迅速，人民生活水平提高。然而，进入 21 世纪以来，河南形象传播面临着困境，河南形象不断被歪曲，河南人被"妖魔化"，外界对河南存在着固有的偏见。因此，如何更好地利用这些符号来提升河南形象，从而改变人们对河南的认知和评价，消除他们对河南的误读，是摆在河南政府和媒体面前的重要问题。

第一节 符号传播概述

一、"形象"概念的界定

形象自人类文明诞生时就存在，伴随着人类文明发展的长河不断变化发展。在信息"爆炸"的全球化时代，形象作为呈现某一事物内外部因素的重要组成部分被无限放大，其作用和影响大大增强，形象的势能和冲击得到前所未有的释放。

形象"是具体事物的主观映象"。[2] 形象具有主观性，这是形象最基本的特征之一，是人们对于外界事物的感受和认知形成的潜在的主观印象。在传播过程中，物质在不断运动变化中表现出不同的特征和差异,形成信息,这就是"形象"中的"形"。这个信息通过一定的媒介传输到受众的大脑,受众通过已有的认知对接收到的信息进行加工,形成"像",并通过一定的方式"输出",最后形成"形象"。[3]传播学把形象这一相对抽象的概念进行了较为理性化的分析,给出了一个形象产生反射的大致路径和输出方式。

管文虎在《国家形象论》一书中对形象作出了详细解释。他将其定义为一种客观具体事物的主观映像,是客观刺激物经主体思维活动加工或建构的产物,是直接或间接引起主体思想情感等活动意识的迹象或印象。[4]在他看来,形象的建构是一个双向认知的过程,而绝非单一形式的存在。形象首先要存在于客观的具体事物中,能够通过各种刺激和感官认知来形成、构建主观的印象。形象一词中的"形"和"象"表明,形象的内涵既具象又抽象。形象具有客观性与主观性,客观性是前提,主观性是结果。张毓强认为形象有三个方面的特点:形象的物质本源性;源像是客观存在的,是唯一的;形象的主观性。[5]形象的客观性是指形象的物质本源性,即任何形象都是以实物本身固有的"形态、面貌"等为依据形成的,不可凭空捏造。形象的主观性是指形象是人们对事物或人产生感知和印象的综合,它带有强烈的主观意识,有时甚至还带有偏见。[6]

某一地域形象一经传播,就是一种具有自身运行逻辑的客观存在,并将对其现实产生综合的、持久的、先行的能动作用,是对某一国家或地域认知的第一建构,是敞开的第一扇大门。良好、健康、稳定的国家或地域形象直接关系到一国或一地区之内的所有"声誉资本",是产生综合影响力的最佳表现。国家形象、地域形象及相对应的形象传播、文化战略和规划,在一国、一地区的发展进程中处于至关重要和不可代替的决定性地位。在国家发展战略和综合国力的研究中,良好的地域形象完全可以,甚至理应成为国家软实力的核心组成部分,也是增强一国、一地区综合实力和竞争力等方面的重要体现。

二、国家、地域形象研究

近年来相关学术领域的研究学者集中关注国家形象建构及传播

方面的研究,根据研究的立意、方向和领域的不同,有关国家形象一词的概念,并没有形成统一的标准答案,虽然众说纷纭,但可以看出大致的研究路径有相似之处,都不约而同地把国家形象定位在举足轻重的位置上,也是一国在全球化发展进程中不可或缺的重要组成部分。并且,随着研究的不断深入,大部分学者普遍认为,国家形象建构是一个复杂、综合、长期、双向的过程,其间包含着政治、经济、宗教、民族、风俗等各方面的综合内容。

早期国内学者的研究主要从外部环境对于国家形象一词作出了总结,这是由当时中国在国际社会中的地位决定的。徐小鸽认为国家形象是别人眼中的镜像,它好比一面镜子,照出来的并不是真实影像,而是你所呈现给别人的主观形象。国家形象是一个国家在国际新闻流动中所形成的形象,或者说是一国在他国新闻媒介报道中所呈现的形象,[7]把新闻媒介的报道作为呈现形象最主要的输出部分。刘小燕认为,国家形象是国际社会对一国相对稳定的总体评价,是国家的客观状态在公众舆论中的投影,也就是社会公众对国家的形象、看法、态度、评价的综合反映,是公众对国家所具有的情感和意志的总和。[8]汤光鸿认为,“国家形象是外部和内部公众对某国的总体判断和社会评价”。[9]杨伟芬把国家形象定义为“国际社会公众对一国相对稳定的总体评价”。[10]李寿源给出国家形象的定义如下:国家形象是一个主权国家和民族在国际舞台上所展示的形状相貌及国际环境中的舆论反应。[11]

这几位学者主要把国家、地域形象的外向型表征作为他们的研究重点。他们对于国家形象的定义具有相似之处,普遍认为外部判断对国家形象起到较为重要的决定性作用,外部的具体表现、国际社会的评判和新闻报道在很大程度上决定国家形象。国家形象在历史发展进程中,通过不断的积累及自身和外界的相互影响,形成一个相对稳定的表现。

随着中国在国际社会中的地位不断提高,2008 年北京奥运会成功举办,国家形象的研究在这一时期数量大大增加,也逐渐备受国家和社会的重视。然而,随着国际社会不断变化,单纯的外向型特征已经不能够满足国家形象在风云变幻的国际社会立足,国家形象的另一方面,也是国家形象发展的基础,其主体内向型的研究应运而生。管文虎在《国家形象论》一书中明确提出,所谓国家形象是个综合体,它是国家外部公众和内部公众对国家本身、国家行为、国家各项活动及其成果给予的总的评价和认定,是国家力量和民族精神的表现与象征,是综合国力的集中表现,是一个国家最重要的无形资产。[12] 管文虎把国家形象提升到了一个非常重要的高度,他认为国家形象就是国家的大门,是一个国家在全球化时代立足的根本,没有国家形象的支撑,其他方面似乎无从谈起。

程曼丽对国家形象给出一个更为细化的定义,她把国家形象纳入民族精神的范畴,认为国家形象是在历史文化传统的基础上,融入现代化的要素,经萃取、提炼而成,汇集了国家或民族精神气质中的闪光点。[13] 张昆在《国家形象传播》中将国家形象进行了较为详细的归纳,他认为,国家形象应具有以下三个要素:一、国家形象的物质要素;二、国家形象的制度要素;三、国家形象的精神要素。[14] 张毓强把国家形象分为三种:第一种是具有不可描述性的国家形象的“源像”;第二种是本国系统中主控群族所力图树立的形象;第三种是国际信道和其他国家主控族群所描述的一国形象。[15]

虽然研究的切入层面不同,但是国家形象的产生和形成都具有外部条件和内部条件,在内部条件的基础上,离不开其外部条件。国家形象都具有外向性特征,外部的认知和映射在很大程度上决定着国家形象的建构。

通过上文对国家形象的归纳总结,可以得出:首先,国家形象总是和国家的行为、各种活动及其成果存在着内在关联,是国家各种活动成果的外在显示与表露;其次,国家形象具有客观性和主观性,是国家外部公众和内部公众对国家的各种活动及其成果的看法和认定,社会公众是认识和评判国家形象的主体。他们认知一国的国家形象的主要渠道是通过自身国家的大众媒体。

目前对于地域形象方面的研究基本上都是基于国家形象的理论框架结构,可以认为地域形象是国家形象研究领域的一个分支和延伸。但在地域形象研究方面,媒介地域歧视这一问题十分引人注目,地域歧视伴随着地域形象而来,是地域形象提升方面必须要跨越的门槛。

地域歧视是一个沉重而又敏感的话题,其作为一个社会问题一直被媒体和网络关注并讨论。[16]地域歧视,从社会心理学的角度来说就是社会认知,它是一种由于社会认知上的偏差而产生的对社会、地区、个人等方面的"刻板印象"。而外界,特别是在舆论报道方面通常会去个体化,自然而然地把个人形象归结为地域形象。物以类聚,人以群分,人们通常会不由自主地将自我和相似类型的人群画等号,进而地域形象上的认知偏差在此基础上产生。

地域歧视对象的形成可以被视为社会记忆建构的过程。而这种建构中的社会记忆素材时而被强化时而被弱化,时而显现时而隐匿,最终构建了一个被歧视的地域形象。[17]地域形象的偏差或歧视如同国家形象一样,都有着一定的历史因素和意识形态的构建,是一定时间内的累积。"冰冻三尺非一日之寒",一旦外界对某一地区产生了一些认知偏差或歧视,是很难在短时间内有所扭转的。

地域歧视形象是多种话语权力合谋构建的集体记忆的结果。记忆、话语、权力三者在形成与塑造地域形象中遵循着这样一种机制,即社会的主流话语不断形成对特定地域人评价的社会话语框架,这种话语框架实质就是社会的一种话语设置,它体现的是一种政策和舆论的导向,其本质是权力的体现。[18]

随着改革开放以来国内大众传播媒介对地域形象的话语解读和影响,一些大众传播媒介的误读、曲解所产生的我国部分地区的地域歧视开始受到国内学者的普遍关注,人们开始反思大众传播媒介是否准确、客观地传播着某一地区的地域形象。大众传播媒介对于社会来说,在某种意义上是一种公共资源,社会各阶层的全体成员应该平等地享有媒介传播资源。然而国内地区经济发展的不平衡、与生俱来的文化差异导致地域形象被误读和曲解。当前大众传播媒介资源越来越多地被"主流人群""精英人群"或拥有较强经济、文化等实力的人群所占有。因此,在全媒体传播时代,大众媒介对地域歧视所造成的影响和作用愈发明显。这种影响拉大了地域之间经济、文化等方面的差异,从而形成了文化交流之间的鸿沟,大多数受众只认可或接受大众传播媒介呈现给他们的地域形象。

构成大众传播媒介中存在的媒介地域歧视现象的原因可以归纳为历史因素、文化因素和意识形态因素等方面。特别是在新媒体飞速发展的时代,媒介传播渠道的多元化、信息迅速的裂变式传播,更加剧了“坏事传千里”这一普遍现象,一旦国家或地域发生较有社会舆论影响力的负面或恶性事件,其国家形象或地域形象必将大打折扣,其造成的严重后果难以估量。

三、符号学的发展及文化符号的研究

自人类文明发展开始,符号就伴随我们,从远古山洞中的符文壁画到现代社会中的华服霓裳,符号出现在人们社会活动的方方面面,是人类文明发展中的有效继承载体,是实现人类文明发展的记忆储存工具,是人类表达自身思想情感的媒介手段。符号的基本特征是它的指代性,符号总是代表某一事物,它承载着一定的内容(概念、意义),是传播活动的基本要素。[19]

现代符号学研究始于20世纪初,发展于20世纪60年代。符号学最早是在20世纪初由瑞士语言学泰斗索绪尔(Ferdinand de Saussur)提出的,主要由索绪尔的结构主义和美国思想哲学家皮尔斯(Charles Sanders Peirce)的实用主义构成,他们为以后符号学的延伸和发展提供了研究基础。索绪尔认为,“语言是一种表达观念的符号系统,类似于书写系统、聋哑人的手语、象征性礼仪、礼貌举止及军事信号等。有一门研究是在社会生活中符号生命的科学;它将构成社会心理学的一部分,因而也是普通心理学的一部分;我们管它叫符号学”。[20]从20世纪符号学的发展状况来看,符号学研究的方向大致可以分为三大类:语言学类、非语言学类和折中类。[21]自从20世纪初符号学思想提出以来,哲学家们就孜孜不倦地从不同维度探讨符号,希望对符号学进行深刻的解读。符号学的基本研究对象就是各种符号的发展、演变和形式。最基本的符号学研究对象包括语言、神话、宗教、艺术、文化、历史等方面。这些符号表达方式是符号学这片天空中的点点繁星，通过这些繁星构成人类文明、文化起源发展的脉络。

符号学的先驱索绪尔认为，研究符号的方法论依据是二元的，即一切符号学的问题都是围绕能指和所指这两个侧面展开的。符号的价值是由能指和所指之间的等价及不同能指、所指之间的差异确定的。在皮尔斯看来，符号不仅仅是二元研究。他提出的符号研究方法论依据是三元的，即一切符号学的问题都不能回避符号、对象客体、解释项三个方面。[22]而美国著名的哲学家莫里斯(Charles William Morris,1901—1979)在吸取皮尔斯等人的符号学基础上，把符号划分出语构、语义和语用三个维度。[23]尽管三位先驱思想家对符号理解的侧重点和切入点不同，但他们都认为符号具有的最基本功能是基于人类而产生，符号是人类与世界沟通的一种交流方式，伴随着人类发展的历史长河不断演变发展，它既神秘又真实。

在国内的传播学领域，通常把符号定义在更宽泛的内容范围中，认为符号是传播的基本要素和必要条件。胡正荣认为符号具有以下三个方面的特点：一、符号的指代性；二、符号的社会公有性；三、符号的发展性。[24]郭庆光给出符号的概念是信息的外在形式或物质载体，是信息表达和传播中不可缺少的一种基本要素，人类是通过符号或者符号体系来传递信息的。[25]余志鸿著的《传播符号学》将符号学的理论和方法运用于传播学，回顾了符号学的历史和贡献、符号中的学问，以及符号原理及其传播功能等，指出没有传播符号也就没有传播的互动和传播价值的体现这一观点。

英国哲学家洛克认为，符号学就是考察人为了理解事物、传达知识于他人时所用的符号的本性。[26]除了洛克，对于文化符号研究最出名的莫过于德国哲学家、文化哲学创始人卡西尔(Enst Cassirer,1874—1945)。卡西尔把符号产生、承载的主体人和人类文化这一重要因素作为其研究的主要目标，将符号学的发展研究推进到了另一层面，那就是作为人类的我们在符号学中的地位和重要意义。

卡西尔提出著名的“人是符号的动物(animal symbolicum)”这一观点，他认为符号是人类文化存在发展的根本形式。他主张研究认知的方式，而非其对象。卡西尔的思想是一种融合、贯通的人类文化哲学研究思想，是着眼于人类这个独特的个体和人类文化发展体系来串联其研究理论体系。他强调语言、宗教、科学、艺术、音乐等都是人类文化发展中的符号化表达，是人类通过这些体系对世界的符号化认知。

卡西尔在《人论》中修正和扩大了"人是理性动物"这一定义倡言：我们应当把人界定为符号的动物来取代把人界定为理性的动物。只有这样，我们才能指明人的独特之处，也才能理解对人开放的新路——通向文化之路。[27]他利用符号揭示人与文化内在关系的形成秘密，也从文化意义上找到人的本质。文化是人的中介。生活的一切方面，无不受文化的触动，无不因文化而改变。他认为，没有符号，就没有文化，而没有文化，人只剩下赤裸裸的动物性。[28]可见，符号成就人的文化本质。总之，卡西尔用符号对人进行的文化哲学诠释，抓住了人类生活中最具有代表性的"符号思维和符号活动"。[29]人之于符号是相伴相生的，卡西尔将符号定义为人类文化的基石，将符号、文化与人类文明的发展融合在一起。卡西尔得出了与以往哲学家不同的结论，他以人类文化作为根基，通过人的审视和定义，他从以往哲学的理性批判走向文化批判。

文化是一个国家、地域的精神支柱，凝聚了其人文精华和历史记忆，承载着历史，开拓着未来。文化符号传播的高层次传播是价值观、生活观的传播，沟通、对话、交流是其传播的基本形态，通过映射自身来反映社会。这是本文选择文化符号作为地域形象研究的重要原因。著名人类学家、跨文化传播活动研究的第一人爱德华·霍尔（Edward T. Hall）在分析人类学、文化形象时，通过一系列的实证研究强调人与文化间的密切关系，在1976年出版的著作《超越文化》（*Beyond Culture*）一书中，将文化作为一个复杂、系统的个体通过实例进行分析。他按照意识程度的高低把文化分为三个层次：技术文化、显形文化和隐形文化。他提出了延伸和迁移延伸的理论。认为文化是人外化的一种屏障、筛子和桎梏。[30]与麦克卢汉提出的媒介是人的延伸这一概念有异曲同工之妙。不同的是，霍尔把延伸和迁移延伸理论的研究进行了细化，将其置身于文化研究领域，通过实证、田野研究和具体的案例来分析文化及人类同文化的关系。他认为是文化改变了或建构了人类对于时间和空间的理解，文化是这一理解的基础和延伸，而不同的文化内涵、文化理解会导致人际交流的阻隔和困难。

符号的产生和作用绝不是个人意志的表达，它是通过长期的发展积淀，透过社会、文化、制度、宗教等各方面因素发展而来，与文化的背景相辅相成。符号作为具体代表这些方面的有效载体被凸显出来，不仅涉及其客观性的表达和意义，也同主观性的感受和认知息息相关。

第二节　河南形象符号传播现状及问题

地区符号传播能够增加人们对该地区的形象认知，提升地区形象。河南地处中国中东部，古称“中原”，面积为 16.7 万平方千米，在长期的历史发展中形成了众多的形象符号，这些符号代表着河南形象，能够展示出河南独有的魅力，从而给人们留下深刻的印象。

一、河南地域形象研究综述

众学者认为河南文化符号是中原传统文化意义和理念的载体，是感知河南、认识河南、传播河南的重要路径。河南作为中部崛起的一个重要区域、中华民族传统文化的发源地之一，因其政治、传统、文化等方面的重要性不断引起古往今来研究者的关注，在文学、绘画、摄影等作品中都能看到这一形象。但以往的研究往往忽视“河南”在某种程度上已经作为主观的抽象符号而存在。前文中提到，从 20 世纪末，外界社会、舆论报道都对河南地域形象产生了一定的误读，提到河南就想到贫穷、落后、素质低，乃至坑蒙拐骗等带有一定地域歧视的字眼，严重损害了河南人民的感情，对河南经济、文化各方面的全面发展带来严重的负面影响。

进入 21 世纪以来，河南地域形象开始从民间到政府受到高度关注。在河南地域形象文化符号生产、传播的过程中，真正由河南人、河南媒体所传达的河南地域形象比外界所塑造的河南地域形象要少得多,这既体现了因经济发展的差距造成的河南地域形象与文化符号在传播中形成的扭曲,同时也显现了河南地域形象与文化符号生产、传播中各方力量的薄弱。近年来,河南媒体,特别是作为河南主流媒体的《河南日报》《大河报》《东方今报》等报纸围绕河南形象,策划了很多影响深远的新闻报道,用事实说话,用实绩来展示、建构、提升河南地域形象。

郭小霞在《河南形象的媒体建构》一文中提出,河南媒体形象实际上是主我建构和他我建构共同作用的结果。真正的河南形象,存在于两种力量的竞合过程中。[31] 孙法智在《"新世纪河南形象研讨会"综述》一文中提出,河南形象是社会公众对河南政治、经济、文化、科技、教育等诸方面的综合评价和总体印象,是河南投资环境、社会治安、城市建设、生产力水平发展、民众的综合素质长期以来形成的特征。[32]

河南形象塑造、传播对策等方面的研究是最多学者讨论和思考的话题。焦锦淼在《塑造河南形象重在提升文化品位》中认为,文化是地域形象差异形成的深层原因,文化品位的不断提升是经济活动和社会发展的有力推动力量。他从文化理念的角度,深层关照河南形象的兴衰,提出通过多层面提升河南人的文化品位、经济增长的文化品位、市场文化品位、环境文化品位、产品文化品位,着力塑造河南发展、稳定、开放、文明的新形象。[33] 王冬梅在《青年网民心目中的河南形象》中,以青年网民心目中的河南形象为切入点,对近年来河南形象重塑进行实证研究,发现河南要重塑形象,必须全面提升政治、经济、文化、城市面貌等各方面的水平,政府应进一步提高危机公关能力,创造各种条件使外界深入了解河南,河南形象重塑应有选择地利用媒体平台、讲究传播方法等。[34]

总体来说,在以前的以河南形象为关键词的论文、期刊中,多是从宏观的政治、经济、文化层面来提出河南省形象发展的策略和解决方法,或者是通过河南的新闻报道、外界新闻舆论的构建和议程设置来分析河南形象,还有一部分是站在地域歧视的视角分析河南负面形象产生的原因和问题。以符号学、文化符号的视角对河南形象的研究是相对较少的,对于河南形象文化符号的传播是零碎的、不系统的。

二、河南形象符号传播现状

传播内容丰富多元。河南历史悠久造就了丰富而多元的河南形象符号。河南是华夏文明的发祥地，有开封、洛阳、安阳、郑州、商丘、南阳、濮阳、许昌、新郑这样的历史文化名城，这些城市不仅是历史的见证，更是一个个城市符号。而且每个城市都有丰富的旅游资源，不仅有登封少林寺、洛阳龙门石窟、开封清明上河园等人文景观，还有焦作云台山、信阳鸡公山、洛阳白云山等自然景观。河南丰富的旅游资源独具特色，不仅能够提升河南旅游形象，促进河南经济的发展，更有利于扩大河南的知名度。当然有城市的地方也少不了美食，河南美食众多，河南人民在长期的劳作过程中创造了具有中原特色的美食文化，比如开封桶子鸡、灌汤包闻名全国。塑造河南美食形象也能够推广中原文化，提升河南形象。另外，河南方言是识别河南人身份的重要特征，具有浓厚的中原文化特色，比如“中”（好）、“弄啥”（干什么）“夜儿个”（昨天）等。

传播媒介日益多样。随着时代的发展，河南形象符号传播媒介日益多样化。信息技术的不断进步，使得传播媒介不仅仅限于实物传播和人际传播，随着近几年互联网的普及和网民的不断增加，网络的传播优势凸显出来，传播力量成倍增长。河南境内网络媒体众多，比如有大河网、河南网、商都网等省内主流网络媒体，同时随着社会经济的发展，河南在全国的影响力逐渐加大，全国主流媒体如人民网、新浪网也开设了河南专栏，专门报道河南新闻。另外随着新媒体的不断出现，微信、微博的流行，信息传播更加快捷，河南政府和媒体也不断与时俱进，相继开设官方微博和微信，据新浪网发布的《2013 年第一季度新浪政务微博报告》显示，截至一季度末，河南在政务微博总数超过 3000 个的省份中排名第四，“@平安中原”在全国政务机构微博 TOP20 排行榜中排名第三。[35] 官方微博和微信的开设能够及时发布相关信息，及时和网民互动，增加公众对河南的了解。

传播意识不断增强。2014 年 6 月 22 日，在卡塔尔首都多哈召开的第 38 届世界遗产大会传来好消息，中国的两个遗产项目——中国大运河和丝绸之路项目双双申报成功,列入《世界遗产名录》,河南成为全国唯一同时成功“双申遗”省份,至此河南省的世界文化名片已经有5处,分别是龙门石窟、安阳殷墟、“天地之中”历史文化建筑群、大运河河南段、丝绸之路河南段,这些形象符号无疑能够提升河南形象。[36]近年来,河南传播意识不断增强,运用多种方式来传播河南形象符号,提高河南形象符号的知名度和影响力。例如,河南省政府在《“十二五”河南旅游产业发展规划》中提出了要培育一批国际旅游品牌、打造一批精品旅游景区、谋划一批精品旅游线路来发展旅游产业,希望通过发展旅游产业来塑造河南形象,弘扬中原美名。[37]另外,河南举办大型节事活动,黄帝故里拜祖大典、国际华商文化行、国际老子文化节、固始根亲文化节等重大品牌节会影响力逐年加大。河南通过各种形式的活动把代表河南的符号传播出去,从而能够增加公众对河南的认知,知名度和影响力无形中就会增加,自然也有利于提升河南的形象。

传播效果不容乐观。最近,台湾某教授在电视谈话节目中称“河南乡村吃不起茶叶蛋”的言论引起了网友的热议,更激起了河南人民的不满,之后,该教授在接受电话访问时表示:“不能只看内地的部分地区,并举例河南郑州农村人还是消费不起茶叶蛋!”此番言论一出,再次引起网友热议,河南网友纷纷表示:“二次被黑,很受伤。”[38]传播效果是信息传播的终端,河南形象符号的传播效果不容乐观。21世纪以来,河南相继出现了像焦作大火、原阳有毒大米案件、双汇瘦肉精事件等负面新闻,省外媒体对河南负面消息的大肆传播,再加上负面新闻发生后,河南政府和媒体缺乏危机公关意识,使得公众对河南的形象符号认知渐渐从正面转向负面。[39]“素质低”“治安差”“骗子多”一时成为外省对河南人的普遍评价。甚至河南人在外地工作时也会受到歧视,这些都会影响到河南人民的自信心和自豪感,影响着地区的认可度和美誉度,影响着中原地区的经济和文化发展。值得欣慰的是,河南省政府发现这种情况后,采取了一系列措施来提升河南形象,积极传播河南形象符号,努力改变外界对河南的固有认知。

三、河南形象符号传播出现的问题

美国哈佛大学教授小约瑟夫·奈提出了“软实力”的概念。他指出，一个国家的综合国力既包括由经济、科技、军事实力等表现出来的“硬实力”，也包括以文化和意识形态吸引力体现出来的“软实力”。[40]“软实力”的概念对河南的发展也具有借鉴意义，诚然，河南形象符号传播出现的问题已经影响了河南的发展，影响了河南“软实力”的构建。

河南形象符号繁杂，缺乏系统性、代表性。河南悠久的文化历史造就了河南众多的形象符号。作为公众不可能认知所有的河南形象符号，公众关注的河南形象符号往往不多，例如豫剧、少林寺、龙门石窟、洛阳牡丹、包公、红旗渠、焦裕禄、任长霞、殷墟、洛阳水席、开封小笼包、逍遥镇胡辣汤、《梨园春》、《武林风》等。当前，河南形象符号繁杂，缺乏系统性，难以让公众产生深刻的印象。因此河南应该建立河南形象符号传播体系，形象符号应该具有特色，避免同其他地区雷同。河南需要提炼能够代表文化内涵的典型河南形象符号。

河南形象符号传播力、影响力不足。台湾某教授关于“河南乡村吃不起茶叶蛋”的言论说明了外界对河南形象存在着固有的“刻板印象”，似乎“穷”“落后”等词语就是河南形象的代名词。美国记者沃尔特·李普曼提出了“刻板成见”这一概念。他在《公众舆论》中说：“多数情况下我们并不是先理解后定义，而是先定义后理解。”他还说：“置身于庞杂喧闹的外部世界，我们一眼就能认出早已为我们定义好的自己的文化，而我们也倾向于按照我们的文化所给定的、我们所熟悉的方式去理解。”[41]外省对河南的负面宣传使得人们对河南存在着固有的认知。河南形象传播要靠传播力和影响力。传播力，实际上就是指一个传媒通过各种传播方式的组合，将信息扩散，导致产生尽可能好的传播效果的能力。[42]河南要想改变人们固有的刻板印象，就必须加大河南形象符号的传播力、影响力。

河南形象符号传播持续性不够。河南形象传播是一个持续的过程，不能“三天打鱼，两天晒网”。公众对河南的固有偏见是在长期的宣传中形成的，所以河南形象符号的传播要有一个持续性，这需要对河南形象符号传播有一个长远的规划，在长期的传播中才能逐渐扩大河南形象符号的影响力，逐渐改变公众对河南的认知。河南的形象符号传播不能是一阵风、一股热。不可否认，河南为加大形象符号传播、提升河南在外省的影响力，也举办了一系列活动，在省外也刮起了一阵“河南风”，但是热度减退之后，“河南风”就会从公众视野中退去。

四、河南形象符号传播建议

区域形象是社会公众对一个地区政治、经济、文化等要素的综合评价和总体印象。区域形象塑造有利于树立区域的良好形象，促进区域经济发展。如何通过塑造河南形象符号，从而更好地提升河南形象，是当前河南发展的大问题。

建立河南形象符号识别系统，拓宽传播渠道。河南形象符号识别系统来源于广告学上的企业形象识别系统（CIS）。企业形象识别系统由企业理念识别、企业行为识别、企业视觉识别三部分构成。CIS（企业形象识别系统）将企业经营理念和精神文化运用整体传达系统（特别是视觉传达系统），将讯息传达给企业内部和社会大众，使其对企业产生一致的价值认同感和凝聚力。[43]按照这一理论，河南形象符号识别系统可以分为河南形象理念符号识别、河南形象行为符号识别、河南形象视觉符号识别三部分。河南形象理念符号识别，即由河南文化、河南发展目标、河南精神等因素构成。河南形象理念符号识别是河南形象符号识别系统中最关键的一环，它直接决定着行为符号识别和视觉符号识别，是最核心、最深层次的部分，因此河南要努力发扬河南文化，拥有科学持续的经济发展理念，同时传播河南精神。河南形象行为符号识别，包括河南政府及官员在办公和民众生活中所表现出来的行为规范、整体素质等，这要求河南政府要提升政府形象，加强廉政建设，打击官员腐败，提升官员的整体素质，塑造河南政府和官员的新形象；同时也要求提升河南民众的整体素质，发扬河南精神，提升河南人形象。其实，河南有许多感人的英雄事迹，有焦裕禄这样的人民公仆，也有魏青刚这样的道德模范。河南形象视觉符号识别即由河南城市形象、河南发展口号、河南旅游资源等构成的识别系统。河南形象视觉符号识别就是河南的名片。

同时,河南要努力拓宽形象传播渠道,运用多种方式来提升河南形象的传播力、影响力。具体措施可以有以下三个方面:(1)拍摄形象宣传片。形象宣传片对河南形象传播具有重要的推动作用,能够反映河南经济发展,展示河南的独特魅力,更能提高河南的知名度。要加大河南形象宣传片的宣传力度。近年来河南相继拍摄了三部"老家"系列宣传片,分别是《壮美中原,老家河南》《记忆中原,老家河南》《老家河南》,这些宣传片在媒体播出后引起了极大的反响,受到人们的喜爱。(2)举办重大节事活动。节事活动可以反映出区域的经济文化发展,扩大对外交流,丰富人民的精神文化生活,提升区域形象。河南要多策划具有全国影响力的节事活动。(3)开展公共关系活动。公共关系活动是提升地区形象的重要手段。河南要多策划公共关系活动,扩大对外交流,不仅要走出去,多与国内其他省市甚至国外加强联系,同时也要邀请国内外团体和知名人士来河南参观访问,让他们了解河南的巨大变化,对河南有更深的了解。

打造河南品牌形象符号,开展正面形象传播。早期的营销专家利维认为,品牌形象是存在于人们心中的关于品牌各要素的图像及概念的集合体,主要是品牌知识及人们对品牌的主要态度。[44]打造区域品牌形象符号,让人们对区域品牌有一个良好的印象,有利于增加该区域的魅力,提升地域的美誉度和影响力。因此,打造河南品牌形象符号已经成为提升河南形象传播的重要手段。法国哲学家雅克·马里坦曾指出,符号"是人类世界的普遍工具"。所谓"符号"就是负载、传播信息的基元,是人类认识事物的一种简化手段。[45]然而要想使公众深刻地认识符号,就需要使符号具有个性。在广告学上有著名的品牌个性理论,河南的品牌形象符号要有独特性、唯一性,同时要承载河南浓厚的中原文化,从而使公众对河南符号进行更好的识别、接受与认同。

法国社会学家鲍德里亚认为,现代消费社会已经不仅仅是一个产品和物的世界,它已经成为一个符号的王国。在一定程度上,物质产品成为人际交流的道具,成为社会观念的象征。这种符号意义为消费者带来物质消费以外的精神满足,受到消费者的欢迎,成为生产、交换和消费的对象。[46]例如,我们一说到酒,就会想到贵州茅台;一说到提包,就会想到法国的LV。因为“茅台”“LV”已经成为一种符号,代表着一种身份、形象,同时这些符号承载着当地的文化。河南形象符号传播要有品牌意识,打造知名品牌,让品牌来传递中原文化,提升河南形象。当前,河南在全国拥有较强竞争力的知名品牌还很少,如“双汇”“焦作铁棍山药”“新飞冰箱”“宇通客车”等。

不仅如此,河南要开展正面形象传播,具体应该进一步做好以下三个方面:(1)主动设置议程。河南媒体要主动设置传播议程,形成“以我为主”的宣传,主导大众舆论,宣传河南的正面形象。多宣传河南的名人、名胜古迹、知名特产等。同时塑造河南的先进事迹和先进人物,任长霞、李学生、张尚昀、付建州、洪战辉等先进人物正是通过媒体的报道被全国人民所熟知,他们的故事感动着中国,他们代表着河南,是河南人的骄傲,同时也提升了河南的形象。(2)注重新媒体的运用。随着数字技术的发展,新媒体的发展也越来越迅速,新媒体逐渐成为公众主要的交流工具。河南媒体要与时俱进,重视新媒体的巨大作用,积极利用微信、微博等多种新媒体来宣传河南形象。(3)主动与外省媒体进行合作。河南媒体想要增强传播效果,必须提高整合力度,联合外省媒体进行协同作战。一方面要协同外省主流媒体积极宣传河南形象,另一方面,当河南遭遇形象危机时,就要联合外省媒体及时发布真相,遏制谣言。

提升河南形象符号水平,努力提高河南形象。形象符号的塑造必须要能反映出区域的文化内涵,必须对区域文化进行充分的挖掘,从而能够找出代表区域形象的符号。河南要提升其符号水平,挖掘能够代表河南的重要符号。河南形象符号塑造一定要结合河南的自身特点,提升河南形象符号的水平,使其凝练化,具有代表性。当然,河南形象的提高离不开民众的努力。人际传播是日常生活中比较常见的传播现象。河南要提高民众参与传播河南形象的热情,提高他们的积极性。人际传播是真正意义上的“多媒体”传播。[47]人们的语言、表情、姿态、服装、文字都是自我表达的重要媒体，这就要求河南民众有一个良好的精神面貌，提升自身的素质，人人是河南的形象，个个是河南的代表。同时河南也要培养意见领袖。美国著名社会学家拉扎斯菲尔德提出了著名的“两级传播”理论，即报纸和杂志等媒体的信息先是传向“意见领袖”，然后再由意见领袖传向一般受众。意见领袖在民众中的影响力比较大，他们能够影响公众的态度和行为。可见，河南要想传播河南形象符号，提升河南形象，培养意见领袖必不可少。

总之，河南历史文化资源丰富，塑造和维护河南形象符号，使河南形象更好地传播，能够增加民众的归属感和认同感，增强凝聚力，同时也能彰显河南的魅力，树立河南新形象。

当然，河南形象的建立不是一朝一夕的事情，需要数代人的艰苦努力，需要科学理论的指导，需要政府和媒体的共同努力，更需要民众的支持。只有这样，河南形象符号才能更好地传播，河南形象才能提升，中原经济区才能健康发展。

附录：关于河南形象问卷调查统计

河南形象文化符号传播调查问卷

尊敬的先生/女士：

我们是参与“河南形象文化符号传播研究”项目的研究人员。为了更好地了解河南形象文化传播状况，并帮助塑造良好的河南文化符号，我们设计了该问卷，希望得到您的支持与参与。您的意见和建议，对我们下一步的研究工作非常重要。该问卷采用匿名方式，您的个人资料将得到有效保护。

再次感谢您的支持与参与！

河南大学“河南形象文化符号传播研究”项目组

2014 年 7 月

1. 请问您对河南的总体印象(　　)(可多选)

A. 农业大省　B. 经济实力强　C. 人口大省

D. 景观及文化古迹有吸引力　E. 具有中原地域特色

F. 风土人情有魅力　G. 文化底蕴深厚　H. 名优特产丰富

I. 城市发展速度快　J. 交通发达　K. ______(请注明)

2. 您认为最能代表河南特色的是(　　)(可多选)

A. 胡辣汤　B. 烩面　C. 开封小吃　D. 洛阳水席

E. 洛阳牡丹　F. 开封菊花　G. 中原航空港　H. 豫剧

I. 炎黄二帝　J. 信阳毛尖　K. 少林寺　L. 龙门石窟

M. 殷墟　N. 黄河　O. 双汇集团　P. 清明上河园

Q. 焦裕禄　R. 其他______(请注明)

3 . 您认为目前河南的整体形象(　　)

A. 很好　B. 较好　C. 一般　D. 不太好　E. 很不好

4. 您认为哪些符合河南人的形象(　　)(可多选)

A. 勤劳能干　B. 慵懒散漫　C. 热情好客

D. 冷漠排外　E. 诚实守信　F. 坑蒙拐骗

G. 开放创新　H. 因循守旧　I. 豪爽大方

J. 小气算计　K. 其他______(请注明)

5. 您了解河南及河南人的主要途径是(　　)(可多选)

A. 报纸　B. 电视　C. 网络　D. 广播

E. 书籍杂志　F. 政府制作的宣传册

G. 亲朋好友介绍　H. 亲身感受　I. 其他______(请注明)

6. 您认为导致河南及河南人负面形象的原因是(　　)(可多选)

A. 河南经济发展落后

B. 河南人口众多且素质相对较低

C. 河南外出务工人员多,且多从事低端职业

D. 部分地区出现的地域歧视现象

E. 媒体的渲染

F. 其他______(请注明)

7. 您认为河南省的形象包装、策划、推广做得(　　)

A. 很好　B. 较好　C. 一般　D. 不太好　E. 很不好

8. 您认为塑造良好河南形象,应该怎么办(　　)(可多选)

A. 加强对外宣传　B. 增强经济实力　C. 提高人口素质

D. 改善交通路况　E. 改善社会治安　F. 加强文化品牌建设

G. 完善公共服务　H. 改善人居环境　I. 完善城市配套设施

J. 引进高端人才　K. 提高农业现代化程度

L. 开发旅游资源　M. 增加就业机会

N. 其他______(请注明)

9. 您认为可以从哪些方面重点推介河南形象(　　)(多选)

A. 特色节事　B. 旅游景点　C. 体育赛事

D. 历史文化　E. 产业基地　F. 企业品牌

G. 娱乐休闲　H. 影视传媒　I. 其他______(请注明)

您的个人信息(请务必填写)

1. 您的性别(　　)

A. 女　　　B. 男

2. 您的年龄(　　)

A. 18～25　　B. 26～30　　C. 31～40

D. 41～50　　E. 51～60　　F. 60 以上

3. 您的文化程度(　　)

A. 高中及以下　　B. 中专及技校

C. 大专及本科　　D. 硕士及以上

4. 您的职业(　　)

A. 政府公务员　　B. 企业职工　　C. 教育科技人员

D. 学生　　E. 农民　　F. 个体户

G. 退休人员　　H. 其他______(请注明)

5. 您是(　　)

A. 河南人　　B. 外省人______(请注明)

C. 港澳台地区居民　　D. 其他______(请注明)

课题组针对河南形象的传播问题共发放 470 份调查问卷。若按文化程度统计,在 28 张中学生的有效票据中有 16 票选择少林寺作为河南形象符号代表。在大学及以上学历的受访者中,选择少林寺作为河南形象符号代表的人数最多,接下来排名前五位的为烩面、豫剧、胡辣汤、龙门石窟。从中学生及大学以上学历的统计结果中可以看出,少林寺、烩面及豫剧这三项排位一致,体现了高度的一致性。大学及以上学历的投票情况如下图所示:

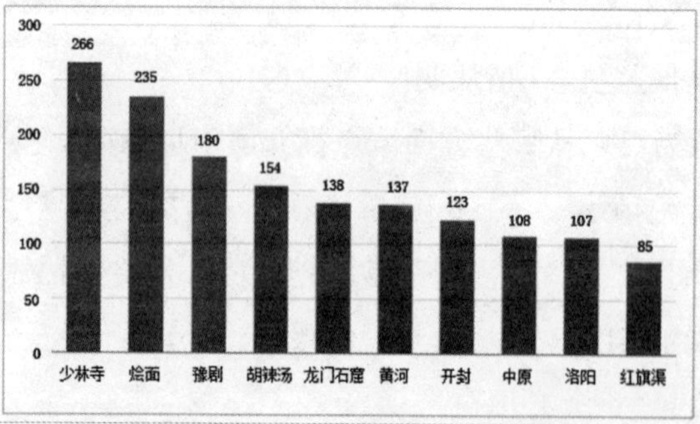

若按地域统计,收到河南省内的有效问卷共 396 份。从统计结

果来看，排名前五位的分别是少林寺、烩面、豫剧、胡辣汤、黄河。与大学及以上学历的统计结果相比，只有第五名出现变化。

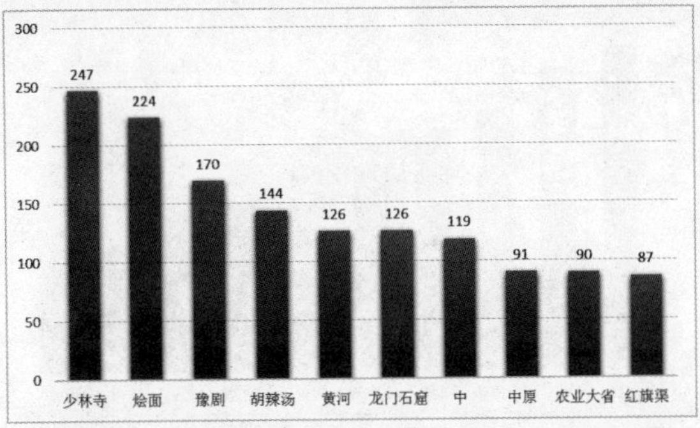

此外，收到河南省外的有效问卷共 50 份，结果如下图所示。从图中可以看出第二名与第三名的排名与前图相比出现较大变化，“中原”符号进入前五，体现出地域形象传播的认知差异。

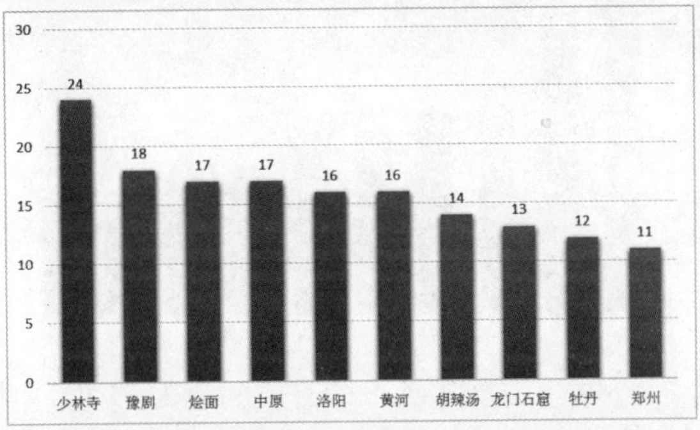

若以问卷填写者的性别作为分类标准统计，共收到男性的有效问卷 286 份，统计结果如下图所示。从图中可以看出男性的统计结果与省内投票排名结果出现显著的一致性。

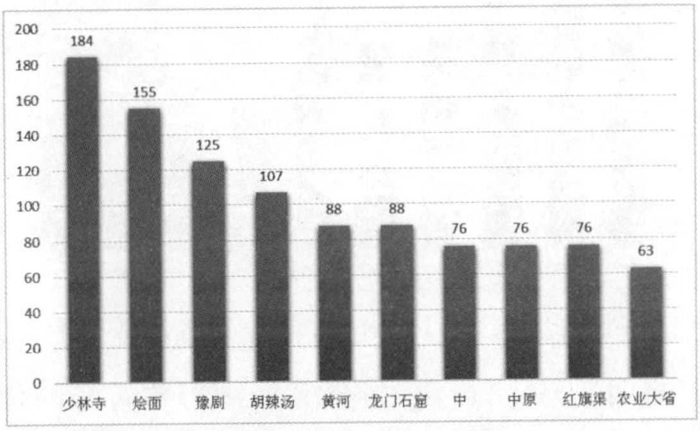

以性别为分类标准，共收到女性统计者的有效问卷 176 份，统计

情况如下图所示。从图中可以看出口语“中”的符号形象位列第二，此项与其他统计结果出现较大差异。

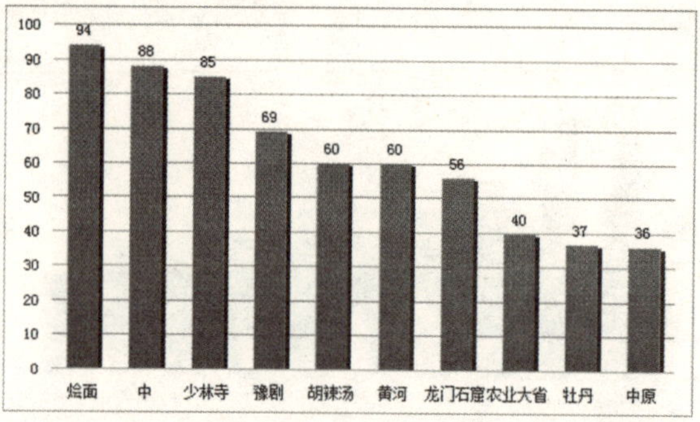

若按年龄标准对统计结果进行划分，受访者处于 20～40 岁年龄段的有效问卷为 382 份，具体统计结果如下图所示：

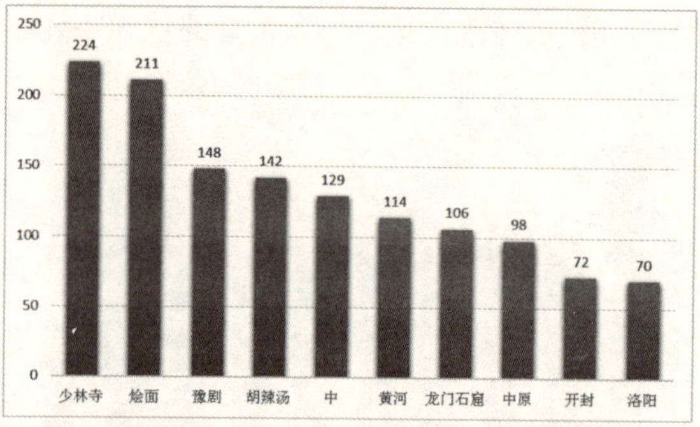

受访者处于 40 岁以上年龄段的有效问卷为 61 份。具体统计情况如下图所示：

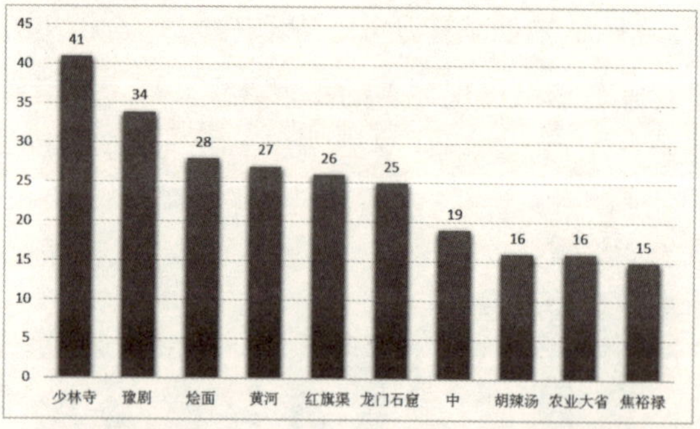

通过上述统计结果，可以看出大多数人都更倾向于选择“少林寺”“豫剧”“烩面”“中”“黄河”等作为河南形象符号的代表。具体的河南形象代表符号研究，将在后面章节进行细探。

第二章　河南省形象符号概述

第一节　历代名人举例

一、老子

老子，姓李名耳，字伯阳，谥号聃，又称李耳。生卒年不详，生活于公元前571年至前471年。华夏族，楚国苦县厉乡曲仁里（今河南省鹿邑县太清宫镇）人。中国春秋时期伟大的哲学家、思想家，道家学派创始人，被唐朝帝王追认为李姓始祖。其著作《道德经》（又称《老子》）被奉为道家的经典之一。在道教中，老子被尊为道教始祖。老子与后世的庄子并称“老庄”。他的学说后被庄周、杨朱等人发展，后人奉其为道家学派之宗师，与儒家的孔子相比拟。早期的道士认为老子是太清神之下。唐武宗时，老子被定为是三清尊神之一太上老君之第十八个化身。其思想的精华是朴素的辩证法，主张无为而治，对中国哲学发展具有深刻影响。

《老子》，又称《道德经》《道德真经》《老子五千文》《五千言》。道家学派将其奉为创始典籍，有学者认为它是中国历史上首部完整的神哲学著作。秦时《吕氏春秋·注》称之为《上至经》。汉初曾直呼《老子》，自汉景帝起此书被尊为《道德经》。

老子的主要思想是朴素的辩证法。在修身方面，老子是道家性命双修的始祖，讲究虚心实腹、不与人争的修持；在政治上，他主张无为而治、不言之教；在权术上，老子讲究物极必反之理。

老子的宇宙观为“道生一、一生二、二生三、三生万物”。老子的价值观则由“无”“道”“德”三者构成。老子言“无”，常谓“天下万物生于有，有生于无”；老子言“道”，常谓“有物混成，先天地生，寂兮寥兮，独立而不改，周行而不殆，可以为天下母，吾不知其名，字之曰道，强为之名曰大”；老子言“德”，认为其为“道”之体现并且应该服从于“道”，故谓“孔德之容，惟道是从”。此外，老子还认为人应该守柔、居后不争且寡欲。老子的政治观主要是“无为”，但是不能将其理解为无所作为，它是清静自守之义，是以“道”修身所要达到的“合于道”的理想境界；除去“无为”，老子认为还应“善为下”，即“古之善为者不武，善战者不怒，善胜敌者不争，善用仁者为下。是谓不争之德，是以用人之力，是谓配天古之极”。而关于知识论方面，老子认为人要贵在自知，即“知人者智，自知者明。胜人有力，自胜者强”。

老子故里位于豫皖交界的河南省鹿邑县太清宫镇，距离县城5000米，东临安徽亳州市，北与商丘市柘城县相连，是国家AAAA级旅游景区。太清宫之名乃唐朝玄宗皇帝李隆基钦赐。两千年来是官方与民间公认的老子故里，并获得了古今中外权威机构对太清宫镇老子故里的支持和认可，历史上曾有8位皇帝亲临太清宫镇祭拜老子。鹿邑县亦因老子故里由苦县更名为真源县，并在县境内留下许多与老子息息相关的珍贵文物。1992年，河南省人民政府批准太清宫为道教活动场所并对外开放。2012年2月，中国民间文艺家协会确定鹿邑县为“中国老子文化之乡”。

老子的思想涵盖哲学、伦理学、政治学、军事学等诸多学科，被后人尊奉为治国、齐家、修身、为学的宝典，对中国的哲学、科学、政治、宗教等产生了深远的影响，体现了古代中国人的一种世界观和人生观。

早在16世纪，老子的《道德经》就被译成西方文字，17世纪以后，借助西方的商船往返，顺着西方传教士的足迹，《道德经》逐步由中国传入欧洲，被译成了拉丁文、法文、德文、英文等文字，老子思想逐渐传遍欧洲大陆。19 世纪初，欧洲就开始了对《道德经》的研究，到 20 世纪的四五十年代，欧洲共有 60 多种《道德经》译文，德国哲学家黑格尔、尼采，俄罗斯大作家托尔斯泰等世界著名学者对《道德经》都有深入的研究，并有专著或专论问世。20 世纪 80 年代，据联合国教科文组织统计，在世界文化名著中，译成外国文字出版发行量最大的是《圣经》，其次就是《道德经》。由此可见，老子思想对世界已经产生了十分深刻且广泛的影响。

二、孔子

孔子（公元前 551—前 479），名丘，字仲尼。春秋末期鲁国陬邑（今山东曲阜）的思想家、教育家、政治家，开创儒家之风，仁学派创始人，集华夏上古文化之大成，在世时已被誉为“天纵之圣”“天之木铎”“千古圣人”，被后世统治者尊为圣人、至圣、至圣先师、万世师表，是“世界十大文化名人”之首。

孔子道德教育的主要内容是“礼”和“仁”。其中“礼”为道德规范，“仁”为最高道德准则。“礼”是“仁”的形式，“仁”是“礼”的内容，有了“仁”的精神，“礼”才真正充实。在道德修养方面，他提出树立志向、克己、践履躬行、内省、勇于改过等方法。“学而知之”是孔子的主导教学思想。在主张不耻下问、虚心好学的同时，他强调学习与思考相结合（“学而不思则罔，思而不学则殆”），同时还必须“学以致用”，将学到的知识运用于社会实践。他最早提出启发式教学。他说：“不愤不启，不悱不发。”意谓教师应该在学生认真思考并已达到一定程度时，恰到好处地进行启发和开导。他又是在教学实践中最早采用因材施教方法的教育家。

孔子对后世影响深远，虽说他“述而不作”，但他在世时已被誉为"天纵之圣""天之木铎""千古圣人",是当时社会上最博学者之一。后世尊称他为"至圣""万世师表",认为他曾修《诗》《书》《礼》《乐》《周易》,著《春秋》。《论语》是儒家学派的经典著作之一,由孔子的弟子及其再传弟子编撰而成。它以语录体和对话文体为主,记录了孔子及其弟子的言行,集中体现了孔子的政治主张、伦理思想、道德观念及教育原则等。《论语》与《大学》《中庸》《孟子》并称"四书"。通行本《论语》共20篇。《论语》的语言简洁精练,含义深刻,其中有许多言论至今仍被世人视为至理。古代,小孩进学堂第一个拜的就是孔子。

据《史记》等记载,孔子的祖先是殷商的后裔,周灭商后,成王封微子启于宋国,建都商丘。微子启死后,微仲继位,微仲就是孔子的先祖。微仲的四世孙弗父何本该继位宋公,而让给弟弟厉公,从此,弗父何的后裔不再继承王位,被封为世袭公卿,食采邑于栗(今河南省夏邑县,古称栗)。自弗父何五代传承至孔父嘉,开始以"孔"为姓。古碑记载,弗父何以下六代(宋父周、世子胜、正考父、孔父嘉、木金父、睾夷)均葬在夏邑。睾夷生孔防叔,防叔为避乱,由宋国迁居鲁国。防叔生伯夏,伯夏生叔梁纥,叔梁纥生孔子。故河南省夏邑县不仅是孔子祖籍所在,也是中国孔姓起源之处。

政治思想上他主张"为政以德",用道德和礼教来治理国家是最高尚的治国之道。经济思想上最主要的是重义轻利、"见利思义"的义利观与"富民"思想。教育思想方面,在中国历史上最早提出人的天赋素质相近,个性差异主要是因为后天教育与社会环境影响("性相近也,习相远也")。美学思想核心为"美"和"善"的统一,也是形式与内容的统一。

德国柏林得月园的入口处,矗立着2米多高的大理石孔子雕像,基座上刻着"己所不欲,勿施于人"的名言。德国人把孔子和康德共同尊为教育学的奠基人。西方出版的《历史上100个最有影响的人物》中,孔子排名第五。美国人还尊孔子为世界十大思想家之首。最早把儒学介绍给西方的是明清时期来华的传教士,传教士利玛窦将《论语》翻译成了拉丁文,于1687年在法国巴黎出版,可见孔子思想在西方流传至少已300年。18世纪时，孔子学说就在欧洲学术界引起了广泛讨论，到了20世纪，西方出现了钦佩孔子的高潮，在20世纪60年代的西方人看来，孔子是人类历史上没有留下“亲笔”作品却对人类文明产生重大影响的三大伟人之一。20世纪以前，意大利、法国在研究儒学文献方面达到了一定水准，英国传教士理雅各完成的“四书五经”、《老子》、《庄子》译著，被称为19世纪英语世界最杰出的汉学成果之一。

三、庄子

庄子（公元前369—前286），姓庄，名周，宋国蒙（今河南民权）人，战国时期伟大的思想家、哲学家和文学家，道家学说的主要创始人之一。庄子祖上系出楚国公族，后因吴起变法楚国发生内乱，先人避夷宗之罪迁至宋国蒙地。庄子生平只做过地方漆园吏，因崇尚自由而不应同宗楚威王之聘。庄子是老子思想的继承者和发展者，后世将他与老子并称为“老庄”。他们的哲学思想体系被思想学术界尊为“老庄哲学”。代表作品为《庄子》，名篇有《逍遥游》《齐物论》等。庄子的一生，正如他自己所言，不刻意而高，无仁义而修；无功名而治，无江海而闲；不道引而寿，无不忘也，无不有也；其生也天行，其死也物化；静而与阴同德，动而与阳同波；不为福先，不为祸始；其生若浮，其死若休，淡然独与神明居。庄子者，古之博大真人哉！

他的思想包含着朴素辩证法因素，主要思想是“天道无为”，认为一切事物都在变化，他认为“道”是“先天地生”的，从“道未始有封”。庄子主要认为自然的比人为的要好，提倡无用，认为无大用就是有用，所以庄子提倡无用精神（即“道”是无界限差别的），属主观唯心主义体系。“道”也是其哲学的基础和最高范畴，即关于世界起源和本质的观念。主张“无为”，即放弃一切妄为。又认为一切事物都是相对的，幻想一种“天地与我并生，万物与我为一”（《齐物论》）的主观精神境界，安时处顺，逍遥自得，倒向了相对主义和宿命论。在政治上，庄子主张“无为而治”。庄子的哲学主要接受并发展了老子的思想。他认为“道”是超越时空的无限本体，它生于天地万物之间，而又无所不包、无所不在，表现在一切事物之中。然而它又是自然无为的，在本质上是虚无的。在庄子的哲学中，“天”是与“人”相对立的两个概念，“天”代表着自然，而“人”指的就是“人为”的一切、与自然相背离的一切。“人为”两字合起来，就是一个“伪”字。庄子主张顺从天道，而摒弃“人为”，摒弃人性中那些“伪”的杂质，顺从“天道”，从而与天地相通，这就是庄子所提倡的“德”。

关于庄子的籍贯故里，最早、最权威的记载是司马迁《史记》的庄子本传，其文曰：“庄子者，蒙人也，名周。”其后刘向《别录》即谓庄子乃“宋之蒙人也”。班固《汉书·艺文志》在“《庄子》”下注曰：“名周，宋人。”张衡《髑髅赋》拟庄子云：“吾宋人也，姓庄名周。”高诱《淮南子·修务训》注亦云：“庄子名周，宋蒙人。”汉代这些著名学者都认为庄子的国属为宋，乃“宋之蒙人”，众口一词，别无异议。此说为晋皇甫谧，唐成玄英，宋陈振孙、林希逸以下历代绝大多数治庄者所接受，成为古今关于庄子籍贯故里最通行的说法。而唐初陆德明《经典释文·庄子序录》所谓“梁国蒙县”之说，乃因蒙在汉代封属梁国，是未审历史沿革同地异属的不准确说法，实则与汉代以来的“宋蒙说”名异而实同。只是至宋代才有人提出“楚蒙”之说，此说最早来自北宋乐史《太平寰宇记》对《水经注》的误改误增，朱熹等人的说法即是由此生发的想象之辞。马叙伦等前辈学者在此基础上进一步考定庄子是宋人，其故里为宋国蒙邑，即今河南民权县。其实道理也很简单，用不着多说，司马迁说庄子是“蒙人”，只能根据司马迁当时及其以前的地理来判定，《史记》的诸多内证及《汉书·地理志》都确凿无疑地证明蒙在今商丘之北，汉代属梁，西周至战国属宋；而今安徽蒙城在汉代一直名叫山桑（汉前尚未置县），直到唐玄宗天宝元年（742）才改名蒙城，与司马迁所说的“蒙”毫不相干。至此，这一结论已坚如磐石，不可动摇。既然庄子的籍贯故里为宋国蒙邑，不言而喻，《庄子》自然是以宋国文化为背景而产生的。因此，认为《庄子》的文化背景并不是当前各种文章和书籍所说的楚文化，而是独特的商宋文化。

后世道教继承道家学说，经魏晋南北朝的演变，老庄学说成为道家思想的核心内容。庄子其人被神化，唐玄宗天宝元年二月封其为"南华真人"，所著书《庄子》，诏称《南华真经》；宋徽宗时封其为"微妙元通真君"。庄周一生著书 10 余万言，书名《庄子》。这部文献的出现，标志着在战国时代，中国的哲学思想和文学语言已经发展到非常玄远、高深的水平，《庄子》因而成为中国古代典籍中的瑰宝。因此，庄子不但是中国哲学史上一位著名的思想家，同时也是中国文学史上一位杰出的文学家。无论在哲学思想方面，还是文学语言方面，他都给予了中国历代的思想家和文学家以深刻的、巨大的影响，在中国思想史、文学史上都有极其重要的地位。

四、许慎

许慎(约 58—147)，字叔重，东汉汝南召陵(今河南漯河市召陵区)人，有"五经无双许叔重"之赞赏。他是汉代有名的经学家、文字学家、语言学家，是中国文字学的开拓者。他于东汉和帝永元十一年(99)著《说文解字》，是中国首部字典。

《说文解字》简称《说文》，是世界上最早的字典之一。它是中国第一部按部首编排的字典，对文字学影响深远。

《说文解字》共 15 卷，其中包括序目 1 卷。许慎在《说文解字》中系统地阐述了汉字的造字规律——六书。许慎根据文字的形体，创立 540 个部首，将 9353 个字分别归入 540 部。《说文解字》的体例是先列出小篆，如果古文和籀文不同，则在后面列出，然后解释这个字的本义，再解释字形与字义或字音之间的关系。《说文解字》中的部首排列是按照形体相似或者意义相近的原则排列的。《说文解字》开创了部首检字的先河,后世的字典大多采用这个方式,段玉裁称"此前古未有之书,许君之所独创"。

造字法上许慎提出象形、指事、会意、形声、转注、假借的所谓"六书"学说,并在《说文解字·叙》里对"六书"作了全面的、权威性的解释。从此,"六书"成为专门之学。"六书"不能单纯地认为就是造字法,前四种象形、指示、会意、形声是造字法,而转注和假借则为用字法。

许慎去世后葬于召陵(今河南省漯河市召陵区姬石镇)许庄村东土岗上,墓高 5 米,周长 33 米,村内多为许慎后裔。至清,岁以仲月后丁之日,县令、学官到许夫子墓前致祭,行一跪三叩礼。顺治十三年(1656),郾城县知县荆其惇重修墓碑;康熙四十六年(1707),郾城县知县温德裕立"孝廉许公之墓"碑;光绪二年(1876),郾城知县王风森立"许夫子从祀文庙碑"。1985 年,许慎研究会第一次会议时,立"重修许慎墓碑记"。1986 年 11 月 21 日,许慎墓被河南省政府公布为河南省第二批文物保护单位。2006 年 5 月 25 日,许慎墓作为汉代古墓葬,被国务院批准为第六批全国重点文物保护单位。

许慎文化园位于召陵区姬石镇许庄村东,始建于 2008 年 9 月,以许慎墓为核心,占地 10 万余平方米。全园按照中国传统建筑规制,采用中轴对称布局,三区一轴,十二个节点,由南向北分布在三级台地之上。广场服务区有六书石柱、文字大门、翰林阁、许慎文化研究中心等建筑,中心展示区有汉字大道、字圣殿、叔重堂、说文馆、文化长廊、魁星亭、字形牌坊等。墓冢保护区主要为文物本体及部首方阵、字形解义、字源石、蟾桂山等景观小品。2014 年 4 月,许慎文化园通过 AAAA 级审核,正式成为国家 AAAA 级旅游景区。

《说文解字》是文字学上的首创之书,也是最有权威之书,是后人阅读古籍、探讨古代文化、研究古文必不可少的桥梁和钥匙。《说文解字》是中国语言学史上第一部分析字形、说解字义、辨识声读的字典。同时,它创立了汉民族风格的语言学——文献语言学,《说文解字》就是文献语言学的奠基之作。《说文解字》对传统语言学的形成和发展有巨大影响,后世所说的文字、音韵、训诂之学,大体不出

《说文》所涉及的范围，而《说文解字》本身则形成一个专门学科。《说文解字》完整而系统地保存了小篆和部分籀文，是国人认识更古文字——甲骨文和金文的桥梁；其训解更是国人今天注释古书、整理古籍的重要依据，在今天仍有巨大的学术价值和应用价值。

五、杜甫

杜甫（712—770），字子美，因其远祖杜预是京兆杜陵人，故常自称杜陵布衣。又因他曾一度寓居杜陵附近的少陵，亦自称少陵野老。唐肃宗时，曾官至左拾遗。避乱蜀中时，在友人严武推荐下，曾官至剑门节度府参谋，加检校工部员外郎，故后世又称他杜拾遗、杜工部。原籍襄阳（今湖北襄樊），曾祖时迁居河南巩县（今河南省巩义市），杜甫即出生于巩县瑶湾。他出身于世代“奉儒守官”之家，远祖的文武勋绩、乃祖的文学造诣，以及家族的文化氛围既启蒙了他的政治思想，又塑造了他的文学才质。

杜甫的一生曲折坎坷，满腹才华却得不到赏识，不幸与磨难围绕了他的一生，最终无声无息地在一艘小船上结束了生命。由于他的创作轨迹、审美观照与时代变迁共起伏，与生命遭际相激荡，故其诗被视为“诗史”。

杜甫诗“有集六十卷”，早逸。北宋宝元二年（1039）王洙辑有1405篇，编为18卷，题为《杜工部集》。钱谦益编有《笺注杜工部集》。杜甫一生写诗1500多首，其中很多是千古传颂的名篇，比如“三吏”“三别”。他流传下来的诗篇是唐诗里最多最广泛的，其作品是现实主义诗歌的代表作，被称为“世上疮痍，诗中圣哲；民间疾苦，笔底波澜”。

用杜甫自己的话来说,“穷年忧黎元”是他的中心思想,“济时肯杀身”是他的一贯精神,他拿这些要求自己,也用以勉励朋友。杜甫亦如中国大多数士子一样,在儒、释、道的思想光环里被辐射和熏陶,思想领域呈现出多元的色彩,但骨子里仍是一个典型的儒士,这主要表现在:

忠君思想。杜甫的忠君一方面表现在对君王的无条件效忠,另一方面表现在对君王的绝对信任和信心。

仁政思想。“推己及人”一直是杜甫体恤民生的基本思想;以民为本则是杜甫政治思想的主干,无论在朝在野、为官为民、得意失意、安居流徙,他的关注点始终在百姓身上。

忧患意识。杜甫视建功立业为生命存在的价值和意义,所以他谋求出仕,一试再试,以卑微的姿态实践着儒家立功以不朽的人生价值观。此外,忧国忧民的情怀同样鼓荡在杜甫的生命意识里。

教化理念。儒家文化强调统治者对民众的教化责任,自古以来,集政治家、传教士、文学家于一身的中国士人,不仅要为实现仁政殚精竭虑,也要为完成教化使命竭尽所能。杜甫正是此文学理念的最佳实践者和最高成就者,因为他的笔触始终面向茫茫大千世界、芸芸众生黎民、汲汲窸窣国势、漫漫人生旅程。

河南郑州巩义市南瑶湾村,背依笔架山,是“诗圣”杜甫出生和少年时期生活的地方,现为河南省重点文物保护单位。2007年,巩义市政府按照国家AAAA级旅游景区标准投资1.5亿元建设杜甫故里,将其打造为一处文化观光型游览景区。建有纪念馆,陈列历代杜诗版本和研究杜诗的论文、杜甫世系表及“三吏”“三别”诗意画等。1963年6月定为省级文物保护单位。

杜甫继承了中国古典文学创作中的现实主义传统,并将现实主义的创作方法推进到一个前所未有的高度,注重挖掘现实社会的本质,并善于运用多种多样的艺术手法表现现实生活。他的作品继承了汉魏乐府“感于哀乐,缘事而发”的精神,摆脱乐府古题的束缚,创作了不少“即事名篇,无复依傍”的新题乐府。

1481 年韩国将杜诗翻译成韩文,名为《杜诗谚解》。杜甫对日本文学的影响相对较晚,直到 17 世纪他才在日本拥有了和在中国一样的名声。杜甫对松尾芭蕉的影响尤深。杜甫也是美国作家雷克斯罗斯最喜欢的作家。

六、韩愈

韩愈(768—824),字退之,自称昌黎先生,世称韩昌黎,谥号文公,故世称韩文公,河南河阳(今河南省孟州市)人,祖籍郡望昌黎郡(今河北省昌黎县),自称昌黎先生,世称韩昌黎;晚年任吏部侍郎,又称韩吏部。唐代文学家,与柳宗元共同倡导“中唐古文运动”,合称“韩柳”。苏轼称赞他“文起八代之衰,道济天下之溺,忠犯人主之怒,勇夺三军之帅”(八代:东汉、魏、晋、宋、齐、梁、陈、隋)。韩愈的散文和诗均有名。著作有《昌黎先生集》。他与柳宗元、苏轼、苏辙、苏洵、曾巩、欧阳修、王安石合称为“唐宋八大家”。唐宪宗时,曾随同裴度平定淮西藩镇之乱。在刑部侍郎任上,他上疏谏迎佛骨,触怒了宪宗,被贬为潮州刺史。后于穆宗时,召为国子监祭酒,历任京兆尹及兵部、吏部侍郎。

他的古文众体兼备,举凡政论、表奏、书启、赠序、杂说、人物传记、祭文、墓志乃至传奇,无不擅长,可大致概括为论说与记叙两类。其论说文气势雄浑,结构严谨,逻辑性强,名篇如《谏迎佛骨表》《原

道》《原毁》《争臣论》《师说》等;记叙文则爱憎分明,抒情性强,名篇如《送李愿归盘谷序》《送董邵南序》《张中丞传后叙》《祭十二郎文》《柳子厚墓志铭》等。

孟州市地处河南省西北部,北倚巍巍太行,南临滔滔黄河,总面积541.5平方千米,辖8镇3乡2个办事处,272个行政村,总人口35万人。孟州秦代设河雍县,汉称河阳县,唐改河阳县为孟州,明洪武十年(1377)又改州为县,1996年5月经国务院批准撤县设市。孟州历史悠久,源远流长,是华夏文化的发祥地之一。孟州人杰地灵,名流辈出。这里是名列唐宋八大家之首的唐朝文学家、思想家、教育家韩愈的故乡,他在历史上被称为"文学泰斗""百代文宗",韩愈及其侄孙韩湘(历史传说中的八仙之一)的许多故事,广泛流传在孟州百姓之中,并留有韩文公墓祠和湘子故园,备受后人祭拜。

韩文雄奇奔放,风格鲜明,语言上亦独具特色,尤善锤炼词句,推陈出新,许多精辟词语已转为成语,至今仍保存在文学语言和人们的口语中。韩诗成就虽不如其散文,在中唐亦占有重要地位,对宋诗影响颇大。文学创作理论上,他认为道(即仁义)是目的和内容,文是手段和形式,强调文以载道,文道合一,以道为主。提倡学习先秦两汉古文,并博取兼资屈原、司马迁、司马相如、扬雄诸家作品。主张学古要在继承的基础上创新,坚持"词必己出""陈言务去"。重视作家的道德修养,提出养气论,"气盛则言之短长与声之高下者皆宜"(《答李翊书》)。他提出"不平则鸣"的论点,认为作者对现实的不平情绪是深化作品思想的原因。在作品风格方面,他强调"奇",以奇诡为善。他在诗歌创作上也有新的探索。所谓"以文为诗",别开生面,用韵险怪,开创了"说理诗派"的诗风。

七、白居易

白居易(772—846),字乐天,号香山居士,晚号醉吟先生。唐代伟大的现实主义诗人,唐代三大诗人之一。白居易与元稹共同倡导新乐府运动,世称"元白",与刘禹锡并称"刘白"。其远祖乃秦代名将白起,秦始皇封起子于太原,其子孙遂为太原人;曾祖温从韩城迁居下邽(今陕西渭南境内),故白居易自称太原人(下邽人)。祖锽又移居新郑(今河南新郑市),白居易即出生于此。其父季庚一度官于徐州,故白居易曾生活于徐州符离县(今安徽宿县符离集)。846 年白居易在洛阳去世,葬于香山(今即洛阳龙门东山)。

白居易的诗歌题材广泛,形式多样,语言平易通俗,有“诗魔”和“诗王”之称。他的诗歌流传下来的有 2800 多首,是目前唐人存诗最多者,有《白氏长庆集》传世,代表诗作有《长恨歌》《卖炭翁》《琵琶行》等。他在《与元九书》中,把自己的诗歌创作分为“讽喻诗”“闲适诗”“感伤诗”和“杂律诗”四类。

白居易是中唐时期影响极大的诗人,他的诗歌主张和诗歌创作,以其对通俗性、写实性的突出强调和全力表现,在中国诗史上占有重要的地位。在《与元九书》中,他明确说:“仆志在兼济,行在独善。奉而始终之则为道,言而发明之则为诗。谓之讽谕诗,兼济之志也;谓之闲适诗,独善之义也。”由此可以看出,在白居易自己所分的讽喻、闲适、感伤、杂律四类诗中,前两类体现出他“奉而始终之”的兼济、独善之道,所以最受重视。而他的诗歌主张,也主要是就早期的讽谕诗的创作而发的。他主张“立采诗之官,开讽刺之道,察其得失之政,通其上下之情”(《采诗》),他反对离开内容单纯地追求“宫律高”“文字奇”,更反对齐梁以来“嘲风月、弄花草”的艳丽诗风。在《新乐府序》中,他明确指出作诗的标准是:“其辞质而径,欲见之者易谕也;其言直而切,欲闻之者深诫也;其事核而实,使采之者传信也;其体顺而肆,可以播于乐章歌曲也。”这里的“质而径”“直而切”“核而实”“顺而肆”,分别强调了语言须质朴通俗,议论须直白显露,写事须绝假纯真,形式须流利畅达,具有歌谣色彩。也就是说,诗歌必须既写得真实可信,又浅显易懂,还便于入乐歌唱,才算达到了极致。《琵琶行》与《长恨歌》是白居易写得最成功的作品，其艺术表现上的突出特点是抒情因素的强化。闲适诗和讽喻诗是白居易特别看重的两类诗作，二者都具有尚实、尚俗、务尽的特点，但在内容和情调上却很不相同。讽喻诗志在“兼济”，与社会政治紧密关联，多写得意激气烈；闲适诗则意在“独善”，“知足保和，吟玩性情”（《与元九书》），从而表现出淡泊平和、闲逸悠然的情调。

白居易出身书香门第，他的祖父白锽任巩县县令时，举家迁徙到东郭宅居住。大历七年正月二十日（772 年 2 月 28 日），白居易就出生在这里。白居易幼年时代正值安史之乱后，战祸连年，民不聊生。建中三年（782）十一月，在徐州任职的白居易之父白季庚，为了安全起见，将家人安置在越中（今浙江绍兴）。

离开家乡后，白居易一生中曾在多首诗中融入了对家乡的思念之情。在游学苏北、江南各地时，写下了“离乱失故乡，骨肉多散分”（《朱陈村》），“万里经年别，孤灯此夜情”（《除夜寄弟妹》），“故园迷处所，一念堪白头”（《将之饶州，江浦夜泊》）。28 岁的白居易从浮梁回洛阳探望母亲时，写下了《自河南经乱，关内阻饥，兄弟离散，各在一处。因望月有感，聊书所怀，寄上浮梁大兄、於潜七兄、乌江十五兄，兼示符离及下邽弟妹》。大和元年（827），56 岁的白居易从苏州卸任回洛阳途中，特意取道新郑，在溱洧水河边流连很久，并在东郭宅住了一晚上，抚今思昔，写下了“生长在荥阳，少小辞乡曲。迢迢四十载，复向荥阳宿。去时十一二，今年五十六。追思儿戏时，宛然犹在目。旧居失处所，故里无宗族。岂唯变市朝，兼亦迁陵谷。唯有溱洧水，无情依旧绿”。会昌六年（846），在生命最后一刻，白居易写下了《醉吟先生墓志铭》，其中郑重地写下了“大历七年正月二十日，生于郑州新郑县东郭宅”。

白居易的故居纪念馆位于洛阳市郊区安乐乡狮子桥村东，占地 5.3 万余平方米，整体布局按唐代东都的“田”字形里坊街道兴建，馆内有白居易故居、白居易纪念馆、乐天园、白居易学术中心、唐文化游乐园、仿唐商业街等建筑。

1961 年，国务院公布白居易墓为全国第一批重点文物保护单位。1982年洛阳市政府拨款110万元重修白园,1985年建成开放。

白居易的闲适诗对后代有很大影响,其浅切平易的语言风格、淡泊悠闲的意绪情调,都曾屡屡为人称道,但相比之下,这些诗中所表现的那种退避政治、知足保和的"闲适"思想,以及归趋佛老、效仿陶渊明的生活态度,因与后世文人的心理较为吻合,所以影响更加深远。此外,白居易所提出的关于现实主义创作原则的诗歌理论对于促使诗人正视现实,关心民生疾苦具有进步意义。

白居易的文集在日本受到高度评价。平安时代,菅原道真写汉诗,当时渤海国的人见到道真的诗,认为与白居易的诗很像,这评语令道真很高兴,还特地记载下来,并引以为荣。

八、岳飞

岳飞(1103—1142),字鹏举,宋相州汤阴县(今河南安阳汤阴县)人,中国历史上著名的军事家、战略家,位列南宋中兴四将之首。于北宋末年投军,从1128年遇宗泽起到1141年为止的十余年间,率领岳家军同金军进行了大小数百次战斗,所向披靡,位至将相。1140年,完颜兀术毁盟攻宋,岳飞挥师北伐,先后收复郑州、洛阳等地,又于郾城、颍昌大败金军,进军朱仙镇。宋高宗、秦桧却一意求和,以十二道"金字牌"下令退兵,岳飞在孤立无援之下被迫班师。在宋金议和过程中,岳飞遭受秦桧、张俊等人的诬陷,被捕入狱。1142年1月,岳飞以莫须有的谋反罪名,与长子岳云和部将张宪同被杀害。宋孝宗时岳飞冤狱被平反,改葬于西湖畔栖霞岭。追谥武穆,后又追谥忠武,封鄂王。

岳飞的文学才华是将帅中少有的,他的不朽词作《满江红·怒发冲冠》,是千古传诵的爱国名篇,著有《岳忠武王文集》。岳珂《鄂

国今佗稡编·鄂王家集》收录的岳飞诗文有律诗《题翠岩寺》《寄浮图慧海》,词《小重山·昨夜寒蛩不住鸣》,题记《五岳祠盟记》《广德军金沙寺壁题记》《东松寺题记》《永州祁阳县大营驿题记》。宋人赵与时《宾退录》还收有岳飞的绝句《题青泥市寺壁》。《满江红·怒发冲冠》一词在南宋晚期的《藏一话腴》《鹤林玉露》中都有记载,此词从明代开始广泛流传。此外,流传下来的岳飞诗词还有《满江红·登黄鹤楼有感》《池州翠微亭》《过张溪赠张完》《题雩都华严寺》《宝刀歌书赠吴将军南行》等。

除诗文外,岳飞的书法以行、草为主,畅快淋漓,龙腾虎跃,章法严谨,意态精密,纤浓符中,刚劲不柔,自有一种淳正之气。传世书迹有《书谢眺诗》《前后出师表》《还我河山》等。

岳飞是中国古代治军的楷模,"岳家军"成为一时的典范。他虽然没有军事论著传世,但从其散见于史书篇牍中的论述和军事实践中可看出岳飞军事思想的主要内容。前人在总结岳飞的治军思想时指出有六个方面:贵精不贵多;谨训习;赏罚公明;号令严明;严肃纪律;同甘共苦。岳飞注意灵活用兵,因此他提出"阵而后战,兵法之常,运用之妙,存乎一心"的思想,此外他还提出"善观者逆知其所始,善制者当先去其所恃"的思想。

岳飞故里"宋岳忠武王庙",原名精忠庙,位于河南省安阳市汤阴县城内西南街。始建时间无考,今址是明景泰元年(1450)重建。历代曾多次修葺、增建,至今占地6400余平方米,六进院落,房屋建筑100余间。其内涵丰富,殿堂雄伟,碑碣林立。

1963年12月,岳飞庙被列为河南省重点文物保护单位。1978年,经全面整修后重新开放。如今的岳飞庙建筑精湛,史料翔实,陈列丰富,1995年被评为全国文博系统优秀爱国主义教育基地。2001年6月25日,汤阴岳飞庙被列为第五批全国重点文物保护单位。

国难思良将,岳飞是中国历史上少有的一位忠孝两全、文武双全的民族英雄。尽管沧海桑田,风云变幻,但是他的英雄事迹一直传颂在中华大地,给中国留下了波澜壮阔的一页。

九、玄奘

唐玄奘(602—664),俗名陈祎,洛川缑氏(今河南偃师)人,唐代高僧,唐朝著名的三藏法师,汉传佛教史上最伟大的译经师之一,中国佛教法相唯识宗创始人。玄奘13岁出家,629年从长安西游,历尽千辛万苦,到达印度,645年回到长安,带回经书657部,十年间与弟子共译出75部1335卷,还著有《大唐西域记》12卷,记述他西游亲身经历的110个国家及传闻的28个国家的山川、地邑、物产、习俗等。

创立学说:

①五种姓说。进一步发挥了印度戒贤一系五种姓说,即把一切众生划分为声闻种姓、缘觉种姓、如来种姓、不定种姓、无种姓。认为根据人的先天素质可以决定修道的结果。玄奘在此总赅印度诸家的学说,对五种姓说作了系统的阐述。

②唯识论。玄奘及其学派主张,世界上的一切(包括人类的自我)皆非独立存在的,而是由人们的意识变现出来的,即所谓"唯识所变"。最根本的意识称作"阿赖耶识",是世界各种事物、现象的一切"种子",是宇宙的本源。研究唯识论的重要著作,除《成唯识论》外,有"唯识三大部",即窥基的《成唯识论述记》、慧沼的《成唯识论了义灯》、智周的《成唯识论演秘》。

③因明。因明在印度瑜伽学系中就十分发达。世亲之后,经过陈那和护法的发展,因明和唯识学说就紧密地结合。玄奘在此基础上又有新的发展。他在印度提出了"真唯识量"。回国以后,除翻译了因明的主要著作外,还对因明辩论、论证的性质作了精细的发挥,深化了因明立量的方法,又对立破的理论进行了精细的分析。

从玄奘由翻译而传播的学说看来,纲举目张充分反映了5世纪以后印度佛学的全貌。当时印度那烂陀寺等处的佛学，已显然分为因明、对法、戒律、中观和瑜伽等五科。他于明科译出《理门》和《入正理论》，树立了在论议基础上的佛家逻辑规范。对于法科，声闻乘方面以《俱舍》为中心，在它以前有根本的"一身六足"和《婆沙》等论，以及其后发展的《顺正理》《显宗》等论，他都原原本本地传译了出来；大乘对法译出了《集论》及其注书《杂集论》，显示对法经不同于瑜伽论的特点，并指示大小对法相通的途径。于戒律科，译传大乘唯一的《瑜伽菩萨戒》，并辑出《受戒羯磨》以为实行的规范。于中观科，特别译出护法的《广百论释》，以见瑜伽系贯通中观的成就。于瑜伽科，则"一本(《瑜伽》)十支(《显扬》《庄严》等)"，差不多全部译出。如上所举，可以说那烂陀寺最盛时期所传承的佛学精华，基本上都已由玄奘译传于中土了。

从偃师市坐中巴车南行20多分钟，就到了这个人口不多、颇为安静的中原小镇缑氏。

还未到玄奘故里，游人的思绪已经被玄奘精神感染了。下得一个小坡，路旁早已干涸的河道边，竖着一通石碑，一望竟然是"造纸河遗址"碑。原来这里就是蔡伦当年造纸的地方。从造纸河遗址望过去，便可看见坐落在百米之外绿树遮蔽中的陈河村。路人告诉我们，玄奘故里就在村口。玄奘故里坐北朝南，分前后两院，依地势渐次升高。门口竖有赵朴初题写的"玄奘故里"碑。整个故居仿隋唐风格，青瓦白墙，朱门红柱，门口匾额上"玄奘故里"为季羡林先生所书。拾级而上，穿过汉白玉阙门，就进入了玄奘出生和成长的院落。玄奘当年就出生在前院的东厢房内，这也是他父母的居室。院内还有老树、古井、厅堂，以及兄嫂居住的西厢房等。厅堂为前院的主体建筑，面阔五间，进深三间，原为家中的会客之处，现为玄奘纪念堂，塑有玄奘及两个弟子的彩色泥塑。后院柳荫深处，安放有一尊汉白玉雕刻的玄奘坐像，慈眉慧目，光洁无瑕，寄托着家乡人民对玄奘的崇敬之情。出得玄奘故里，南行百余米，就是安葬玄奘父母的西原墓地。墓地简朴幽静，墓碑是近年新立的。这就是657年正月十三，玄奘随唐高宗来到洛阳时，经高宗同意，与自己仅存的姐姐共同为父母迁葬的墓地。

近代学者梁启超说:“玄奘是中国第一流学者,决不居第二流以下。”

玄奘法师回国后,应唐太宗想了解西域国家的要求,写了《大唐西域记》一书,记载西域、印度、锡兰等138国之历史、地理、宗教、神话传说、风土人情等,亲践者110国,传闻者28国。该书在佛教史学及古代西域、印度、中亚、南亚之史地与文化上,乃至于中西交通史料上,都有极高价值,是研究印度、尼泊尔、巴基斯坦、孟加拉国及中亚等地古代历史地理的重要资料。

第二节 武术文化

一、少林功夫

(图片来源:少林寺官网)

概念

少林功夫是在河南登封嵩山少林寺的佛教文化环境中形成的一个武术体系,它以佛教神力信仰为基础,以少林寺僧人修习的武术为主要表现形式,充分体现了佛教禅宗智慧。少林功夫的要旨是禅武合一,同时也是中国武术界各大流派中历史最悠久、种类最繁多、体系最庞大的门派。少林功夫历史久远,拥有完备的理论和技艺体系。自少林寺设立以来,少林功夫开创出数百套套路,数十种拳械,七十二绝技,以及擒拿、格斗、卸骨、点穴、气功等功法。少林功夫设计的每个动作都是以人体医学知识为基础,遵循人体运动规律。动作和套路都讲究动静结合、阴阳平衡、刚柔相济、神形兼备。少林功夫的灵魂是对佛教禅宗智慧的信仰,初祖菩提达摩是少林功夫的智慧主神,紧那罗是少林功夫的力量主神。少林功夫的修炼者以佛教信仰为基础,神力信仰是僧侣在少林功夫修炼过程中的重要表现形态,修炼者期许禅宗赋予智慧和力量。

少林功夫作为中华文化的杰出代表和人类文明的生动展示,已经成为中华民族的精神财富和全人类共同享有的文化遗产。少林功夫的传承严格按照师徒制度进行,确立于13世纪的少林寺宗法门头制度对少林功夫的传承具有重要影响,少林寺当代僧人的传承仍遵循着当时确立的传承谱系。少林功夫传承人资格的认定以禅宗法脉传承制度为基础,在师父综合考核弟子,得到师父认可后才能成为法脉的传承人。少林功夫的传习方式以口诀为主,即由师父言传身教,弟子则需勤学苦练。要练就高水平的少林功夫,除体能付出外,还需要弟子对师父言传的领悟,要达到这一境界,则需要僧侣在日常修行中不断提高,这就是少林功夫"禅武合一"的精神内涵。

历史流变

少林功夫的历史与河南嵩山的历史、地理环境是分不开的。嵩山地区为中华古文明最重要的孕育地。嵩山,古称崇高山,列五岳之中岳,自古以来就被视为神山。在印度佛教传入汉地和中国道教产生以来,嵩山又很快成为全国有名的坐禅修道场所。少林寺及其少林功夫,就是嵩山历史文化的突出代表。

少林功夫从少林寺创建开始就逐渐形成,少林寺因印度高僧跋陀而设,而少林功夫信仰的最初形态——禅定,就是由跋陀传入。跋陀的弟子僧稠的禅定神迹,对少林功夫的神力信仰产生重大影响。隋末乱世,少林寺僧人组织力量与山贼作战则为少林功夫的产生提供了客观环境;少林寺昙宗等13位僧人助唐有功,唐朝建立后,政府以物质援助方式鼓励少林寺僧人修佛研武,这为少林功夫的发展提供了物质基础。习武蔚然成风，代代相传。宋朝少林寺演变为禅宗教派场地，禅武合一思想逐渐成为少林功夫的指导思想。元朝少林寺宗法门头制度的建立是明朝少林功夫门派形成的基础。明朝少林寺武僧多次被政府调集参战，屡建奇功，使少林功夫进一步被社会熟知。清朝时，严禁汉人习武，少林功夫的发展空间被严重挤压，后经中华民国战乱至中华人民共和国成立，少林功夫才艰难复活。现如今，少林功夫已有了很大的发展。

现状及影响

在千年历史中，少林武僧以正义、正直、勇敢的性格特征，参与过许多历史事件，为社会矛盾的化解、社会秩序的稳定起到过重要作用。少林功夫融武术实战和禅宗修行于一体，不同时期的人们对少林功夫的认识，从武术技艺逐渐延伸至对佛教“慈悲为怀，普度众生”基本教义的认知，所以少林功夫也发挥了对世俗大众向善心理的教化功能。少林功夫作为中国传统文化的独特表现形式，也成为当今中国向外界展示的文化符号之一。1996 年，中国首家寺院官网——少林寺官网成立，并有多种语言版本，而网站管理人员是少林寺武僧。少林寺方丈释永信说：“网站作为一个平台，正在发挥着越来越重要的作用。一个品牌有了知名度，并不代表不需要继续宣传。”释永信有一套少林寺发展方向的理念，就是和现代社会保持亲近，对于年轻僧侣，少林寺更像一所学校，他们早已掌握了现代通信方式。现如今，少林已经拿到了国内 45 类近 200 项商标的注册证书，在国外注册了近 40 个商标，在 30 多个国家和地区建立少林功夫培训组织。通过授权商标使用、海内外建立武校、影视制作和素食开发等推广活动，做起了“功夫经济”。在对外交往中，少林寺直接和各国的总统、总理及高官显贵密切交往，这一社会群体的名人效应，在宣扬少林寺的同时，为少林功夫在国际上打造了一席之地。

在影视方面，20 世纪 80 年代初一部电影《少林寺》轰动海内外，一股少林武功热弥漫了神州大地，甚至“老外”也赶到中国凑热闹一试身手。很多武打明星如李小龙、成龙、李连杰等红遍大江南北，少林武功又逢盛世，得到了极大的发展。围绕着“嵩山少林寺”方圆数十里地域，如雨后春笋般出现了几十所大大小小的武术学校，习武者何止成千上万，并争相冠以“少林”之名。

少林功夫曾应邀到美国、欧洲、东南亚等很多国家和地区演出，中国功夫使国际友人着迷，使观众目瞪口呆、叹为观止，异口同声地惊呼：“不可思议！不可思议！”英国女王伊丽莎白二世，特别邀请少林功夫到白金汉宫表演，待之为上宾。在国外演出，所到之处无不掀起一阵“中国功夫旋风”，使“老外”们如痴如狂，为之倾倒，纷纷发出由衷的赞叹：“中国人总是能搞出一些让人意想不到的东西来，真是神奇的中国人！”

二、陈家沟太极拳

（图片来源：陈家沟太极拳推广中心）

概念

关于陈家太极拳的起源，直到今天众说不一。现在已经明确的是河南温县陈姓一族自古以来就练太极拳，太极拳这个名称是因为拳法变化无穷，遂用中国古代的“阴阳”“太极”哲学理论来解释拳理而被后世命名。陈氏一族流传的太极拳，传到后世分为许多支派，为了便于区别于其他各派太极拳，所以称为“陈家太极拳”，有时也称为“陈氏”“陈派”或“陈式”。

历史流变

陈氏一族本不是河南人，而是从山西移居到河南的。陈氏第十八世陈绩甫在他著的《陈式太极拳入门总解》序中说，陈氏一族是于明洪武七年(1374)在族长陈卜率领下由山西洪洞县大槐树村移居到河南温县常阳村的，后来，家族繁衍，遂把此地改名为“陈家沟”。陈家沟也称为陈沟，移居后即以陈卜为第一代。移居到河南的陈姓一族，为了防匪自卫，很早就开始练武。进入清代以后，以武勇被任为山东省的保镖，子孙几代连任，即从第九代的陈王廷一直连任到第十七代的陈发科。在这期间，清道光末年（1850）兴起了太平天国起义，陈氏第十五代的陈仲荦在这当中立了大功，陈氏一族的年轻人则团结一致固守村庄。这些事在《温县志》《中州先哲传》《怀庆府志》等地方志中都有记载。据《盾鼻随闻录》载，陈氏一族在道光时期连 17 岁的陈姓少女都会使枪，可见陈家沟练武之风很盛。

关于陈家沟何时开始练太极拳，说法不一。有力的说法是由陈家沟第九代陈王廷创始的，但据史料明确记载的是从第十四代陈长兴（1771—1853）开始的。及至陈长兴一代，同族陈有恒、陈有本二人发展了古传的老套路，创编了新套路，于是老套路就被称为“老架势”，新套路就被称为“新架势”。不久，从陈有本那里学了新架势的陈清萍，又创编了新套路，并以陈清萍迁居的地名而称这套路为“赵堡架势”。陈长兴传的“老架势”传给其子陈耕耘，陈耕耘传给其子陈延熙，陈延熙传给其子陈发科（1887—1957），并在北京公开教拳；陈有本的“新架势”传给其侄陈仲荦（1809—1871），然后广泛传给本族子女。

现状及影响

陈家沟太极拳学校

陈家沟太极拳学校地处河南省焦作市温县陈家沟村子中心，东临陈家沟陈氏祖祠，是中国首家全日制授课、正规传统的太极拳专科学校。现已被河南省文化厅选定为国家级非物质文化遗产——陈氏太极拳传习所。学校于 1980 年创建，占地面积 1.3 万平方米，建筑面积 7000 平方米。校内住房配有标准间、普通间、集体间，标准综合练功厅分成人练功区和青少年练功区，校内另设有餐厅、停车场、浴室、室内网络宽带等设施，是一所集学拳、练功、疗养于一体的太极拳训练基地。学校师资力量雄厚，由陈氏名门正宗第十九世掌门人陈小旺担纲，其胞弟陈小星任校长，副校长陈瑜、陈军，总教练陈自强，均为陈氏太极拳嫡宗传承人；十余名国际冠军、全国冠军任教练，面向全世界弘扬太极精神和推广祖国优秀太极文化。

学校的办学宗旨是弘扬传统文化、继承和推广传统陈氏太极拳，从基础开始，让学生能够正确系统地掌握陈氏太极拳的套路重点，即套路招式和理论实践相结合，使学生在养生健身的同时，又可以学习陈氏太极拳防御自卫的技法技巧。

秉承陈氏太极拳传统模式——言传身教，采用小群体、分层次教学。依据学生的年龄划分为两个区域：成人组和青少年组，每班学生控制在20人左右，依据每个学员的学习时间、所学内容、身体状况等，因人施教，为每个学员量身打造适合其个人的教学计划，使学生能够根据自己的实际情况，得到学习和锻炼，确保每位学生都能期望而来、满载而归。

中国太极拳博物馆

中国太极拳博物馆，地处河南省温县陈家沟，是全国首个以非物质文化遗产为主题的博物馆。该博物馆拥有太极拳相关文物资料近万件，其中有太极拳主要流派名人名家的传承谱系。博物馆分两仪堂、四象堂、文修堂、三省堂四部分，集中展示了太极拳的基础文化、拳史、拳理、拳法，系统阐述了太极拳的起源、衍变和发展。

博物馆于2009年8月正式对外开放。太极拳博物馆设立在仿古建筑太极阁内，坐落在八边形高台之上，建筑面积2800平方米。太极拳博物馆作为首个国家级非物质文化遗产专题博物馆，在许多方面有着明显的突破和创新，在非物质文化遗产博物馆的建设方面独树一帜。

博物馆建筑与博物馆主题和谐一致。太极拳博物馆的建筑主体——太极阁，外观呈八边形，寓意太极衍生八卦，源自中国古老的传统文化。以八边形的太极阁作为太极拳博物馆的主体建筑，使太极阁这一物质建筑形式与太极拳非物质文化遗产展示，得到了有机结合。此外，太极拳博物馆展厅的顶灯也是八卦图案，使八卦与太极的关系得到了有意识的强化。

太极拳博物馆紧紧围绕"太极拳"这一主题征集文物和展品，广泛采用实物、图片、模型、雕塑、视频、拓片、场景复原等展示手法，围绕着太极拳的创编基础（哲学基础、气功基础、医学基础、武术基础、儒学基础和地域基础）、太极拳的创编历程、太极拳的演变与流传过程、太极拳六大流派的传承关系与代表人物的各自特色，以及太极拳的拳理、拳法、武德要求、历代各类太极拳理论著述布置陈列展览，使非物质文化遗产的太极拳得到了条理清晰、脉络分明、直观深刻的展示。

太极拳博物馆不只是一个孤立的博物馆，而是与陈家沟太极拳祖祠、太极拳历代宗师陵园和陈家沟太极拳学校相结合，成为陈家沟太极文化园的一部分，既丰富了太极文化园的内涵，也强化了太极拳博物馆的展示功能。

陈氏十九世、太极拳第十一代嫡宗传人陈正雷及夫人路丽丽于2000年8月成立了河南陈正雷太极文化有限公司，2002年6月1日在郑州金水路8号金源大厦显赫地挂起了陈家沟太极拳馆的牌匾。此讯霎时通过媒体、陈正雷太极网站传遍全球。仅一年多时间，来拳馆学拳的太极拳爱好者达上千人次，其中有美国、英国、德国、日本、韩国等国家的学员。不同肤色、不同国籍、不同信仰的人们已汇成一支浩浩荡荡的太极拳大军，他们中脱颖而出不少太极拳教练，大家又将这一"世界的运动""未来的运动"带到世界每一个角落。河南陈家沟国际太极院为国内外太极拳组织和机构输送教练150名，为陈氏太极拳的推广普及做出了积极贡献，已迅速成为陈家沟又一颗璀璨的明珠。

陈正雷说："太极拳具备鲜明的中华民族特色和民族风格，而且是中华民族文化中的精华部分，从太极拳自身来讲，太极讲的是大宇宙，讲的是易经阴阳之理、中医经络学说及导引术、吐纳术，这些都是中国最古老的传统文化，加上武术理论，就形成一种拳术，而且逐步发展完善，使其具有科学性和超前性。"当前，太极文化更具有大众性和时代性。我赞成徐才先生说的话：太极拳是人类增进健康的一块瑰宝，又是明日人类保健的一颗新星。想想看，中国太极拳流传几百年，还没有一篇文章批判它，而且我国很多高层领导也在练习太极拳。早在1978年，邓小平副总理亲自为来中国访问的日本众议院副议长三宅正一留下了如今家喻户晓的墨宝：太极拳好。现在太极拳已经作为人们强身健体的工具在广泛地传播。

第三节　古都文化

一、洛阳

洛阳地貌

洛阳位于河南西部、黄河中游，因地处洛河之阳而得名，是国务院首批公布的历史文化名城和著名古都，省域副中心城市，也是中部地区重要的工业城市。现辖1市8县6区、1个正厅级规格的洛阳新区、1个国家级高新技术开发区、1个国家级经济技术开发区、2个省级开发区、17个省级产业集聚区。总面积1.52万平方千米，其中市区面积803平方千米；总人口692万，其中市区人口193万。

洛阳地处东经111.8°~112.59°，北纬33.35°~35.05°，位于亚欧大陆桥东段，横跨黄河中游南北两岸，素有“居天下之中”“九州之腹地”之称。洛阳地理条件优越，它位于暖温带南缘向北亚热带过渡地带，属于暖温带大陆性季风气候和亚热带季风气候，四季分明，气候宜人。年平均气温约15℃，极端最高气温40.4℃，极端最低气温-20.2℃。年降雨量约630毫米，其中南部山区能达到1200毫米以上。

洛阳东临郑州，西接三门峡，北跨黄河与焦作接壤，南与平顶山、南阳相连。东西长约179千米，南北宽约168千米。洛阳地势西高东低，境内山川丘陵交错，地形错综复杂，其中山区占45.5%，丘陵占40.7%，平原占13.8%，周围有郁山、邙山、青要山、荆紫山、周山、樱山、龙门山、香山、万安山、首阳山、黛眉山、嵩山等10多座山脉；境内河渠密布，分属黄河、淮河、长江三大水系，黄河、洛河、伊河、清河、磁河、铁滦河、涧河、瀍河等10余条河流蜿蜒其间，有“四面环山、六水并流、八关都邑、十省通衢”之称。洛阳地处中原，四周山川纵横，西依秦岭，出函谷是关中秦川；东临嵩岳；北靠太行且有黄河之险；南望伏牛，有宛叶之饶，所以又有“河山拱戴，形势甲于天下”之说。

历史沿革

从中国历史上的第一个王朝——夏朝起，先后有商、西周、东周、东汉、曹魏、西晋、北魏、隋、唐等 13 个王朝在洛阳建都，文明史 5000 多年，城市史 4000 多年，建都史 1500 多年，因此，在中国所有古都中，洛阳建都最早、朝代最多、历史最长。在长达几千年的时间里，洛阳一直是中国政治、经济、文化的中心。洛阳还被称为九朝古都，“九朝”之说因乾隆帝御封嵩阳书院大门对联中的“九朝都会”而得名。同时在中国传统文化中，“九”也有虚指“多”“最多”之意。洛阳在历史上曾长期作为我国的政治、经济、文化中心，历代帝王贵胄、文人骚客等均对洛阳的都城地位有着极高评价。

以洛阳为中心的河洛地区是中国古代文明的发祥地。远在五六十万年前的旧石器时代，已有先民在此繁衍生息。新石器时代（距今八九千年前至四五千年前），黄河中游两岸及伊、洛、瀍、涧等河流的台地上，分布着许多氏族部落，新中国成立后在洛阳一带发现的孙旗屯遗址、王湾遗址、矬李遗址等近 200 处聚落遗址，便是当时人们居住、生活的地方。禹划九州，河洛属于古豫州地。

夏都

洛阳是夏王朝立国和活动的中心地域，太康、仲康、帝桀皆以斟鄩（今偃师二里头）为都。

商都西亳

公元前 1600 年，商朝建立。商汤建都西亳（二里头遗址东北约 6 千米）。商汤之后的数代帝王均以此为都，前后累计 200 余年。

西周都洛阳

公元前 1046 年，西周代殷后，为控制东方地区，开始在洛阳营建国都。周公在洛水北岸修建了王城和成周城，史称成王“初迁宅于成周”，“定鼎于郏鄏”，曾迁殷顽民于成周，并以成周八师监督之。当时洛阳称洛邑、新邑、大邑、成周、天室、中国等，亦称周南。

东周都洛阳

周平王元年（公元前 770），周平王东迁洛邑，是为东周，自此，有 23 个帝王都居洛阳，前后历经 500 余年之久。

西汉初都洛阳

汉王元年(公元前206),项羽封申阳为河南王,居洛阳。汉高祖五年(公元前202),刘邦建汉,初都洛阳,后迁长安。据《资治通鉴》记载:“帝置酒洛阳南宫。”评功论赏,文臣武将,皆大欢喜,遂定都洛阳。五月间,齐人娄敬路过洛阳,劝说刘邦迁都长安。刘邦的文武大臣,多系关东人,不愿意西迁。经过一场辩论,刘邦才决定将都城西迁至长安。

东汉都洛阳

汉光武建武元年(25),刘秀定都洛阳,改洛阳为雒阳。光武帝刘秀又经过十多年的征战,完成了统一全国的大业。东汉时期的洛阳,为天下名都,是全国政治、经济、文化的中心,也是全国最大的工商业都市。其城址在今白马寺东侧即汉魏故城遗址。自26年刘秀始创,至220年献帝止,经历了196年。东汉有洛阳、许昌、长安三个都城。其中以洛阳为都的有165年,以许昌为都的有26年,以长安为都的有5年。在洛阳的有光武帝、明帝、章帝、和帝、少帝、殇帝、安帝、少帝(刘懿)、顺帝、冲帝、质帝、桓帝、灵帝(刘宏)、献帝等14帝。

曹魏都洛阳

220年,曹操病死在洛阳,其子曹丕继位。不久,曹丕废汉献帝为山阳公,自立为帝,是为魏文帝,改汉为魏,变雒阳为洛阳,设司隶校尉部,定都洛阳,史称曹魏。曹魏从220年至265年司马炎灭魏为止,以洛阳为都46年之久。历经魏文帝、魏明帝、齐王、高贵乡公、元帝等5帝。

西晋都洛阳

曹魏后期,政治黑暗,曹魏走向衰落。265年司马炎继晋王位,重演曹丕代汉的把戏,迫使曹奂让位,自立为帝,是为晋武帝,改国号为晋,史称西晋。西晋仍建都洛阳长达51年,历经晋武帝、惠帝、怀帝、愍帝4帝。城址在白马寺东的汉魏故城遗址处。

北魏迁都洛阳

436年,北魏在洛阳置洛州,太和十八年(494)孝文帝迁都洛阳。北魏都洛阳41年,历经魏孝文帝、宣武帝、孝明帝、孝庄帝、长广王、节闵帝、安定王、孝武帝等8位帝王。

隋都洛阳

隋开皇元年(581),在洛阳置东京尚书省;次年,置河南道行台省;三年(583),废行台,以洛州刺史领总监;十四年(594),于金墉城别置总监。大业元年(605),隋炀帝迁都洛阳,在东周王城以东,汉魏故城以西9千米处,新建洛阳城。同年,改洛州(东魏改司州置)为豫州,三年(607)又改河南郡,十四年(618)复置洛州,辖河南、洛阳、偃师、缑氏、阌乡、桃林、陕、熊耳、渑池、新安、巩、宜阳、寿安、陆浑、伊阙、兴泰、嵩阳、阳城等18县。

唐都洛阳

唐代自高宗始仍以洛阳为都,称东都。621年,置洛州总管府,辖洛州、郑州、熊州、穀州、嵩州、管州、伊州、汝州、鲁州等9州,洛州辖洛阳、河南、偃师、缑氏、巩、阳城、嵩阳、陆浑、伊阙等9县。贞观元年(627),分全国为十道,洛阳属河南道。

武周都洛阳

武则天光宅元年(684)始,改东都为神都,对都城进行扩建,修建了明堂、万国天枢等。武则天称帝后,改国号为周,定都洛阳,以更大的规模开凿龙门石窟,奉先寺卢舍那大像龛便是盛唐雕刻艺术的辉煌代表。武则天还令薛怀义为白马寺住持,大规模整修白马寺。唐代,中国佛教臻于鼎盛,佛教史上势力最大、影响最广、流传最久的教派——禅宗在洛阳形成。唐玄宗长期居洛,曾敕令大修中岳庙,并赐风穴寺(在今河南汝州)内佛塔名“七祖塔”。

后梁迁都洛阳

907年,朱温废唐哀宗李柷后,自立为帝,建立梁朝,史称后梁。初都开封,后迁都洛阳,五代十国的历史便从此开始。912年,朱温的第三子朱友圭为争夺帝位,杀列温,自立为帝,仍定都洛阳。913年2月,朱友贞杀友圭,自立为帝,后迁都开封。后梁都洛4年,历2帝。

后唐都洛阳

923年,李存勖消灭开封的后梁政权,自立为帝,即唐庄宗,国号唐,史称后唐,定都开封,后迁洛阳。改西都为洛京,后又称东都,唐庄宗称帝之后,恢复唐制,有所作为。后来大修中室,广选美女,骄奢淫逸，不理政事，苛捐杂税，民不聊生。936年，太原节度使石敬瑭在契丹贵族的帮助下，攻占洛阳，后唐亡。后唐都洛阳13年，历4帝。

后晋都洛阳

石敬瑭借助契丹30万大军，灭掉后唐，自立为帝，即晋高祖，史称后晋。定都洛阳2年，后迁都开封。

综上所述，在洛阳建都的有15朝，105帝，历时1650年，洛阳成为中国建都时间最长的城市。此外，新莽末年更始帝、隋末王世充、唐中叶安禄山都曾在洛阳立国。

宋代以洛阳为西京，置河南府。朝廷设国子监于洛阳，名臣遗老和文人学士多会于此，赵普、吕蒙正、富弼、文彦博、欧阳修都曾居住在洛阳。理学家程氏兄弟、邵雍等，在洛阳著书讲学。司马光在洛阳完成了史学巨著《资治通鉴》。

金代定洛阳为中京，改河南府为金昌府，并河南县入洛阳县。时因洛阳旧城毁弃，便在隋唐城东北角另筑新城，周围不足4.5千米，即今日老城之前身，它仅是隋唐洛阳城的一小部分而已。

自元代始，洛阳不复为京，降为河南府治。明代河南府辖洛阳、偃师、巩县、孟津、登封、新安、渑池、宜阳、永宁、嵩县等10县，又是伊王和福王的封地。清代洛阳仍为河南府治。

民国元年(1912)，废河南府，设河洛道，道尹公署驻洛阳，辖洛阳、偃师等19县。民国9年(1920)，直系军阀吴佩孚盘踞洛阳，在洛阳设置了两湖巡阅使公署和陆军第三师司令部。民国12年(1923)，河南省长公署适于洛阳，洛阳成为河南省会。民国21年(1932)，日军进攻上海，国民党政府定洛阳为行都，并一度适洛办公。“七七事变”后，华北大部分地区沦陷，洛阳成为北方抗日前哨，国民党第一战区长官司令部驻洛阳。民国27年(1938)秋，河南省政府再次迁洛，洛阳第二次成为河南省会。

1948年，洛阳解放，洛阳市人民民主政府成立，批洛阳县城区为市，与洛阳县并置。次年12月，洛阳市人民民主政府改称洛阳市人民政府。1954年，洛阳市升格为河南省直辖市。次年，洛阳县撤销，一部分并入洛阳市，其余部分划入偃师、孟津、宜阳等县。1956年，相继建成洛阳市老城区、西工区和郊区，次年成立瀍河区。1982年，经国务院批准，新成立吉利区。1983年，新安、孟津、偃师改隶洛阳市。1986年，洛阳地区撤销，洛宁、宜阳、嵩县、栾川、汝阳、伊川亦改属洛阳市。1993年，偃师县撤县建市。2000年6月，经国务院批准，洛阳郊区更名为洛龙区，辖8个乡镇、1个办事处。至2013年，洛阳市共辖县（市）区19个（1市8县6区、1个洛阳新区、1个国家级高新技术开发区、2个省级开发区）。

旅游资源

洛阳，文化遗存灿烂丰厚，自然风光多姿多彩，是全国有名的文化圣城、旅游名城。

（一）*龙门石窟*

龙门石窟是中国石刻艺术宝库之一，世界文化遗产、全国重点文物保护单位、国家AAAAA级旅游景区，位于洛阳市南郊伊河两岸的龙门山与香山上。它是中国四大石窟之一（另外三大石窟为甘肃敦煌莫高窟、山西大同云冈石窟、天水麦积山石窟）。

龙门石窟开凿于北魏孝文帝年间，之后历经东魏、西魏、北齐、隋、唐、五代、宋等朝代连续大规模营造达400余年之久，南北长达1千米，今存有窟龛2345个，造像10万余尊，碑刻题记2800余品。其中“龙门二十品”是书法魏碑精华，褚遂良所书的“伊阙佛龛之碑”则是初唐楷书艺术的典范。龙门石窟延续时间长，跨越朝代多，以大量的实物形象和文字资料从不同侧面反映了中国古代政治、经济、宗教、文化等许多领域的发展变化，对中国石窟艺术的创新与发展做出了重大贡献。

2000年洛阳龙门石窟被联合国教科文组织列为世界文化遗产。

中国石窟艺术的“里程碑”

龙门石窟规模宏大，气势磅礴，窟内造像雕刻精湛，内容题材丰富，被誉为世界最伟大的古典艺术宝库之一。它以自身系统、独到的雕塑艺术语言，揭示了雕塑艺术创作的各种规律和法则。在它之前的石窟艺术均较多地保留了犍陀罗和秣菟罗艺术的成分，而龙门石窟则远承印度石窟艺术，近继云冈石窟风范，与魏晋洛阳和南朝先进深厚的汉族历史文化相融合开凿而成。所以龙门石窟的造像艺术一开始就融入了对本民族审美意识和形式的悟性与强烈追求，使石窟艺术呈现出了中国化、世俗化的趋势，堪称展现中国石窟艺术变革的“里程碑”。

皇家风范

龙门石窟是北魏、唐代皇家贵族发愿造像最集中的地方。皇室贵族拥有雄厚的人力、物力条件，他们主持开凿的石窟必然规模庞大，富丽堂皇，汇集当时石窟艺术的精华，因而龙门石窟是十分具有代表性的。这些洞窟的开凿是皇家意志和行为的体现，具有浓厚的国家宗教色彩，所以龙门石窟的兴衰，不仅反映了中国5—10世纪皇室崇佛信教的盛衰变化，同时从某些侧面也反映出中国历史上一些政治风云的动向和社会经济态势的发展，它的意义是其他石窟无法比拟的。

(二)白马寺

河南洛阳白马寺位于河南省洛阳老城以东12千米处，创建于东汉永平十一年(68)，为中国第一古刹，是佛教传入中国后兴建的第一座寺院，有中国佛教的“祖庭”和“释源”之称。现存的遗址古迹为元、明、清时所留。寺内保存了大量元代夹纻干漆造像如三世佛、二天将、十八罗汉等，弥足珍贵。

1961年，白马寺被国务院公布为第一批全国重点文物保护单位。1983年，被国务院确定为全国汉传佛教重点寺院。2001年1月，白马寺被国家旅游局命名为首批AAAA级景区。

(三)关林

位于洛阳南郊7千米处，相传为埋葬三国蜀汉名将关羽首级的地方。关林自明万历二十四年(1596)开始建庙植柏，清乾隆时期加以扩建，如今已占地6.6万余平方米，拥有殿宇廊庑150余间，古碑刻70余方，石坊4座，大小狮子110多个，古柏800余株，建筑宏伟，环境幽雅。关林是一处保存完整的古建筑群，其中最具特色的当数舞楼，前台的歇山式和后台的硬山式组合在一起，再加上歇山顶，重檐楼阁，构筑之妙全国罕见。关林中的碑亭构筑奇巧，是典型的清代亭式建筑。

千余年来,关公被视为忠义化身和道德榜样,受到广大民众的普遍敬仰,其“忠义仁勇”的精神更是蕴含了中华民族的传统美德。时至今日,关公由一位具有传统人格魅力的历史人物演变成一尊世人敬仰的神灵。1994年秋,应海外关庙人士及宗亲组织的要求,成功举办首届“东方文化寻根游暨中国洛阳关林国际朝圣大典”,关林管理委员会提供助祭服务。1997年和1999年又成功举办了两届朝圣大典。自1999年起,一年一度的中国洛阳关林国际朝圣大典在海内外产生了巨大的影响,它不仅是洛阳民间文化活动的盛事,也是洛阳对外开放的重要平台。大典期间,中外游客云集,关林香火鼎盛,尤其是大批来自中国港澳台地区的同胞及侨居新加坡、马来西亚、泰国等国家的华人越洋跨海前来祭拜关帝,美国、法国、德国、日本、韩国等几十个国家的外宾也专程参加大典,了解中国传统文化。

(四)二里头遗址

二里头遗址距今3800~3500年,是中国青铜时代的遗址,位于河南洛阳市偃师二里头村,占地3平方千米。1959年被发现并开始发掘。1988年被国务院公布为全国重点文物保护单位。1960年考古学家在二里头遗址的上层发现了一处规模宏大的宫殿基址,为中国迄今发现的最早宫殿建筑基址。这一发现为研究中国历史早期国家的出现及其特点,提供了最原始的研究资料。二里头遗址共分为四期,第一期和第二期属于石器、陶作坊、村落文化,第三期和第四期属于青铜和宫殿文化。学术界对二里头文化有两种看法,目前尚无定论:一种认为二里头文化第一期至第四期都是夏朝文物,发现的宫城就是夏都;另一种认为第一期和第二期是夏朝文物,第三期和第四期是商朝文物,所以发现的宫城是商都。

(五)周天成天子驾六博物馆

周天成天子驾六博物馆为国家AAA级景区,位于河南省洛阳市中心,是以原址展示的东周时期大型车马陪葬坑为主,系统展示东周洛阳珍贵遗迹、遗物的专题性博物馆。2003年10月建成开放。该馆占地1700余平方米,由两个展厅组成。第一展厅以东周王城、王陵等遗迹及历年来出土的东周珍贵文物为展示主体，详细介绍了东周王城的发现、研究概况，王城的城区布局及王陵的发现、分区，王陵的结构，大型陪葬坑及其出土文物，另外还有许多珍贵文物如青铜列鼎、容器、车马器、玉器、彩绘陶器等，生动再现了东周时期洛阳地区以王室贵族为代表的上层社会生活的基本面貌。第二展厅原址原貌展示了21世纪初发现的大型陪葬坑群中的两座，其中的“驾六”陪葬坑长42.6米，宽7.4米，坑内葬车26辆、马70匹，规模系同期罕见，为当世唯一原址展示者。车马摆放形式与驾驭形式一致，车队呈两列放置，头南尾北，秩序宛若出行场面，十分精彩壮观。车前马匹分为2匹、4匹、6匹三个等级，直观再现了东周时期的用车制度。其中最令观众瞩目的就是唯一一处“驾六”遗迹的发现，以直观清晰的形式，印证了古文献中关于“天子驾六”的记载，廓清了汉代以后就存在的关于天子车骑役使马匹多少的疑问，解决了历史谜题。通览全馆，观众除了惊叹于“天子驾六”出行阵列的壮观图景，还可以比较系统地了解博大精深的周文化在东周洛阳的物质呈现，体味考古与文物所展示的洛阳之美。

（六）洛阳牡丹

牡丹是我国传统名花，富丽堂皇，国色天香，自古就有富贵吉祥、繁荣昌盛的寓意，代表着中华民族泱泱大国之风范。“洛阳地脉花最宜，牡丹尤为天下奇。”洛阳牡丹根植河洛大地始于隋，盛于唐，甲天下于宋。相传，唐武则天寒冬设宴赏花，令百花绽放，唯牡丹不从，遂将其贬至洛阳。岂知牡丹迁洛后竟吐蕊怒放。武后闻知，命火烧牡丹。牡丹枝干烧焦，次年却依旧叶荣华发，且花更大，色更艳。洛阳牡丹遂驰名天下做花魁，洛阳人培育牡丹、观赏牡丹亦日盛成俗。正如唐代诗人刘禹锡和白居易所赞：“唯有牡丹真国色，花开时节动京城。”“花开花落二十日，一城之人皆若狂。”

1982年，洛阳市人大常委会正式将牡丹定为市花。洛阳牡丹品种繁多，花色甚丰，有红、白、粉、黄、紫、蓝、绿、黑及复色等9大色系，以及单瓣型、荷花型、菊花型、蔷薇型、托桂型、绣球型、皇冠型、金环型、千层台阁型、篓子台阁型等10种花型。如今洛阳牡丹种植面积已达67平方千米,1100多个品种,初步建立"邙山万亩牡丹产业带"和"洛南隋唐城遗址万亩高效农业观光园"。牡丹遍布全城园林景点、街头花坛、机关庭院和城郊园圃。在科技进步推动下,洛阳牡丹已实现四季开花,盛花期不断延长。洛阳牡丹也源源不断地进入国际市场。洛阳人以花为媒,广交朋友,花会搭台,文化、经贸、旅游唱戏,取得了良好的经济效益和社会效益。一年一度的中国洛阳牡丹文化节,至今已成功举办了33届。2008年,洛阳牡丹花会入选《国家级非物质文化遗产名录》,2010年11月,经国务院、文化部正式批准升格为国家级节会,更名为中国洛阳牡丹文化节,由中华人民共和国文化部与河南省人民政府共同主办。中国洛阳牡丹文化节是一个融赏花观灯、旅游观光、经贸合作与交流为一体的大型综合性经济文化活动。牡丹文化节不仅是洛阳对外交流的温馨纽带,更是洛阳走向世界的多彩桥梁和世界了解洛阳的芬芳名片。

二、郑州

地形地貌

郑州是河南省省会,是全省的政治、经济、文化、金融、科教中心,位于东经112°42′~114°14′、北纬34°16′~34°58′。郑州地处中华腹地,史谓"天地之中",古称商都,今为绿城。1928年3月建市,现辖6区5市1县(其中,巩义为河南省直管县行政体制改革试点市)及郑东新区、高新技术产业开发区、国家经济技术开发区、郑州航空港区。全市总面积7446平方千米,人口919.1万,市区面积1010平方千米,建成区面积382.7平方千米,城镇化率67%。郑州是中国历史文化名城、中国优秀旅游城市、国家卫生城市、国家级园林城市、全国绿化模范城市、全国科技进步先进市、全国"双拥"模范城市、全国文明城市。郑州历史上曾五次为都、八代为州,是中国八大古都之一、世界历史都市联盟成员城市。5000年前,人文始祖轩辕黄帝在此出生、创业和建都。3600年前,成为我国商代早期和中期都城,是商文明的发祥地。全市各类文物古迹达10000余处,其中国家级重点文物保护单位38处43项。登封"天地之中"历史建筑群、黄帝故里、商城遗址等历史名胜古迹闻名海内外。

郑州,东西宽166千米,南北长75千米,北临黄河,西依嵩山,东南为广阔的黄淮平原,东面是七朝古都开封市,西面为十三朝古都洛阳市,南面是许昌市,北面为焦作市和新乡市。

郑州市横跨中国二、三级地貌台阶,西南部嵩山属于第二级地貌台阶前缘,东部平原为第三级地貌台阶的组成部分,山地与平原之间是低山丘陵地带。郑州最高点位于登封市的少室山,连天峰海拔约1512.4米;最低点位于中牟县韩寺镇胡辛庄,海拔73米。郑州山地面积约2377平方千米。

历史沿革

3600年前,这里是商王朝的重要都邑之一。郑州曾为夏、商都城之一,为管、郑、韩等藩国的首府,隋、唐、五代、宋、金、元、明、清8代为州。

三皇五帝

郑州是华夏文明的重要发祥地,是三皇五帝活动的腹地、中华文明轴心区。约5000年前,中华民族始祖轩辕黄帝生于轩辕之丘,定都于新郑。新密市李家沟遗址,距今10 500年至8600年,出土遗物揭示了中原地区旧石器时代晚期至新石器时代的历史。在新郑市裴李岗发现的距今约8000年的裴李岗文化遗址,表明当时的人们已开始饲养家畜并从事家庭手工业生产活动,原始农业生产在黄河流域的发展是中华文化产生和发展的基础。距今6000年的大河村文化遗址是著名的古人类活动聚落遗址,是仰韶文化的典型代表,遗址中许多保存完好的房基,以其独特的“木骨整塑”的建筑工序和施工方法,为研究中国古代建筑提供了重要实物。考古人员于1995年在郑州北郊邙岭余脉发现的西山古城遗址,把郑州地区城市出现时间提前到距今约5300年的仰韶文化晚期,被视为中国城市文明的源头。5000年前,中华人文始祖轩辕黄帝出生并建都在郑州这片土地上;3600年前,中国第二个奴隶制王朝——商朝在此建都,至今中心城区依然保留着7千米长的商代城墙遗址。

夏、商、周

夏、商两朝先后在郑州地区建都，春秋战国时期管国、郑国、韩国也先后建都郑州地区。公元前 2070 年至前 1600 年，夏朝的元老人物禹建都于登封阳城王城岗，以嵩山为中心的伊洛河和颍河上游一带及山西南部是夏人的活动中心。

商部落从君主契开始至商汤共迁徙 8 次，公元前 1675 年，商汤以“吊民伐罪”的名义攻占夏朝国都封丘，灭掉夏桀，创立中国历史上第二个奴隶制王朝，商汤建都亳（后称南亳，今商丘），后迁都郑州，亦称亳。现存的郑州商城遗址有内外两重城垣，内城城垣呈长方形，外城城垣呈圆形围绕着内城。其“外圆内方”的城郭布局体现了古人“天圆地方”的宇宙观。它的规模亦超过中东两河流域的巴比伦城和亚述城，以及印度恒河流域的摩亨佐－达罗。

公元前 1046 年，姬发灭商殷建立西周，周王将其弟管叔封于郑州，称管国。周王在郑州的封国还有郐国、东虢国、祭国和密国等。郑武公将郑国国都建在荥阳，成为郑国第二代国君。郑国随后吞并了郐国、东虢国和胡国。

春秋至南北朝

公元前 765 年，郑武公迁都至原郐国所在地，将郑国定名为新郑。

公元前 375 年，韩国灭掉郑国迁都新郑；公元前 230 年，秦军灭韩。新郑作为郑国和韩国国都达 500 年之久。郑州大部分属于三川郡，新郑属于颍川郡。

秦汉时期，郑州地域以荥阳为中心，因处于交通和运河要道，经济日趋繁荣。秦代，郑州境内始置荥阳县、巩县和京县，属于三川郡；新郑、苑陵、阳城属于颍川郡。西汉改三川郡为河南郡，又置密县、成皋等县，并将新郑、苑陵二县划入河南郡。

西汉时期，巩义和荥阳成为国内重要的冶铁基地，荥阳在汉代设有铁官，从古荥汉代冶铁遗址发掘出的大型炼钢高炉炉基和球墨铸铁遗物，反映了汉代已达到最高的黑金属冶铸技术水平。汉武帝元鼎五年（公元前 112），故市、中牟两个侯国合并为中牟县。

隋代至清代

隋开皇元年(581),改荥州为郑州。开皇十六年(596),从郑州分出管州。唐初武德四年(621),从郑州分出管城。贞观七年(633),郑州从武牢移治管城县。天宝元年(742),改郑州为荥阳郡,仍治管城县。开明元年(619),太尉王世充废杨侗自立为帝,国号郑。这是中国历史上的第三个郑国。

北宋建都汴京后,宋代建郑州为西辅,属京西北路,郑州于1105年被建为西辅,成为宋代四辅郡之一。国内各地选山林名胜之地建立书院,位于登封峻极峰下的嵩阳书院是当时的四大书院之一。

金代和元代,郭守敬和王恂主持在全国设立了27个天文观测台,登封观测台则是全国观测中心。

明朝建立后,郑州划归开封府。清末,平汉和陇海两条铁路在郑州交会,郑州成为中国东西、南北大动脉的纽带,经济地位不断提升。

1948年10月22日,郑县解放,设置郑州市。

1953年,郑州成为河南省经济中心。

1954年10月30日,河南省省会由开封迁往郑州,郑州成为河南省省会。

旅游资源

悠久的历史给郑州留下了丰富的文化积淀,全市有各类文物古迹1400多处,其中国家级文物保护单位26处。嵩山风景名胜区是全国187个重点风景名胜区之一和全国文明风景旅游区示范点,“天下第一名刹”少林寺就坐落在嵩山脚下,威震海内外的少林功夫从这里走向世界。这里还有我国最早的天文建筑周公测影台和元代观星台、中国宋代四大书院之一的嵩阳书院、我国现存最大的道教建筑群中岳庙等。在郑州周边,还有星罗棋布的古城、古墓葬、古建筑、古关隘和古战场遗址。

郑州拥有着3600年的辉煌历史文化,这是郑州人的骄傲。今日的郑州是古代郑州的发展和延续。

嵩阳书院

嵩阳书院位于河南省登封市城北3千米峻极峰下，因坐落在嵩山之阳而得名。嵩阳书院是古代汉族书院建筑，属于中国四大书院之一，是书院中的佼佼者，对传播中华民族传统文化和培养造就人才发挥了重要的教育作用。

嵩阳书院建制古朴雅致，中轴线上的主要建筑有五进，廊庑俱全。嵩阳书院因其独特的儒学教育建筑性质，被称为研究中国古代书院建筑、教育制度及儒家文化的“标本”，1961年被国务院列为重点文物保护单位。2006年12月5日，嵩山古建筑群，包括嵩阳书院作为河南省唯一一处独立项目被国家文物局列入中国世界文化遗产预备名单。2009年，古老的嵩阳书院再放华彩，成立郑州大学嵩阳书院，为传承中华民族优秀的国学文化做出新的贡献。2010年3月9日，嵩山历史建筑群是2010年国务院确定的中国唯一世界文化遗产申报项目。2010年8月1日，嵩阳书院作为“登封‘天地之中’历史建筑群”的子项目，被联合国教科文组织正式列入《世界文化遗产名录》。

商城遗址

郑州商城遗址位于郑州市区内，1950年秋发现。经多年的调查和发掘，商代文化遗存遍及东起凤凰台，西至西沙口，北自花园路，南到二里岗，总面积达25平方千米。遗址内既发现有商代的房基、窖穴、壕沟、水井、墓葬和祭祀坑等遗迹，也出土有铜、石、骨、蚌、玉、陶、原始瓷等器物，以及甲骨文和陶文符号等。

郑州商城遗址平面为长方形，城墙周长6960米，有11个缺口，其中有的可能是城门。城内东北部有宫殿区，发现宫殿基址多处，中心有用石板砌筑的人工蓄水设施。城中还有小型房址和水井遗址。城外有居民区、墓地、铸铜遗址及制陶制骨作坊址等。小型墓的随葬品以陶器为主；中型墓多随葬青铜礼器、玉石器及象牙器，一座墓中有殉人。在南城外侧还发现一段外郭城墙。此外，发现两处铜器窖藏，内有杜岭方鼎及圆鼎、提梁卣、牛首尊等，被认为是商王宣的礼器。遗址中还出土有原始瓷器和刻辞卜骨等。

黄河风景名胜区

黄河风景名胜区位于郑州市西北30千米处，它北临滔滔黄河，南依巍巍岳山。这里绿树满山，亭阁相映，山清水秀，景色宜人。它虽没有苏州园林的小巧、杭州西湖的秀丽，但它却有磅礴于世的气势。登高北望，黄河水无际无涯，浩浩荡荡。由于黄河在这里冲出最后一个峡口进入平原，形成悬河，所以在这里观黄河别有一番情趣。触景生情，令人联想到唐代大诗人李白的名句“黄河之水天上来，奔流到海不复回”，从而使人产生一种民族自豪感。

黄河风景名胜区是20世纪70年代才在黄河之滨的荒山上开始建设的游览区，经过20多年的建设，建设者们在约4万平方千米的荒山上栽活了200多个树种、60余万棵树木，实现了大面积的绿化和美化，做到四季长青，三季有花，两季有果。在这个基础上又进行了一系列园林建设，使这里绿树成荫，繁花似锦，曲径通幽，亭台楼阁点缀在绿海之中。游人至此，在秀丽的园林中，观赏黄河雄姿，会感到心胸分外开阔。在已经建成并对外开放的五龙峰、岳山寺、骆驼岭景区近40处景点内，分布着《炎黄二帝》《哺育》《大禹》《战马嘶鸣》《黄河儿女》等塑像，黄河碑林，《西游记》等古代名著大型砖雕，浮天阁、极目阁、开襟亭、畅怀亭、依山亭、牡丹亭、河清轩、引鹭轩等亭台楼阁，以及低空索道、环山滑道、黄河气垫船等现代化游乐设施。

黄河风景名胜区每年吸引着上百万中外游客，被誉为万里黄河上一颗璀璨的明珠。五龙峰是游览区的中心景区。这里古典式亭台楼阁错落有致地点缀在起伏的山势上。登上最高处的极目阁俯瞰黄河，更能领略到“白日依山尽，黄河入海流。欲穷千里目，更上一层楼”这首脍炙人口的唐诗的深刻含义。五龙峰环抱的山脚下，“引黄入郑”的8根巨大钢铁提水管道，如“八龙吸水”，从黄河直达山腰。半山平台上，梅花形水池中矗立着高5米、重12.5吨的乳白色汉白玉《哺育》塑像，其造型是一位慈祥贤美的母亲，怀抱着甜睡的婴儿，显得格外素雅，慈祥贤美，母容子态，栩栩如生，象征着黄河哺育中华民族的骨肉之情。黄河流动着炎黄子孙共同的血液,她有着巨大的吸引力和无与伦比的凝聚力,这是一种民族感情的凝聚力。

黄帝故里拜祖大典

黄帝故里拜祖大典是指每年农历三月初三在河南省郑州市下辖新郑市举行的祭拜人文始祖轩辕黄帝的活动。

轩辕黄帝是中华民族的人文始祖,华夏炎黄子孙的共同祖先。据《易经》《史记》《山海经》等记载,轩辕黄帝故里在今河南省郑州市下辖新郑市。春秋时代的历史典籍中就有三月三登新郑具茨山(俗称"始祖山")朝拜黄帝的记载,唐代以后渐成规制,盛世时由官方主拜,乱世时由民间自办,一直绵延至今。

自2006年(农历丙戌年)开始,朝拜黄帝升格为"黄帝故里拜祖大典",由中央电视台、河南卫视、台湾东森电视台、香港华娱卫视,对拜祖大典进行直播,也通过中国国际广播电台国际在线网站进行网络视频直播,中国国际广播电台、纽约华语广播网、美国时代华语广播、新西兰中华电视网、澳大利亚3CW中文电台、香港电台、新加坡新传媒电台、加拿大中文广播等近40家电台进行全球实况联播。

黄帝故里拜祖大典,弘扬中华民族优秀传统文化,缅怀始祖功德,突出了中华民族寻根拜祖的主题,象征炎黄子孙血脉相连、薪火相传。

2006年以后,黄帝故里拜祖大典的议程固定为九项,分别是:盛世礼炮(21响)、敬献花篮、净手上香、行施拜礼(主持人带领全体嘉宾一起行施拜礼)、恭读拜文、高唱颂歌(由著名歌星带领统一着装的男女青年和小学生一起高唱《黄帝颂》)、乐舞敬拜、祈福中华、天地人和。

黄帝故里拜祖大典荣膺"全球最具影响力的十大根亲文化盛事"。

三、安阳

安阳概览

安阳地势西高东低。西部系太行山东麓,东部属黄淮海平原,地形复杂多样,平原、山地、丘陵、泊洼分别占总面积的53.8%、29.7%、10.8%、5.7%。最高峰在林州境内的四方垴,海拔1632

米;最低处在滑县境内的金堤河沿岸,海拔 50 米。地处半湿润地区,暖温带大陆性季风气候,四季分明、雨热同期。1991 年以来,年平均气温 13.9℃,年平均无霜期 209 天,年平均降水量 588.9 毫米。2012 年全市水资源总量 9.03 亿立方米,其中地表水资源量 3.72 亿立方米。共有水库 157 座,总库容 4.74 亿立方米。

历史流变

安阳是中国八大古都之一、国家历史文化名城,是早期华夏文明的中心之一。早在 25000 年前旧石器时代晚期,先民就在此生活。远古时期的颛顼、帝喾二帝先后在帝丘和亳建都,并葬于此(均在内黄县梁庄乡)。公元前 1300 年,商王盘庚迁都于殷(今安阳市区小屯一带),在此传 8 代 12 王,历时 255 年;三国、两晋、南北朝时,先后有曹魏、后赵、冉魏、前燕、东魏、北齐等六朝在此建都,加上商王盘庚迁都于此,故安阳素有“七朝古都”之称。

安阳之名,始于战国末期。公元前 257 年,秦将王龁攻克魏“宁新中”邑,后因宁、安意近,淇水(原黄河故道分支)之北太行余脉之南曰阳,乃定名为“安阳”。401 年,北魏在邺城设相州,是为相州名称之始。580 年,北周灭北齐,邺城被焚,邺民全迁安阳,安阳遂称相州。隋、唐、宋沿用相州一名。1192 年,升相州为彰德府,此为彰德府名称之始,明、清一直沿用。1913 年,中华民国政府废彰德府,复置安阳县。1932 年 10 月,民国政府在省下设区,安阳为河南省第三区行政督察专员公署治所,领 11 县,直到 1949 年 5 月 6 日安阳解放。1949 年 8 月 1 日,成立平原省,安阳为省辖市。1952 年 11 月 30 日,平原省撤销建制,安阳市划归河南省,现为省辖市。

安阳人杰地灵。盘庚迁都于殷、商王武丁中兴、奴隶傅说拜相、女将军妇好请缨、文王拘而演周易、西门豹投巫治邺地、蔺相如降生古相村、信陵君窃符救赵、项羽破釜沉舟、曹操邺城发迹、起义军雄踞瓦岗寨、三朝宰相韩琦三治相州、抗金英雄岳飞精忠报国等名人逸事层出不穷。著名历史学家、诗人郭沫若 1959 年来安阳时,留下了“洹水安阳名不虚,三千年前是帝都。中原文化殷创始,观此胜于读古书”的著名诗句。

旅游资源

安阳自然山水和人文景观齐具，是中国优秀旅游城市和国际知名旅游目的地，是甲骨文的故乡、周易的发源地、红旗渠精神的发祥地，是世界文化遗产殷墟、中国文字博物馆和魏武帝曹操高陵所在地，具有极其丰富的旅游资源。现有世界文化遗产 1 处，国家重点文物保护单位10 处，河南省文物保护单位72 处，市级和县(市、区)级文物保护单位 376 处；国家级 A 级景区 16 处，其中，AAAAA 级景区 1 处，AAAA 级景区 6 处。有国家森林公园 1 座，国家级风景名胜区 1 处，全国爱国主义教育示范基地 2 处。安阳旅游素有“寻三根、品两游”的美誉，即寻文字之根、文化之根、人祖之根，品民族精神游、山水风光游。近年来，安阳大力实施山水安阳、文化安阳、历史安阳“三阳开泰”旅游发展战略，实现了旅游资源、人文资源与旅游产品、旅游项目的有效整合。2012 年，全市接待游客达 2504.05 万人次，旅游总收入达 168.93 亿元，均比上年增长 10.4%。

安阳拥有中国航协最大的航空俱乐部和航空体育训练、比赛中心——国家体育总局安阳航空运动学校，拥有“亚洲第一、国际一流”的“滑翔胜地”——林州滑翔基地，拥有 3000 米以下、面积多达 4420 平方千米的低空飞行空域。连续四年成功举办中国安阳国际航空运动旅游节。安阳神鹰航空科技公司组装生产的美国自由航空公司 XL2 轻型飞机，在珠海航空展上亮相并博得了一致好评；北京贯辰、河南中宇、河南瑞翔等一批通用航空企业落户安阳。2012 年，安阳取得了全国首家 CCAR－147 部 R22 和 R44 机型资质，具备了多机型航空机务培训资质。同时，在安阳工学院开设了本科飞行技术专业，在安阳职业技术学院开设了大专航空机务和动力伞飞行员培训专业。独特的航空资源、产业优势为“航空运动之都”建设和通用航空事业发展起到有力的促进作用。2013 年，安阳被国家民航总局批复为全国通用航空产业园区试点城市。

（一）殷墟

世界文化遗产、国家 AAAAA 级风景区、全国重点文物保护单位、全国爱国主义教育示范基地。位于安阳市殷都区西郊乡小屯村，横跨洹河两岸，面积约 30 平方千米。殷墟是中国历史上第一个有文献记载并经甲骨文和考古发掘证实的商代晚期都城遗址，包括宫殿宗庙遗址、王陵遗址、洹北商城、后冈遗址、族邑、家族墓地、手工业作坊等遗址，2006 年 7 月 13 日被列入《世界文化遗产名录》。殷墟的发现和发掘，使传统文献记载的商代历史成为信史，重构了中国古代早期历史的框架。

（二）红旗渠

国家 AAAA 级旅游景区、全国重点文物保护单位、全国红色旅游经典景区、全国爱国主义教育示范基地、全国中小学爱国主义教育基地。红旗渠是林州（原林县）人民在共和国最困难时期，历时 10 年，在太行山悬崖绝壁上修建的全长 1500 多千米的伟大水利工程，是新中国水利建设史上的一面旗帜，被誉为"人工天河""中国水长城""世界第八大奇迹"，铸就了以"自力更生、艰苦创业、团结协作、无私奉献"为核心的红旗渠精神，成为激励中华民族前进的不竭精神动力。

20 世纪 60 年代初，正是共和国三年（1959 ~ 1961 年）严重困难时期，也正是在这种情况下，林县人民开始干祖辈人不敢想的事情，在太行山的悬崖绝壁上劈山修渠，要把漳河水引入林县，浇灌干旱的土地。广大人民群众依靠中国共产党的领导，依靠社会主义制度的无比优越性，依靠自己勤劳的双手，经过 10 年鏖战，攻克了一个又一个艰难险阻，一锤锤一钎钎，如同愚公移山一样，终于建成"人造天河"红旗渠，结束了林县水源匮乏、十年九旱的历史，迎来了山区经济发展的新曙光。

红旗渠灌溉渠分干、支、斗三部分。干渠、分干渠 10 条，总长 304.1 千米；支渠 51 条，总长 524.2 千米；斗渠 290 条，总长 697.3 千米，合计总长为 1525.6 千米。这条林州人民的"生命渠""幸福渠"，孕育铸就了"自力更生、艰苦创业、团结协作、无私奉献"的红旗渠精神。

10年间,共削平1250座山头,凿通211个隧洞,架设152座渡槽,挖土石方1515.82万立方米。如果将这些土修成一条宽2米、高3米的长墙,可以把广州和哈尔滨连接起来。红旗渠也因此被称为“世界第八大奇迹”“地球的蓝色飘带”“中国水长城”。

20世纪70年代,周恩来总理把红旗渠与南京长江大桥称为新中国两大奇迹,并不断向国际友人推荐,由此引发了参观红旗渠的热潮。1991年,红旗渠游览区正式对外开放。

红旗渠景区旅游集中了太行山独特的地质构造和这条人工天河雄奇壮美的风貌,集雄、险、奇、秀为一体,形成了独有的红旗渠风光。

如今,红旗渠景区已经成为红色旅游的经典线路之一,再加上这里山清水秀的自然景色,一年四季景色各异,吸引着国内外的大量游客。

(三)太行大峡谷

国家AAAA级旅游景区,“亚洲第一,世界一流”的滑翔基地,北雄风光最胜处。这里断崖高起,流瀑四挂,清泉碧潭,姿态万千,是北方山体雄浑苍茫的典型代表,被誉为“八百里太行之魂”。主要景观有太行之魂王相岩、幽谷水韵桃花谷、冬夏倒置冰冰背、寒冬绽蕊桃花洞、华夏之最桃花瀑等。

(四)岳飞庙

国家AAAA级景区,国家重点文物保护单位,也称岳飞纪念馆,为纪念南宋抗金英雄岳飞而建。位于汤阴县城关镇岳庙街,建于明景泰元年(1450),殿宇建筑百余间,总面积6400多平方米,是一座保存较完整的古建筑群。庙内建筑有正殿、精忠坊、施全祠、碑林、肃瞻亭、观光亭、御碑亭、贤母祠等。岳飞庙的大门就是有名的精忠坊。

四、开封

开封概览

开封地处中原腹地、黄河之滨,是中国八大古都之一、中国历史文化名城、中国优秀旅游城市、中国菊花名城、中国书法名城、中国收藏文化名城、郑州航空港经济综合实验区主体城市和中原经济区核心城市。全市总面积6266平方千米,总人口553万,现辖杞县、通许县、尉氏县、开封县、兰考县(省直管县)、龙亭区、顺河回族区、鼓楼区、禹王台区和开封新区。

历史流变

开封是一座历史悠久、底蕴厚重的魅力之城,迄今已有4100余年的建城史。夏朝,战国时期的魏,五代时期的后梁、后晋、后汉、后周,北宋和金相继在此定都,素有"七朝古都"之称。特别是北宋时期,开封孕育了上承汉唐、下启明清、影响深远的"宋文化",我国古代四大发明中的活字印刷术、火药和指南针均出自北宋时期。

开封的先民活动最早可追溯至新石器时代。夏朝(帝杼)在开封一带建都157年,史称老丘。商朝在开封一带建都27年,史称嚣。公元前8世纪,春秋时期的郑庄公在今开封城南朱仙镇附近修筑储粮仓城,取"启拓封疆"之意,定名启封。汉初避汉景帝刘启名讳,更名为"开封",这便是"开封"的由来。

公元前364年,战国时期的魏惠王迁都大梁,这是开封有明确历史记载的第一次建都。魏国在大梁建都后,五代时期的后梁、后晋、后汉、后周,北宋和金相继定都于此,所以开封素有"七朝古都"之称。

公元前225年,秦改大梁为浚仪。534年东魏孝静帝时,设立梁州辖陈留、开封、阳夏三郡。北周武帝建德五年(576),改梁州为汴州,这是开封称汴之始。唐高祖武德四年(621)设汴州总管府。唐代宗大历十四年(779),永平节度使李勉扩建汴州城,规模宏大,坚固宽广,是今日开封城的雏形。

960年,赵匡胤建立宋朝(史称北宋),建都东京,置开封府领17县。北宋时期,开封历经9帝168年,人口逾百万,富丽甲天下,繁荣兴旺达到鼎盛,成为当时全国的政治、经济、文化中心,也是世界上最繁华的大都市之一。

1127 年,金灭北宋后改东京为汴京。蒙古灭金后,设河南江北行中书省于开封。元朝末年,小明王韩山童、刘福通率领的红巾起义军,曾在开封建立"龙凤"大宋农民政权。1368 年,朱元璋改汴梁路为开封府,封第五子朱橚就藩开封,称周王。清承明制,但撤去藩封,开封仍为省、府治所。

中华民国改制,废开封府设豫东道。

民国 3 年(1914)祥符县改为开封县。

民国 18 年(1929)成立开封市。

民国 21 年(1932)设行政督察区。

1938 年日军占领开封,省会西迁,次年日伪在开封成立河南省政府。

1945 年日本投降,国民党政府恢复开封原来建置。

1948 年 6 月 22 日,中国人民解放军第一次解放开封,因战略需要,旋即撤离。同年 10 月 24 日再次解放开封,11 月成立开封特别市。

1954 年 10 月,省会由开封迁往郑州,开封改为省辖市。

旅游资源

清明上河园

开封清明上河园是国家 AAAAA 级旅游景区,是一座以宋文化为主题的大型历史文化公园。它是以北宋著名画家张择端的传世之作《清明上河图》为蓝本建造的。1998 年 10 月 28 日正式对外开放。景区占地 40 余万平方米,其中水面 12 万平方米,大小古船 50 多艘,房屋 400 余间,景观建筑面积 3 万多平方米,形成了中原地区最大的仿宋古建筑群,成为中原大黄河旅游线上的一个重要景区(点),被评为国家文化产业示范基地、全国旅游知名品牌、全国文明景区示范点、全国旅游系统先进集体、河南省文化旅游示范基地、河南经济最具成长力企业及河南游客最喜爱的景区等。

清明上河园不仅以恢宏的气势再现了《清明上河图》,而且用巧妙的创意把宋代历史活化,使游人进入清明上河园,仿佛穿越时空隧道走进了一幅活动的历史画卷。徜徉其间,常令人有"一朝步入画卷,一日梦回千年"的时光倒流之感。景区白天主要分两大展示区,南苑市井风情、民俗文化区,北苑皇家园林、宫廷娱乐区。为了更好地满足游客需求,延长旅游产业链条,增加景区丰富的文化内涵,2007年景区投资1.35亿元重磅推出核心夜游产品——大型水上实景演出《大宋·东京梦华》,以八阕经典宋词和一幅《清明上河图》串联的画面,展示了北宋王朝繁荣昌盛的景象。整个演出在清明上河园皇家园林的景龙湖上,充分利用了亭台楼榭、水系桥廊,构成了一个完整的古典实景剧场,并运用大量的科技手段,制造出梦幻般的效果,将精心选择的北宋印象包含进去,把人们的记忆拉向一千年前的那个辉煌朝代,以唤起一个民族对兴衰和渴望崛起的激情。

经过多年的磨砺,清明上河园景区以宏大的规模、丰富的宋文化内涵、全新的古代娱乐设施、新颖独特的表演剧目、全新的休闲度假理念,引领中原文化旅游产业的发展方向。

清明上河园作为国家AAAAA级旅游景区、国家文化产业示范基地、中国非物质文化遗产展演基地,是以画家张择端的写实画作《清明上河图》为蓝本,以宋朝市井文化、民俗风情、皇家园林和古代娱乐为题材,以游客参与体验为特点建造而成的文化主题公园,长期以来深受中外游客的欢迎和喜爱。由景区斥巨资打造的大型水上实景演出《大宋·东京梦华》运用大量的科技手段,制造出梦幻的效果,更是场场爆满,令观众现场感受穿越历史、梦回千年的神奇之旅。

2014年4月12日,由人民网、《中国旅游报》、中华文化促进会旅游文化研究中心等联合主办的第二届中国文化旅游品牌建设与发展峰会在北京举行。会上,主办方面向全球发布了影响世界的"中国文化旅游知名品牌",开封清明上河园景区成功入选为影响世界的"中国文化旅游名景",《大宋·东京梦华》总导演梅帅元当选影响世界的"中国文化旅游名人"。

本次活动公布了"影响世界的中国文化旅游名城、名县、名镇、名景、名人、口号"等一批六类知名文化旅游品牌获奖名单。该名单结合了专家评审组对中国文化旅游知名品牌名单的综评、网友网络投票、媒体测评的综合得分，经过近5个月的评选得出结果。

龙亭公园

龙亭公园为国家AAAA级景区，建于六朝（五代时期后梁、后晋、后汉、后周和北宋及金朝）皇宫的遗址之上，以金碧辉煌、气势雄伟的龙亭大殿为主，由午门、玉带桥、嵩呼、朝门、照壁、朝房等清朝万寿宫建筑群组成，充分显示了北方皇家园林的雄伟。龙亭占地面积86.6万平方米，其中水域面积达47.3万平方米，公园三面环水，风景秀丽，既有北方宫殿浑厚之气魄，又兼南国园林秀丽之娇美。以龙亭为主的龙亭湖风景区被中央文明办、建设部、国家旅游局评为全国文明风景旅游区示范点。

悠久的历史、灿烂的文化使人们将龙亭视为“古都的象征”。每年金秋十月，作为闻名中外的开封菊花文化节主会场，龙亭景区布置得气势磅礴，数千种特色品种菊花争奇斗艳。以宋代宫廷文化为背景的历史剧目《九帝迎宾》《百戏进皇宫》《杯酒释兵权》《王安石变法》《狸猫换太子》等，使游客在游览皇家建筑群和园林景观的同时，也深刻了解到大宋王朝的繁荣富强和兴衰成败。

品牌活动

中国开封菊花文化节

开封菊花，源远流长。开封菊会之所以能够在古城热土上深深植下根来，有其深远的历史渊源。开封种植菊花的记载可以追溯到1600多年前的南北朝。远在唐代就初具规模。唐代诗人刘禹锡对开封菊花“家家菊尽黄，梁园独如霜”的描述就可见一斑。至北宋，开封菊花更是闻名遐迩。每逢重阳佳节，不仅民间有花市赛菊之举，而且宫廷内也养菊、插菊花枝、挂菊花灯、饮菊花酒，甚至还开“菊花花会”。《东京梦华录》中就有赏菊游人“婆娑于市”“游情寓意不一而足”之类的记载。明清时代开封养菊、赏菊之风更盛，清代乾隆皇帝南巡来到开封禹王台赏菊时，就留下了“枫叶梧青落，霜花菊白堆”的著名诗句，并被刻在当今禹王台公园保存的“乾隆御碑”之上。在开封禹王台，至今还留有乾隆皇帝的咏菊诗碑。新中国成立之后，特别是改革开放以来，随着人民群众物质、文化生活水平的不断提高，开封人民酷爱菊花的传统习俗更浓。每年金秋十月，广大市民和社会各界养菊、赏菊者甚众，花市售卖菊花和沿街叫卖菊花则自成独特的风景，市园林部门还多次举办规模不等的菊展。

1983 年，开封市七届人大常委会第十七次会议命名菊花为开封市市花，并确定每年 10 月 18 日至 11 月 18 日举办“中国开封菊花花会”。根据开封市十三届人大常委会第二十三次会议的审议意见，开封市人大常委会决定，同意将中国开封菊花花会更名为中国开封菊花文化节。至此，“中国开封菊花花会”这一沿用了 29 年的名字正式退出历史舞台。

开封的菊花目前有数千种。在这里，不仅可以看到历代传下来的珍贵品种，还可以看到花工们精心培育出来的新品种。如“层林尽染”“洞庭秋色”“黄山云雾”“西湖柳月”“葵花向阳”“贵妃醉酒”“嫦娥奔月”“桃李争春”等，诗情画意，含义隽永。开封菊花的绝处还在于传统风格和现代技艺的珠联璧合，宜肥则肥，宜瘦则瘦。开封人曾用野生黄蒿嫁接培育大立菊，使其高达 61.5 米，直径 4.16 米，6432 朵菊花同时开放，如满天繁星，灿烂夺目，被外国游客称为“菊花树”。而其独本案头菊则又恪守“菊不盈尺”古训，花朵肥大，枝叶肥壮，高矮适中，脚叶青绿而不脱，被誉为难得的上品。在历届全国菊花展赛中均名列前茅。

中国开封菊花文化节已成为开封乃至河南众多旅游资源中的一个独具特色的品牌。节会时节，全市展菊多达 300 万盆、品种 1300 余个，形成了“满城尽菊黄”的壮观景象。由于历届菊展的推动，开封的养菊技艺也得到长足的发展。在历届全国菊花品种展赛中，开封参赛菊花艳压群芳，取得了四连冠的好成绩。而 1999 年在昆明举办的世界园艺博览会菊花专项大赛中，开封参赛菊花更是一鸣惊人，夺得大奖总数第一、金奖总数第一、奖牌总数第一 3 项桂冠，“开封菊花甲天下”成为不争的事实。

弘扬焦裕禄精神

大力弘扬焦裕禄精神,努力推动科学发展,既是广大党员干部不可推卸的责任,也是义不容辞的使命。“怎么学”是我们自己的事,“怎么做”却是关乎百姓的事。所以说,弘扬焦裕禄精神,我们不但要在“学什么”上动脑子、“怎么学”上想法子,更要在“做什么”上动心思,要努力做到学以致用求实效、行胜于言暖民心。

让学习焦裕禄精神成为习惯。焦裕禄同志用自己短暂的一生,以自己的模范行动,塑造了一位优秀共产党员的光辉形象。大力弘扬焦裕禄精神,就是要加强党性修养,就是要保持优良作风,就是要通过言传身教抓好班子、带好队伍,营造党风正、政风清、民风淳的良好氛围。面对“学什么”“怎么学”的问题,我们要积极克服摆形式、走过场的“阵雨”现象,努力让学习成为制度、让制度成为习惯,不因学习而工作,要因工作而学习;要自发学、主动学,真正做到入耳、入脑、入心。通过学习焦裕禄精神,进一步纯洁思想、锤炼党性、改进作风、推动工作。

让焦裕禄精神成为工作动力。焦裕禄精神永远是鼓舞我们艰苦奋斗、执政为民的强大思想动力。弘扬焦裕禄精神,就要以他为榜样,时常比一比、看一看、想一想、算一算,比比心装百姓的心思多不多,看看一心为公的差距远不远,想想谋取发展的干劲足不足,算算廉政勤政的业绩够不够。用焦裕禄的工作毅力来鞭策我们,用焦裕禄治理“三害”的决心来鼓舞我们,用焦裕禄的工作作风来激励我们,把焦裕禄精神这一强大的思想动力转化为我们推动发展的工作动力,务实重干,讲求实效。

空谈误国,实干兴邦。弘扬焦裕禄精神,促进开封发展,关键在做。我们就是要把焦裕禄科学发展的思维、勤政廉政的作风、吃苦耐劳的精神同我们的工作有机结合,坚持在其位谋其政、尽其责,把焦裕禄精神转化为积极有效的生产力,推动经济社会各项事业快速发展,让人民群众共享改革开放发展的成果。

开封与犹太人的渊源

犹太人是历万千劫难而岿然屹立的民族。他们前仆后继,直至

20世纪40年代才建立起自己的家园——以色列。此前，没有祖国的犹太人一代代颠沛流离，到处抛洒下血泪与白骨，依然不堕其志。这种坚忍不拔、笃诚宗教、恪守传统和百折不回的凝聚力，遂使得犹太人被公认为最不容易被同化的族群。

恍如宿命，犹太人的家园以色列就地理划分而言，属于亚洲，却恰在亚非大陆的边缘，自然，人们在亚运会上从未见过他们的旗帜。“入籍”非洲，诚然亦非他们所愿。历次中东战争，以色列均与亚非两大洲的国家开战。到底此身何属，“飘飘何所似？天地一沙鸥”，他们仿佛仍是一个悬浮于尘世的流浪者。

据中国史册和入华外国人士（如利玛窦）的记录，自古以来，就有犹太人移居华夏，他们的荣枯故事，因中国激荡的变局而逸失。近年来，西方的犹太史学家开始追寻这条模糊不清的脉络，更因开封的一群中国姓氏的原住民向国家民委申请注册“犹太族”而令人注目。

据史载，自唐代便有犹太人经波斯进入中国经商。他们被称为“石忽”人，即新波斯语JAHUD（犹太人）之音译。唐朝高度开放，文化兼容之胸襟前不见古人，后不见来者。据《唐书》记载，唐末黄巢农民军入粤屠城，尽诛广州数十万胡人。鉴于中国史家之为“乱臣贼子”立耻辱柱之春秋笔法，我们无妨采用阿拉伯人的记载，在商埠广州被屠的穆斯林、基督徒、犹太人、拜火教徒约为12万。

伊斯兰教徒在中国自成社区，也是始于唐朝。犹太人的社区则要晚一些，是在北宋灭亡后的金朝，女真人治下的汴梁（开封），有了第一家犹太会馆，他们的宗教名称是充满汉语韵味的“一赐乐业”，读起来音节颇近“以色列”。犹太人聚族而居，在汴梁古都中与汉人、穆斯林相处和谐。他们坚持自己的信仰，并保持其文化习俗，他们当然也不吃猪肉，而且宰杀牛羊时的仪式亦与穆斯林有别，他们必须将牛羊的腿筋剔除，故此开封民间称之为“挑筋教”，犹太人并不认为这个称呼含有贬义，文史中便广泛采用。

开封犹太人在北宋时有70个家族姓氏，金朝建立教堂后，为犹太人居华的鼎盛时期，共有500多家、4000多人。无论是汉人或是女真人,对开封犹太人均无歧视。他们可以平等地参加科举,封官食禄。当然他们最擅长的是经商。惜乎,由于金朝与南宋的连绵战争,又历黄河水灾,犹太社区几经兴废,至元朝时已无他们的记载。再到明朝,据户籍记录,开封犹太人仅剩十余户。

清朝降世,连续逢上几代勤勉治国的君主,天下太平,犹太人亦陆续回迁开封。然而,对于移民来说,“盛世”也有一种阳融与阴柔的渗透力,长时间的安居乐业,令人却认他乡是故乡。不巧犹太教堂在清朝毁于水灾,能识希伯来文的宗教领袖“拉比”后继乏人,便无法实行割礼仪式。渐渐地,犹太人普遍与汉人通婚,已丧失了自己的宗教文化。

1866年,美国牧师丁韪良曾到开封考察中国犹太人社会的情况,并得到两本极珍贵的希伯来文经卷。但他忧心忡忡地指出,开封犹太人已成为族系中的“孤儿”,不出五十年将会被完全同化。事实印证了他的预言。

事实更证明了另一定律——如果说犹太人是最难被同化的民族,恰恰中华文化是最容易同化异己的一种文明。

犹太人在人类历史上饱受迫害,这种精神苦难增加了他们宗教信仰的深厚度和超越性。偏偏在中国,官方与民间都从无排犹之记录,“平安是福”,他们的棱角渐被磨平,连五官的轮廓都与汉人一样起伏平缓了。通常认为,开封犹太人的被同化,从文化层面上是中国的科举与文官制度使然,从血裔层面上是与汉人通婚使然。但近年有一些中外学者则倾向认为,中国文化与犹太文化有些基点十分相近,如重视教育、家庭伦理,以及勤劳节俭和追求发家致富等。这是犹太人与中国人长期混居之后日渐趋同的原因。

然而,开封犹太人后裔认祖归宗,希望确立其“少数民族”身份的申请被国家民委否决。其间并无什么复杂的政治因素,关键在于这些“遗民”已不能得到中外民族学专家的认可。加入中国国籍的美裔犹太人、全国政协委员沙博理指出,在现代中国,犹太人作为一个民族,犹太教作为一种宗教,已不复存在。

20世纪80年代至今,来自以色列及欧美诸国的学者到开封考察后亦认为，当地虽有古代犹太人之族裔，但他们早已不尊奉犹太人的习俗与仪式，对犹太宗教毫无了解，又经多代通婚，他们的外貌特征被彻底汉化，要确认其谱系，已极其困难。

一个经野火春风、屡伏屡起的骄傲民族，终于在中华文明之瀚海中不着痕迹地融化了。

开封犹太人是记录保存最完整的中国犹太社群。虽然他们已经完全融入到了当地中国人之中，但还是吸引着不时到来的欧洲访客的注意——他们对这个最遥远的犹太文化的边哨充满好奇。开封犹太人的犹太人身份不被以色列承认，以色列的《回归法》是按母系相传这个正统的犹太人身份界定方法来断定犹太人的身份，而开封犹太人深受汉族文化影响，子女的身份是父系相传的。

开封犹太人始于北宋徽宗年间，大多从天山南路入境，先是经商，后定居下来。初来有汉姓金、李、俺、艾、赵、张等17姓。开封有犹太会堂，称“清真寺”，建于金世宗大定三年(1163)，毁于19世纪中叶，延续了700余年。由“掌教”主持，信仰耶和华，不设偶像，做礼拜，诵希伯来文经典，行割礼，遵守安息日、逾越节、普珥节等节期。食肉必先挑筋，戴蓝色小帽，故又俗称“蓝帽回回”。不食猪肉，不与异教徒通婚。

开封犹太人定居以后，与汉族友好相处，深受汉族文化的影响，如尊孔尊儒，春秋两季都去文庙参与祭典；清真寺内供“万岁牌”，上书皇帝名字；又增设“祖堂”，祀奉祖先。明代以后，与异族教徒不准通婚的禁律放松，逐渐为汉族同化，部分犹太人改宗伊斯兰教而成回族，人口逐渐减少，宗教意识也日益淡薄，至19世纪初，已完全停止宗教活动。

被同化的开封犹太人均依照其本姓改取汉姓，共分7姓8家，分别为艾姓、赵姓、张姓、石姓、金姓、高姓和两家李姓，在经历了近700年的历史后，张姓和一家李姓湮没，至今在开封附近共有6姓犹太人后裔居住生活。1987年年初的统计数字显示，开封市共居住有犹太人后裔66户，159人。其中石姓31户，64人；李姓12户，42人；赵姓2户，11人；艾姓17户，32人；金姓2户，7人；高姓2户，3人。在开封犹太人的7姓8家中，张姓和李姓只与回族通婚。据家谱记载，仅有犹太人嫁闺女给回族人家，而没有回族嫁闺女给犹太人家，这也许是这两姓湮没的原因，而其他6家则与汉族通婚，在现存的6家犹太人后裔中，没有与回族通婚的记录。经过长期的通婚，今日开封犹太人已经基本上被完全同化，体貌特征上已经与汉族等中国主要民族没有太大区别，当然很多人仍然坚持自己的犹太身份识别。在记忆中，"文革"前的开封犹太后裔保留着犹太人的风俗。当时开封犹太人过犹太节日（逾越节）时，家里吃不发面饼和腌制一年的酸菜。除此之外还过犹太新年，但由于与其他犹太社区隔离，唯一的依据就是《圣经》，所以日期可能和以色列的历法不太一致。"文革"期间，不少人受到了冲击，被打成"以色列特务"，当时曾经挂牌游街。很多犹太传统的书籍也被烧毁。

开封犹太人后裔放弃了犹太教的信仰，食物方面的禁忌已无人遵守，食用牛羊肉时"挑筋"的习俗很少有人遵守，各姓犹太人后裔均食用猪肉；犹太人社群中非常重要的割礼在开封犹太人中早已不复存在并无人知晓；现在的开封犹太人后裔均不了解犹太教教义，大部分人不能分辨摩西、大卫和耶稣，所有开封犹太人均不过犹太传统节日，祭灶、迎门神、扫墓、祭祖等风俗与汉族无异。有记录显示，开封犹太人中有佛教和其他宗教的信徒，1866年还有一名犹太人后裔皈依佛门，法名本道。据学者走访调查，石姓开封犹太人是保存犹太人文化习俗最多的一支，石家在饮食上仍然遵守挑筋的规则，每年春节石家人均依照犹太逾越节的礼制，用毛笔蘸鸡血涂抹门楣，并用白水煮羊肉祭祀祖先；石家要求子孙遵奉摩西十戒和朱子家训，但与其他犹太人后裔一样，石家人对犹太教的基本知识一无所知。

20世纪50年代前后，这些开封犹太人大多认同自己为汉族，20世纪80年代以来，开封犹太人的民族认同感逐步复苏，赵姓和李姓的一些家庭在进行户口登记时已经将民族改为犹太人或犹太族，但他们的民族认同并不被官方承认，开封犹太人并不享受少数民族在升学等方面的优待。

第四节　饮食文化

一、胡辣汤

概念

胡辣汤，又名糊辣汤，起源于河南中部，尤以周口西华县逍遥镇胡辣汤最为出名。是中国北方早餐中常见的传统汤类名吃。由多种天然中草药按比例配制的汤料中加入胡椒和辣椒，且用骨头汤做底料，其特点是汤味浓郁、汤色亮丽、汤汁黏稠、香辣可口，十分适合配合其他早点进餐。目前，已经发展成为河南及河南周边省份都喜爱和知晓的小吃之一。

按照口味或制作方法和材料的不同，胡辣汤可分为逍遥镇胡辣汤、信阳胡辣汤、河南胡辣汤、北舞渡胡辣汤、回民胡辣汤、开封素胡辣汤、陕西胡辣汤、南阳胡辣汤、汝州胡辣汤、鲁山胡辣汤、周口胡辣汤、淮阳胡辣汤、驻马店胡辣汤、郧县胡辣汤、菏泽胡辣汤几类。

历史流变

胡椒是唐代才传入中国的。胡辣汤因是民间小食，很少有典籍涉及。据专家考证，胡辣汤的祖宗应该是酸辣汤和肉粥，按《太平惠民和剂局方》在宋代流传甚广来看，在食物里加入辛温香燥药物，估计是当时的社会潮流，因此胡辣汤是在这两种食物的基础上进行改进而形成的。取酸辣汤的醒酒、消食功用，加入肉类恐怕是为了适应更多层次人的口味和补气补虚，再辅以生姜、胡椒、八角、肉桂等调料辛香行气、舒肝醒脾。故此河南胡辣汤的主要口味是酸和辣。待到金元时期，中原动荡，长江以北的河山多沦于狄夷之手。北宋定都开封，商品经济有了长足发展，而民间小吃也随之兴盛，花样百出。

周口西华县逍遥镇胡辣汤获得首批“国家生态原产地保护产品”标志，是继该产品商标认定、电影《胡辣汤》摄制并在北京举行首映式之后，该县胡辣汤产业发展史上的又一盛事。

据介绍,逍遥镇胡辣汤起源于北宋末年,发祥于西华县逍遥镇,该汤辣味纯正,糊中带香,统称为"逍遥镇胡辣汤"。2003年,逍遥镇胡辣汤荣获"中华名小吃"称号,2006年被评为"河南十大名吃",2008年获"河南老字号"称号,2009年被批准为省级非物质文化遗产。

现状

有媒体评论称,当今各派胡辣汤的味道差异也越来越小了。此前,不同品牌胡辣汤是特征分明的:"逍遥镇",青色大铝锅盛汤,中药味和辣味较强,肉以牛肉片为主;"北舞渡",黄色大铜锅盛汤,汤味较绵润,肉以羊肉块为主……"肉片"和"肉块",曾是两种汤的主要区别,现如今则基本相同。

工业化生产成为很多企业的发展方向。西华县逍遥镇党委书记王金辉向媒体表示,"逍遥人"已研制开发出"方便水冲式胡辣汤""胡辣汤全味粉"等8大系列46个品种的汤料,全县先后兴建了数十家胡辣汤汤料生产企业,年产值数亿元。

部分胡辣汤经营者开始走"高端路线",目标人群是年轻人。熬的特制胡辣汤最高价一碗188元,还可以根据客户的定价去烧汤。漯河市"逍遥镇王忠圈胡辣汤"也在其位于崂山路的总店,推出了最高价为90元一碗的鱼翅胡辣汤,并开发出了肚丝、雪蛤、鲍鱼、辽参等每碗15元至90元不等的特制汤。更有胡辣汤店还推出了168元至368元一碗的天价汤,但从其宣传招牌上看,汤内的"金豆子"主要是"海参、松茸、冬虫夏草"。据了解,胡辣汤这一特色产业的发展,为当地群众提供了一个创业致富的平台。

国际影响

在日前国家质检总局颁发标志证书的首批15个"国家生态原产地保护产品"中,河南周口西华县逍遥镇胡辣汤名列其中。这意味着传统小吃逍遥镇胡辣汤,在国际大市场有了绿色通行证。

2014年10月11日,南非总统之子兰斯洛特·塞罗·祖玛(Lancelot Sello Zuma)来到郑州一家胡辣汤店内,食用后称赞美食,其中一位70多岁的大妈激动地与其合影留念。

二、烩面

概念

烩面是一种荤、素、汤、菜、饭兼而有之的河南传统美食，有羊肉烩面、三鲜烩面、五鲜烩面等多种类型。烩面的精华全在于汤，下面时，锅内放原汁肉汤，将面拉成薄条入锅，上桌时外带香菜、辣椒油、糖蒜等小碟。主要有合记羊肉烩面、萧记三鲜烩面、裕丰源滋补烩面、白记烩面、76 人老烩面、煜丰羊肉烩面、米河烩面、尉氏烩面、方城烩面、原阳烩面、叶县烩面、三鲜烩面、速食烩面。

历史流变

据说，羊肉烩面是飞机轰炸出来的美食。抗战时期，日军飞机经常空袭郑州，当时有一位名厨叫赵荣光，特别喜欢吃面食。飞机来了，赵师傅就去躲避飞机，回来后，就把剩下的面条加点羊肉汤烩烩再吃。久而久之，赵师傅发现重新烩过的面也很好吃，就潜心研究，在里面放些盐、碱，使之更筋，做出的面别有一番风味，后来就成了风靡一时的风味美食。

现状

走在郑州的大街小巷，各种大大小小的烩面馆扎堆儿，像老字号“合记”“萧记”等。河南各地也都有自己的烩面。周口鹿邑的烩面、南阳方城的烩面、开封的尉氏烩面、新乡长垣的烩面。在一些城市经常可以看到，一间小小的门店里，几张桌子，几把椅子，便是一家烩面馆了。但是，无论高端还是低端，各地烩面因其工艺、配料不尽相同，所以口感参差不齐。

2014 年年初，河南省政协十一届一次会议上，省政协委员汪德峰递交提案，建议打造河南烩面饮食文化特色。

之后，省商务厅答复，将加强烩面文化特色的保护和宣传，认真研究烩面产品标准化、标准店等问题，适时制定“烩面标准”。（以上来自河南一百度）

主食产业化，是指按照一定的规范和标准，用现代科学技术改造提升传统食品工艺，引入现代营销理念，创造新型生产方式，以形成一个全新的面制主食产业。

2012 年,馒头、包子、油条、烩面等主食产品通过工业化生产走入千家万户的构想,被写入了《2012—2020 年河南省主食产业化发展规划》。而在 2010 年,"红高粱"方便烩面就已研发成功,将烩面做成了产业,实现了中国食品工业的一次飞跃,这和政府倡导的农业产业化、主食产业化不谋而合。2013 年,"红高粱"的目标是:实现日生产 30 万份"红高粱"烩面,年销售额 5 个亿。

从 2012 年下半年开始,"红高粱"已经着手布局河南 108 个县城,把"红高粱"品牌销售全面推进。供销、邮政、盐业等部门及全省 7800 家网吧已与"红高粱"达成初步合作意向,不久的将来,他们将成为"红高粱"新的销售渠道。同时,"红高粱"还欲倾力打造郑州样板市场,将在省会市场推出 300 余家集餐饮、超市功能于一体的"红高粱"迷你店,消费者既可以现场品尝,也可以带走食用,真正做到在郑州根据地市场随处可见、随手可得。

值得一提的是,除了在原材料采购及生产环节严把安全关,红高粱产品还增加了一道与众不同的安全防火墙。2011 年 5 月,红高粱面业斥资 5000 万元与平安保险"联姻",平安保险为红高粱特制了"食品安全责任险",确保食品安全,这也是省内首家建立食品安全责任险的企业。(来自大河网)

2014 年 3 月 18 日报道,习近平主席 17 日来到他在第二批群众路线教育实践活动中的联系点——河南兰考县。午饭时间到了,习近平来到焦裕禄干部学院二楼餐厅,和大家一起围坐在几张普通圆桌旁就餐。每张桌上都是大盆装的四菜一汤,主食是白米饭和烩面。

国际影响

一则国外媒体报道的有关烩面的新闻:

Authorities in Henan Province are considering drafting a standard for the local stewed noodles, local media reported last Thursday.

In response to a proposal by a member of the provincial people's political consultative conference, the Henan provincial department of commerce said it is considering drafting a standard on the preparation of

Henan - style stewed noodles and will come up with a regulation:"at the right time."

Stewed noodles are a popular local cuisine, and the provincial catering industry association estimated that residents in the province eat more than 2 billion bowls of the dish each year.

(据当地媒体上周四报道,河南省政府正计划为河南烩面拟定标准。

就该省某政协委员的提议,河南省商务厅回应称,他们正考虑为河南特色烩面的烹饪制定标准,并将适时出台相关条例。

烩面是河南当地的风味小吃,据省餐饮协会估计,全省每年要吃掉20多亿碗烩面。)

三、水席

概念

洛阳水席始于唐代,是洛阳特有的地方风味菜肴,它风味独特,选料十分讲究,烹制认真精细,味道鲜美多样,口感舒适爽利,和龙门石窟、洛阳牡丹并称"洛阳三绝"。至今已有1000多年的历史,是中国迄今保留下来的历史最久远的名宴之一。所谓"水席"有两层含义:一是全部热菜皆有汤——汤汤水水;二是热菜吃完一道,撤后再上一道,像流水一样不断地更新。全席共设24道菜,包括8个冷盘、4个大件、8个中件、4个压桌菜,冷热、荤素、甜咸、酸辣兼而有之。上菜顺序极为考究,先上8个冷盘作为下酒菜,每碟是荤素两拼,一共16样。待客人酒过三巡再上热菜:首先上4大件热菜,每上一道跟上2道中件(也叫陪衬菜或调味菜),美其名曰"带子上朝"。最后上4道压桌菜,其中有一道鸡蛋汤,又称"送客汤",以示全席已经上满。热菜上桌必以汤水佐味,鸡鸭鱼肉、鲜货、菌类、时蔬无不入馔,丝、片、条、块、丁,煎、炒、烹、炸、烧,变化无穷。

前八品;四镇桌为燕菜、葱扒虎头鲤、云罩腐乳肉、海米升百彩;八大件分前五后三,前五为"快三样""五柳鱼""鱼仁""鸡丁""爆鹤脯",后三为三道甜食,一般有八宝饭、甜拔丝、糖醋里脊;四扫尾,依次是“鱼翅插花”“金猴探海”“开鱿争春”“碧波伞丸”。

历史流变

“水席”起源于洛阳,这与洛阳的地理气候有很大关系。洛阳四面环山,地处盆地,雨量较少,气候干燥寒冷,民间饮食多用汤类,喜欢酸辣以抵御干燥寒冷。这里的人们习惯使用当地出产的淀粉、莲菜、山药、萝卜、白菜等制作经济实惠、汤水丰盛的宴席,就连王公贵戚也习惯把主副食品放在一起烹制,久而久之逐步创造出了极富地方特色的洛阳水席,并逐渐形成“酸辣味殊,清爽利口”的风味。

现状

全席24道连菜带汤,章法有序,毫不紊乱。“真命天子假燕窝”,水席的另一特点是素菜荤做,以假代真。水席中有名的“洛阳燕菜”“假海参”等,都是民间普通的萝卜、粉条,但经厨师妙手烹制后,便脱胎换骨,味美异常,如奇花绽放,让人叫绝。说起洛阳燕菜,它是洛阳水席的第一道大菜,为水席中的上肴。此菜制作精细,口味酸辣香郁,鲜嫩清爽。由于它能适应多种原材料配置,所以既可用名贵的山珍海味,又能用一般的肉丝、鸡蛋等做配料。其味香郁,十分可口。

随着历史变迁和历代名厨的辛勤研制,经过创新和发展,“假燕窝”日臻完善。因它起始于洛阳,故称为“洛阳燕菜”。调查中发现,几家大型餐饮企业的主打菜品都是以洛阳水席为主,同时吸收其他菜系并加以改进的各种菜肴,外地游客最喜欢吃的还是洛阳水席,表明外地游客对洛阳水席兴趣浓厚,情有独钟,每桌消费价格多在300~600元。另外带有洛阳浓郁文化色彩的菜肴也很受游客的欢迎,但其他能引起外地消费者注意的地方特色小吃却很少。现如今洛阳水席可谓店铺林立,各家口味不尽相同。据了解,洛阳经营水席的大小饭店有上百家,兼营水席的数不胜数。但是,至今在外地专营的“洛阳水席”却很少,兼营水席的酒店也寥若晨星,“洛阳水席”在外地的影响微乎其微。这是为什么?业内一些人士认为,“洛阳水席”走不出去,根本原因有两个:一是资金问题;二是管理问题。由于水席制作的随意性较大,做法、口味各不相同,思想、理念也不统一,使得食客总有一种不上档次的感觉。因此,除了加大宣传和推介力度,还应强化水席的标准化管理。如果水席的品牌打响了,吃水席就是一种时尚、一种文化,不吃水席就跟不上时代的节拍。到时就不是水席去适应他们的口味,而是他们来适应水席的口味。

国际影响

1973 年 10 月 14 日,周恩来总理陪同加拿大总理特鲁多到洛阳访问,下榻当时的友谊宾馆。据《友谊宾馆志》介绍,中午周总理宴请加拿大客人,上了几道洛阳水席中的菜,其中就有流传千年的“洛阳燕菜”。当周总理看到“洛阳燕菜”及友谊宾馆大厨为了突出洛阳的菜品特色,用蛋黄蒸糕精心雕琢雍容艳丽的牡丹花时,风趣地说:“洛阳牡丹怎么飞到桌子上来了?”在服务员介绍菜名“洛阳燕菜”后,周总理笑着说:“‘洛阳牡丹甲天下’,菜中也能生出牡丹花。应该叫‘牡丹燕菜’。”满座都鼓起了掌。自此,洛阳水席的菜谱名称发生了变化,“洛阳燕菜”改名为“牡丹燕菜”。这真可谓“菜以花名,菜以花传”,周总理的改菜名,让洛阳水席名声更隆。

四、小笼包

概念

小笼包别称小笼馒头,是上海、无锡、常州、苏州、杭州、开封、嘉兴、芜湖、南京、徽州等地区著名的汉族小吃,起源于清代道光年间的江苏常州府,为当时的万华茶楼首创。

历史流变

开封小笼包又称灌汤小笼包,是开封的著名小吃之一,早在北宋时期已有售卖,称灌浆包或灌汤包子。东京汴梁(今河南开封)70多家酒店之一的“王楼”,制售的名为“山洞梅花包子”,号称“东京汴梁第一”。北宋之后,灌汤包子在开封流传下来。

20 世纪 20 年代,名厨黄继善创办“第一点心馆”,主营灌汤包子。30 年代,他适应市场需求,对包子的制作方式加以革新,将原来用半发面皮,瘦皮和瘦肉掺猪皮冻糕加江米、料酒、子母油、甜面酱、小磨香油等制馅,改为用死面制皮和用白糖、味精为馅提鲜。通过“三软三硬”和面,使面皮筋韧光滑,不漏汤,不掉衣。还改大笼为小笼蒸制,小笼包子带蒸笼一起上桌,现吃现蒸,保持旋蒸,既保持了包子的热度和形状的完美,又便于经营,备受顾客欢迎,这便是开封小笼包。

新中国成立后,开封小笼包子得以发扬光大。尤其是黄继善开创的“第一楼包子馆”所经营的灌汤小笼包子,经过名师的不断改进,更具特色。其皮薄馅大,灌汤流油,软嫩鲜香,洁白光润,提起像灯笼,放下似菊花,远近闻名,吸引了大批开封市民和中外游客,多以品尝此名食为乐事。

20 世纪 80 年代末和 90 年代初,“第一楼”先后发展了系列产品“小笼包子宴”和“速冷包子”。“小笼包子宴”又称“什锦包子宴”,依馅料不同分为山楂、三鲜、南荠、麻辣汤、鸡丁、笋丁、韭菜头、鱼仁、虾仁和灌汤十大风味。“速冷包子”先后投放本市及全国市场,受到欢迎。来开封旅游的国外友人和港澳侨胞,在饱览了古城名胜之后,以能品尝开封小笼包子为乐事,并给予很高的赞誉。

现状

开封小笼包子现在已推广至全国各地,郑州、大连、沈阳、太原等地都开设了开封包子馆。2014 年 5 月 19 日,开封灌汤包亮相于备受万众期待的纪录片《舌尖上的中国 2》第五集《相逢》,“开封灌汤包,经过多次演变,确立了现在的形态。包子皮用死面制作,需要经过 3 次贴水,3 次贴面,使面皮筋韧光滑,不漏汤,不掉衣。反复摔打,直至面团发白发亮,达到‘色白筋柔’的标准。以水和馅,使包子内部充满汤汁,同时保证口感清爽。手指飞快,几秒内,18 个褶,这需要 5 年以上的训练”,使开封灌汤包享誉全国。

国际影响

经过两个多月的全球推介,由中国国际广播电台国际在线主办的“2014 中国城市榜——全球网民推荐的最中国美食城市”网络互动活动的投票环节日前圆满结束,开封、重庆、苏州等 9 座城市共同荣获“全球网民推荐的最中国美食城市”称号。

第五节　河南非物质文化遗产项目举例

一、传统戏剧:豫剧

概念

豫剧,我国最大的地方剧种,主要的流行区域在黄河、淮河流域。除河南外,湖北、安徽、江苏、山东、河北、山西、四川等地都有专业豫剧团。2006年,国家文化部门统计的国有专业豫剧团体数量为167个,是目前我国拥有专业戏曲团体和从业人员数量最多的剧种,在全国300多个戏曲剧种中脱颖而出,与京剧、越剧同为中国戏曲三大剧。声腔上,豫剧属于梆子腔系,有五大流派:以开封为中心的唱法称为"祥符调";以商丘为中心的唱法称为"豫东调",又称"东路调";以洛阳为中心的唱法称为"豫西调",又称"西府调";流行于豫东南的称为"沙河调",又称"本地梆"。有河南人处,必有豫剧,一提起河南人,就不得不说豫剧,外地人一听到豫剧,没有不知道《花木兰》《穆桂英挂帅》《七品芝麻官》的,现代剧中,《朝阳沟》《卖箩筐》等也深受观众好评。同时还出现了一大批造诣精深的豫剧表演艺术家,大家耳熟能详的诸如常香玉、阎立品、马金凤、牛得草等老一代艺人,德艺双馨,为全国观众奉献了一个又一个令人喜爱的作品。

历史流变

早在清代乾隆年间,豫剧就已形成了,时人谓之河南梆子。至清代末期,河南各地都有了河南梆子的演出团体。中华民国时期,河南梆子日渐成熟。1914年,一个叫作义成班的戏班进入了开封羊市街普庆茶社演出,河南梆子从此由乡村进入城市戏院,后来又从小戏院到大戏院,其影响逐渐扩大。1927年之后,豫剧出现了女演员,诸如王润枝、马双枝、陈素真和常香玉等,她们在城市中演出,吸收了坠子、大鼓、京剧的一些唱腔、剧目和表演方式,使豫剧的舞台艺术发生了显著的变化。1938年,常香玉在豫西调的基础上，吸收豫东调的唱法，突破界限，形成新的流派，其他艺人也纷纷效仿，各自以独特风格卓然成家。1947 年前，“豫剧”还是泛指河南各种剧，1952 年之后，河南梆子经过几代艺术家的发展和创新，官方正式将其更名为“豫剧”，标志着一门成熟的戏曲艺术开始全面繁荣。

现状

如今，河南豫剧艺术家以演现代戏为主，创作了许多新戏新腔，培养了一批新演员。豫剧剧目很多，与河南相邻的省份都有专业的豫剧团。河南省内豫剧依然是重要市场。农村逢庙会、婚丧嫁娶，都会请戏。然而观看情况并不乐观，都是上了年纪的人在捧场，年轻人则被其他电子产品占去了精力。相较于 20 世纪 80 年代观众撵着戏台跑的热闹场面，现今的豫剧发烧友也是小众范围的事了。好在戏台下观众虽然不多，但并不代表没有观众，人们还是通过电视等媒体看戏的。豫剧在人们的生活中还是有存在感的，尤其是一些电视节目选秀，也会见到小演员的身影。

国际影响

近年来，豫剧走出国门，为海外观众带去了精彩的演出，获得了海外观众的好评。2013 年在土耳其第十四届黑海国际戏剧节上，由中国戏剧家协会组团的河南豫剧二团演出的豫剧新作《清风亭上》，每场演出结束时掌声都经久不息。这是该剧继 2009 年参加巴黎中国戏剧节后，又一次征服了国外的观众。近年来李树建院长带领豫剧二团到很多国家演出，《程婴救孤》《清风亭上》《苏武牧羊》等影响都很大。豫剧走出国门，到全世界巡演，实现了豫剧的世界梦，征服了整个世界的观众。

二、传统技艺：禹州钧瓷

概念

禹州钧瓷，我国五大名瓷之一。钧瓷的名贵之处在于其独特的窑变釉色，每一件钧瓷的釉色都是独一无二的，因其釉色是自然形成的，而非人工描绘，“入窑一色，出窑万彩”，正是其神奇之处。禹州，是我国历史上第一个奴隶王朝——夏朝的都城，大禹之子启在禹州钧台大宴天下诸侯，举行开国之典。在此物华天宝之地出产的瓷器，正是钧瓷。“黄金万贯，不如钧瓷一片”，在民间，钧瓷的价值，只此一句就能体现。尤其是宋代以来，钧瓷一直是御用之物，不许民间收藏，每年官窑限量供应，因此显得更为珍贵。钧瓷观赏价值高，造型端庄文雅，釉色绚丽万变，纹路奇异奥妙，图案窑变神异，每一件钧瓷集各种优点于一身，意境深邃，富有诗情画意。钧瓷窑变艺术在于铜红釉的成功创烧，在高温下的流动痕迹被惟妙惟肖地保存下来，出其不意，具有特殊美感和艺术情趣，青者似天之蓝，月白如美玉，紫者堪比葡萄，红者赛过牡丹，每一件钧瓷都是经过 72 道工序雕琢而来，烧制难度之大，有十窑九不成之说。

历史流变

钧窑创烧于唐，兴盛于宋，复烧于金元，明清两代继续仿制，历经千年而盛烧不衰。禹州钧瓷，唐代时已有作品，现已出土的有土黑和褐釉窑变花瓷，这是宋代钧窑的前身。有宋一代，非常尊崇钧瓷的艺术魅力，被宋徽宗称为御用珍品，诰封“神钧宝瓷”，每年钦定生产 36 件，且不许民间收藏。“靖康之难”后，宋室南迁，官窑停火，钧瓷生产受了一定影响。金元之后，钧瓷有了新的发展，各地争相仿制，窑火传播到了全国各地。明初，因为战乱和荒灾，钧窑生产渐弱。明清时期，瓷器的生产中心南移，北方诸名窑衰退，钧窑也停烧。清末，钧瓷重新烧制，钧瓷才传入民间。光绪三十年（1904），钧窑规模稍稍扩大。民国期间，战乱频繁，钧瓷生产举步维艰，1942 年前后，天降大旱，政局混乱，烧瓷艺人外流，钧瓷基本停产。新中国成立之后，钧瓷作为商品出口。1997 年，香港回归，国务院组织各省市向香港赠送礼品，河南省的礼品就是一对高 1997 厘米、底座为宝石蓝的钧瓷宝瓶。

现状

钧瓷的烧制是一种高难技术，烧制程度很难控制。过去一直使用松木窑，窑温需要有长期实践经验的老艺人来控制，很难达到均衡，也影响到钧瓷釉色的成色，烧制过程中有 70% 的产品会报废。

其惊奇之处就在于自然窑变,非人工可控,而也正是烧制之难。掌握高水准的烧制技术并非易事。目前钧瓷产业出现滞后性,在众多的烧瓷企业中,绝大部分的企业依然沿用以前的生产观念和技术,产品过于单一,缺少创新意识;产品趋于同质,市场竞争力不强;精品少,名牌产品少,各个环节没有达到精细化的要求;后备人才不足,也是制约钧瓷产业发展的瓶颈。

国际影响

旧时王谢堂前燕,飞入寻常百姓家,曾经不许民间收藏的御用珍品,如今能够流向市场,受到国内人民的欢迎,在国际上也大放异彩。2003 年至 2005 年连续 3 年,大宋官窑被博鳌亚洲论坛年会定为国礼,赠送与会数位元首和政要;2006 年 1 月 9 日,中国国家博物馆首次收藏当代钧瓷作品;2007 年,大宋官窑受邀在中南海紫光阁开设展厅;2009 年,大宋官窑的“如意尊”被国家领导人当作国礼赠予国际友人。让业界惊艳的则是,2010 年 4 月,大宋官窑跻身中国元素十大奢侈品品牌,系河南唯一,这被视为钧瓷将走进新时代,复兴的宏图渐现。如今,大宋官窑又完成对钧官窑复原,一再凸显其现代制瓷的技艺地位,在体现了大宋官窑品牌影响力的同时,更是树立了“当代名窑”的新形象。

三、民间美术:朱仙镇木版年画

概念

朱仙镇木版年画与天津杨柳青、山东潍坊、江苏桃花坞年画并称中国四大年画。年画是我国一种古老的民间艺术。朱仙镇木版年画已有 800 多年的历史,作为中国年画的鼻祖,它不仅具有极高的艺术收藏价值,而且极具观赏价值。其制作工艺采用木版与镂版相结合,水印套色,种类繁多,构图饱满,线条粗犷豪放,想象夸张,用纸讲究,色彩艳丽,庄重深厚,题材和内容大多取材于历史戏剧、演义小说、神话故事和民间传说。年画乡土气息浓郁,民间情趣强烈,具有独特的地方色彩和淳朴古老的民族风格,是民间工艺美术中的一朵奇葩。

朱仙镇木版年画上承汉唐传统，下启明清而传承发展，贯穿中国历史发展过程，见证了中国五千年农耕文明的历史，也是世界民族艺术史上的民间艺术瑰宝。在漫长的发展过程中有很多优秀的作品传世。

我国著名版画艺术家刘岘对朱仙镇的木版年画极为关注和喜爱，早在20世纪30年代就为鲁迅先生研究和论述我国的版画艺术提供了不少朱仙镇木版年画(现珍藏于北京、上海两地鲁迅纪念馆中)。我国伟大的文学家、思想家鲁迅先生曾不止一次地赞扬朱仙镇木版年画，称赞其木刻刀法雄厚、朴实，是“富有民族色彩的制作”。

曾经辉煌的朱仙镇

历史流变

朱仙镇的地名来源于战国时期的一个大将朱亥，他勇武过人，深受信陵君信任。相传，朱亥曾经住在镇北一个名叫仙人庄的村子里，因此后人称之为朱仙，并把他的故里称为朱仙镇。朱仙镇木版年画历史悠久，是中国木版年画的鼻祖，它起源于唐，兴于宋，盛于明清。

年画作为一种精神文化领域的产物，它的产生、发展与经济的发展程度息息相关。11世纪，北宋定都汴京后，当时的汴京不仅是政治文化中心，还是全国的经济中心，木版年画在这一时期快速发展并且不断壮大。而且由于当时的京城人士在意识形态上有着很强的优越感，使得他们在文化艺术的内容素材，以及表现手法上都大量体现了京都官雅的文化特色。此外，一直以来儒家传统思想的渗透使朱仙镇木版年画的画师们在附庸风雅的同时也深切关注周遭民众的生活，所以出现了大量反映中原传统民俗文化的年画作品。由于官方的提倡，每逢过年过节，特别是过春节，家家户户都流行贴门神，以祈求人寿年丰、吉祥如意、招财进宝、镇邪除妖，这一习俗一直流传至今。

“靖康之难”后，金亡北宋，汴京沦陷，木版年画也失去了往日的风采。到了明代，木版年画得以重新发展。这一时期，木版年画的中心逐渐转移到了朱仙镇。明清时期，朱仙镇就有 300 多家木版年画作坊，其作品畅销全国各地。开封地区的年画因此被统称为“朱仙镇木版年画”。

1937 年，日本侵华战争爆发，木版年画行业逐渐萧条，画店多经营香、烛、纸、炮，在门神会时卖一些年画，勉强维持。当时开封的年画作坊只有 10 多家。1953 年后，开封市组织民间艺人成立了木版年画制作社，后来制作社在“文革”中解散。改革开放以后，朱仙镇政府于 1983 年成立河南朱仙镇木版年画社等团体机构，旨在对木版年画的传统工艺进行挖掘、整理。

木版年画所用的刻版

现状

现在开封已挖掘、整理出传统年画老版 220 余块，重新印制历史老版年画 300 多套，并编印了《开封朱仙镇木版年画精选》《朱仙镇木版年画珍藏本》《朱仙镇木版年画故事集》等，为保护传统木版年画做了大量有益的工作。但是，整个朱仙镇木版年画印制规模很小，且基本上停留在家庭作坊式的模式上，产品同质化倾向严重。掌握雕刻印刷朱仙镇木版年画的艺人已寥寥无几，特别是传统的矿物、植物颜色磨制方法已鲜为人知，木版年画艺人青黄不接，如不及时加以保护，朱仙镇木版年画制作技艺很可能会彻底消亡。

五子登科

国际影响

2002 年 10 月，世人瞩目的“首届中国木版年画国际学术研讨会”和“中国木版年画大联展”在古都开封的历史名镇朱仙镇举办。这项活动被称作“中国民间文化遗产抢救工程”历史性的开端和发动，而木版年画则成为“中国民间文化遗产抢救工程”的龙头工程。

1999 年郭泰运随“中国故宫文物巡展团”到美国进行年画印制表演，精湛的技艺给美国参观者留下了深刻的印象。联合国教科文组织授予木版年画社社长姚敬堂先生“一级民间工艺美术家”称号。

2008 年，中国邮政发行《朱仙镇木版年画》特种邮票。

2011 年 5 月，朱仙镇木版年画成为首批国家生态原产地标记保护产品之一，拥有了通向世界的绿色通行证和生态通行证。

第六节　河南形象符号的认识

随着经济全球化和信息化时代的到来，地域文化和地域形象逐渐成为一个影响地区发展的重要因素。长期以来，河南始终在全国政治、经济、文化等方面占据着重要地位，是中华文明重要的发源地。从发展的观点看，河南拥有巨大潜力，是开发国际经济技术合作很有前途的地方。

但不知何时，河南的历史光环由灿烂变得黯淡，河南的形象由辉煌逐渐走向衰落。而就一个地区而言，形象则是经济社会发展的综合反映，作为主观意识和无形资产，影响着人们的自信心和自豪感,影响着地区的认可度和美誉度。因此,重塑河南的形象是我们所有河南人刻不容缓的紧要任务。

形象是其客观条件和文化内涵的符号,是人们对媒介信息所构成模型的投影,是传媒通过对内和对外传播来影响人们对这一地域的印象。形象塑造与传媒影响力、传播策略关系紧密。

自我认识与反思是学术社群保持主体性的重要途径。河南形象的形成和演变是一个历史过程,原因很多,既有主观的也有客观的,既有历史因素也有现实因素。归纳诸多专家的观点,河南形象衰败的原因主要是:生产力发展水平相对低下、区域文明程度不高、特定的发展阶段、信息传播不平衡等四个方面的因素。

此外,一些专家学者还提出了其他看法。贾志宏在《把我省的形象建设放到战略高度认识——"新世纪河南形象研讨会"综述》中提到,河南招商投资环境差、金融信用环境差也是河南形象建设存在的重要问题。朱云龙、薛春霞在《河南形象识别系统研究》中提到,经济发展的差距等种种事实成了河南人被歧视的依据。

与此同时,王冬梅在《青年网民心中的河南形象》中,引用了凤凰网在2012年3月进行的一项"河南人形象调查",在河南籍青年网民心目中河南"整体印象较好"。七成人持肯定态度,而非河南籍青年网民则有超过一半表示对河南"印象一般",且有一成网民表示对河南"印象差"。关于河南的文化形象,选择比例最高的是"历史悠久,底蕴深厚,但没有很好地传承发扬",76%的河南籍受访者和63%的非河南籍受访者认同此说法。该项调查仅针对非河南籍受访者,对河南及河南人的印象主要来源于亲身体验的占43.59%,人际传播占23.59%,广播电视报纸占18.46%,网络占14.36%。调查显示,河南籍受访者比非河南籍受访者更多地关注各类关于河南的新闻,包括负面报道。河南籍受访者关注程度最高的是重大文化旅游事件,其次是关于河南的负面报道、先进人物事迹报道,这二者的关注程度基本相当,经济类事件仅以25%的关注程度排在最后。

从该调查可知:目前河南形象并非以负面为主,近年来我省在河南形象建设方面取得了一定成就；经济水平的低下使河南在经济领域的受关注度较低；媒体报道内容、媒体级别、媒体类别对于受众了解河南形象有重要作用。

对河南形象问题的历史及现状的分析，找出河南形象不佳的症结，重新塑造河南形象识别系统，可着重从河南理念识别系统、河南行为识别系统及河南视觉识别系统三个方面塑造良好的河南形象。

河南，是中华民族最为重要的发祥地、华夏历史文明传承创新区。从夏代到北宋，先后有20个朝代建都或迁都于此，长期是全国政治、经济、文化中心。从中国历史上第一个王朝夏朝在商丘建都起，河南又孕育了洛阳、开封、安阳、郑州等闻名海内外的古都，中国八大古都中河南占其四。全省有全国重点文物保护单位189处，地下文物和馆藏文物均居全国首位。随着以河南为主体的中原经济区发展，河南形象的塑造与宣传显得更加重要和迫切。地区形象是某一区域内外公众对该地区总体的、抽象的、概括的认识和评价，它是特定地区历史、现实与未来的一种理性再现。从传播学的角度出发，地区形象是人们对某个地区的形象信息处理的过程及其结果，也是一种外化形态的、人所设计创造的、可传播的符号系统。笔者通过“百度”检索河南形象的关键词，按照搜索数量峰值，筛选出了10个关注度较高的、能代表河南形象的符号，列举如下：

黄河(100 000 000个)；老子(100 000 000个)；少林寺(28 500 000个)；洛阳牡丹(23 680 000个)；白云山(16 000 000个)；豫剧(8 020 000个)；云台山(7 850 000个)；龙门石窟(6 850 000个)；开封府(5 160 000个)；焦裕禄(5 220 000个)。

诚然，仅仅靠搜索数量峰值并不能完全代表一个地区的形象。例如，作为世界物质文化遗产的安阳殷墟就不在此列，但并不代表殷墟的价值不足以成为河南形象符号。因此，搜索数量峰值仅仅是对河南形象符号的一个侧面反映，而并不能代表河南整体的形象。由于关键词检索法局限性太强，所以仅对河南形象符号的关键词作一个参考，这一结果应谨慎对待，我们在研究中应抱有更为专业的态度，从关注度、经济价值、文化价值、历史价值等全方位考量河南形象符号，才是更为妥帖的方法。

关于改善河南形象和河南形象传播策略方面的论文及研究成果最为丰富，不少专家和学者都将其作为主要论述内容。从意义上讲，改善河南形象，更好地使河南形象符号得以传播，不仅能优化无形资产，创造更好的发展环境，以提高河南综合竞争实力，把无形资产向有形资产转化，也有利于提升河南对外的知名度和美誉度，提升河南人的自信心和自豪感，有利于社会和谐发展。

高李丽、张立新在《从河南形象报道看报道策划的运作》中提到，对河南形象问题的报道，难在提出问题的“切口和尺度把握，关键在于引导得当，重点在运作。我们有意识地从报道的客观性、开放性、参与性三个方面运作，来实现报道思想”。朱云龙在《关于传媒塑造河南形象的研究》中指出，传媒在塑造河南形象的过程中扮演重要角色，不仅如此，还能增强河南人的凝聚力，为社会的全方位发展贡献力量。程士玉、汪煜丽在《关于重塑河南形象的思考与对策建议》中提到，要理清以发展树形象、以形象促发展的思路，要注重高素质人才的教育。

杨海军在《广告战略与河南形象》中认为，广告发展战略应为“河南形象”塑造服务，广告宣传要针对“河南形象”的各个层面发挥作用。郑林、宗长青、孙德中在《塑造河南形象再认识》中指出，要正确看待个别突发事件对河南形象的损害，要认识到个别突发事件并不代表河南形象的整体。

综合以上，河南形象传播要树立以发展为本、以人为本的思路，只有硬实力的提升，才能使软实力迅速增长。传媒在河南形象传播中占有重要地位，媒体应加强自身修养，建立符合河南特色的宣传报道策略，以开放的思路进行全局性的合作，与全国媒体共同宣传河南形象，注重保持客观性、开放性和参与性。同时，谨慎处理个别突发事件，宣传报道中应尽量缩小个别突发事件对整个河南形象的影响，切实宣传河南形象，使河南良好形象符号化。在广告传播领域，要注重河南形象和品牌的宣传策略，使广告宣传针对河南形象的各个层面发挥作用。

河南形象符号是立体的，由政治、经济、文化、风俗、地理等多种维度组成。发展提升形象，形象影响发展，其中传媒起着重要的桥梁作用。同时，传媒与河南形象是共赢的，目标是一致的，发展是互动的。传媒塑造和传播河南良好形象，促进其全方位发展，同时，河南的快速健康发展也为传媒做大做强提供了支持和保障。在传播过程中，加强了河南人对河南的认同感和归属感，在这种氛围下，凝聚力便体现出来了，河南的魅力和吸引力就彰显出来了，全方位发展的力量就得到了加强，传媒的精神和价值也得到了认可和发扬。

第三章　媒体中的河南形象建构

第一节　《人民日报》中河南形象建构

一、选题意义及研究路径

《人民日报》是全国第一大报，是国内最具权威和影响力的报纸，是中共中央的机关报。《人民日报》能够及时准确地反映国内外发生的大事，宣传中国共产党的方针路线和中国政府的最新决策，能够反映出广大人民的意愿和要求。同时《人民日报》也是全国各地媒体议程设置的风向标，引导着国内媒体的报道倾向。

河南地处中原大地，是中华文明的发祥地之一，有着悠久的历史和灿烂的文化，“一部河南史就是半部中国史”[48]，道出了河南在中国历史上的地位和影响，河南形象具有厚重、博大的气息。然而，改革开放后，河南在全国政治经济格局中地位下降，其形象也开始受损，河南形象被一些媒体“妖魔化”。选取《人民日报》作为目标媒体，具有很好的代表性。本研究选取 2011 年 1 月 1 日至 2013 年 12 月 31 日为研究时段，在人民数据库中以《人民日报》为数据范围（不包括《人民日报》海外版），在搜索标题中以“河南”为关键词进行搜索，选取文章有标题的与署名的消息、通讯、评论、图片等。研究目的是分析以《人民日报》为代表的主流媒体镜像下所呈现的河南形象。

为了使研究结果更为客观、全面和准确，本研究采用了内容分析法，同时借助计算机软件辅助内容分析，以期能够客观呈现我国主流媒体中的河南形象。研究采用定性和定量相结合的方法，首先对《人民日报》涉豫新闻从报道字数、报道主题、报道倾向、新闻来源、报道体裁五个方面进行数量统计分析,然后再利用新闻学等知识对其进行定性研究,发现《人民日报》有关涉豫新闻的报道特征,从而呈现《人民日报》镜像下的河南形象。本研究的样本经过核实后进行编码,然后采用 SPSS19.0 数据分析软件进行分析,采用的分析方法主要是频数分析,再结合 Excel 软件进行制图,同时数据分析结果采用四舍五入法。我们主要采用的是内容分析法,它是一种对传播内容进行客观的、系统的、定量的描述的研究方法,其研究目的是根据数据对内容进行可再现的、有效的推断。[49]

二、研究样本分析

(一)报道字数数量分析

在人民数据库中共搜到 559 条涉豫信息,剔除重复的及与河南关联度低的信息,经过筛选,共得到 509 条与河南有关的新闻。

表 3-1　2011—2013 年《人民日报》涉豫报道字数数量统计表

报道字数	频率	占比
500 字以下	190	37.4%
500—1000 字	129	25.3%
1001—2000 字	105	20.6%
2000 字以上	85	16.7%
合计	509	100%

由表 3-1 可知,在有关河南的新闻报道中,以 500 字以下的短篇新闻居多,占报道总量的 37.4%;其次是 500—1000 字的新闻,占报道总量的 25.3%;再次是 1001—2000 字的新闻,占报道总量的 20.6%;2000 字以上的长篇新闻最少,占报道总量的 16.7%。

(二)报道主题数量分析

报道主题能够反映出《人民日报》主要关注河南的哪些方面,统计分析《人民日报》涉豫的报道主题,也能够从侧面反映出河南三年间的发展变化。

根据新闻内容,新闻可以分为政法新闻、经济新闻、文教卫生新闻、体育新闻、社会新闻。在这里，我们把报道主题具体分为：政治(官员任免、领导调研、党政建设)、法制(法制建设、犯罪案件)、经济(城镇发展、农业发展、工业发展)、文艺(文化艺术、娱乐活动)、教育、卫生(医疗卫生、人民健康)、体育和社会(社会问题、社会事件、社会生活)八个方面。

表3-2　2011—2013年《人民日报》涉豫报道主题数量统计表

报道主题	频率	占比
社会	136	26.7%
经济	113	22.2%
法制	95	18.7%
政治	80	15.7%
教育	37	7.3%
文艺	26	5.1%
卫生	15	2.9%
体育	7	1.4%
合计	509	100%

由表3-2可知，就报道主题分布上看，《人民日报》近年来主要关注河南的社会发展，占报道总量的26.7%；其次关注的是经济发展，占报道总量的22.2%；排在第三位的是法制，占报道总量的18.7%。

有关河南社会的报道有136篇，主要关注河南的社会事件、社会问题，以及社会生活方面的内容。例如《人民日报》2011年11月4日发表的《河南义马发生煤矿事故已发现2人遇难，59人被困》。有关河南经济的报道有113篇，主要是关注河南农业的发展情况，例如《人民日报》2011年7月12日发表的《河南1351万亩"望天田"丰收在望》；关注河南工业的发展情况，例如《人民日报》2013年10月25日发表的《一个重工业县的轻盈"转身"》。有关河南法制的报道95篇，主要关注了河南的违法犯罪事件，以及河南的法制建设，例如《人民日报》2012年12月3日发表的《河南一交警贩卖个人信息获刑》。有关河南政治的报道有80篇，主要关注了官员的任免和党政建设情况，例如《人民日报》2013年4月3日发表的《郭庚茂当选河南省人大常委会主任　谢伏瞻当选河南省省长》。

后面四个主题的篇数都不多,有关河南教育的报道有37篇。例如《人民日报》2011年2月22日发表的《留守娃,春天开学》。有关河南文艺的报道有26篇,例如《人民日报》2013年5月17日发表的《河南歌舞作品亮相国家大剧院》。有关河南卫生的报道有15篇,例如《人民日报》2013年1月7日发表的《河南安阳市区饮用水总体安全》。有关河南体育的报道有7篇,例如《人民日报》2011年1月31日发表的《全国女篮联赛第十七轮河南队战胜辽宁队》。

(三)报道倾向数量分析

新闻媒介的报道或单个或总和的倾向性,好恶褒贬,就形成了新闻舆论的倾向性与指向。它可能反映了公众的言行与倾向,但事实与倾向一经新闻媒介的报道,便会产生强化、放大、引导、驱动作用,会反过来影响公众的议题、判断、印象、观感、思考、好恶等,从而形成更大的舆论力量。[50]可见,新闻媒介的报道倾向对于塑造地区形象具有非常重要的引导作用。我们将报道倾向分为正面报道、批评报道和中性报道。正面报道呈现给读者的是对河南发展的肯定或者表扬。批评报道是对河南发展中某些缺点和错误进行披露给予批评的报道。中性报道就是报道中没有明确表扬或者批评某些事件的报道。

表3-3　2011—2013年《人民日报》涉豫报道倾向数量统计表

报道倾向	频率	占比
正面报道	231	45.3%
中性报道	212	41.7%
批评报道	66	13%
合计	509	100%

由表3-3可知,《人民日报》在有关河南的报道中,正面报道和中性报道的数量占绝大多数。正面报道的新闻有231篇,占报道总量的45.3%,主要集中在河南经济发展、文体科教、社会民生等方面。中性报道和正面报道相差不大,有212篇,占报道总量的41.7%。批评报道最少,只有66篇,占报道总量的13%,主要集中在药品质量、学校教

育、占用耕地、违法执法等方面。

(四)新闻来源数量分析

新闻来源是指新闻材料的出处和供应新闻材料的媒介。现代社会大众传播媒介的主要新闻来源有记者采访,通讯社电稿,公众来信来稿,政府、政党、社会团体和部门的文稿及宣传品等。[51]我们把样本的新闻来源分为《人民日报》、新华社和其他(来自专家、地方政府和单位、读者的稿件),需要说明的是还有一些新闻是人民日报社记者与其他新闻单位的记者联合署名的以及来自人民网图片的新闻,我们把新闻来源认定为《人民日报》,没有标明新闻来源导致无法判断稿件来源的新闻,我们归为其他项。

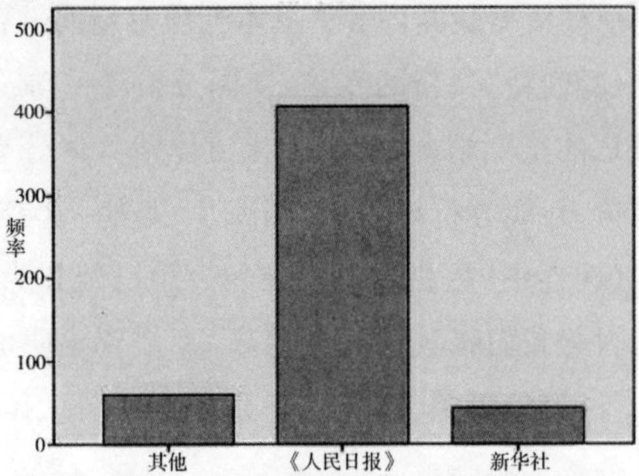

图 3-1　2011—2013 年《人民日报》涉豫新闻来源数量统计图

由图 3-1 可知,在本研究采选的 509 篇样本中,共有 407 篇新闻稿件由人民日报社记者提供,约占报道总量的 80%,这里所称人民日报社记者,一方面是来自《人民日报》河南分社,另一方面是来自人民日报社总部。《人民日报》河南分社的记者主动性较强,他们可以深入实际了解河南所发生的情况,及时、准确地向报社发出新闻稿件,报道河南所发生的事件。其他稿件有 59 篇,约占报道总量的 11.6%,主要是来自读者、专家、地方政府和单位的稿件,《人民日报》注重与读者的联系,经常利用图片的形式来刊登读者反映的问题,例如《人民日报》2011 年 2 月 22 日发表的《谁来保护我们的家园》,刊发了河南卢氏县潘河乡清河村村民反映卢氏县北方公司在村里开矿多年,破坏当地环境的问题,并配发三张图片,从而增加了说服力。新华社提供的稿件只有43篇,约占报道总量的8.4%。通讯社的核心业务是提供新闻信息服务,是采访和编辑新闻供给各报社、广播电台、电视台等使用的宣传机构。[52]新华社是我国的国家通讯社,是我国重要的舆论宣传机构,在中国共产党的领导下直接开展工作,担负着宣传中国共产党的理论和方针政策的使命,有利于团结各族人民共同为实现中华民族伟大复兴的中国梦而奋斗。新华社权威性高、信息可信度强,和《人民日报》在政治和业务上都比较相近,因此《人民日报》也采用新华社的稿件。

(五)报道体裁数量分析

新闻体裁作为新闻内容的表达方式,也是新闻内容最常用的分类方式,它往往依据新闻内容的基本性质对新闻进行分类,有消息、新闻通讯、新闻特写、新闻专访、新闻分析评论等。结合《人民日报》涉豫报道的实际情况,我们把报道体裁具体分为消息、新闻通讯、新闻专访、新闻分析评论、新闻图片、其他(读者来信及新的报道方式,如《网连中国》栏目的网友留言等已经不为传统的报道体裁所覆盖,因此我们将其归为其他项)。需要说明的是,新闻中配发的图片不作为分析单位,只把单列的新闻图片作为一个独立的分析单位。

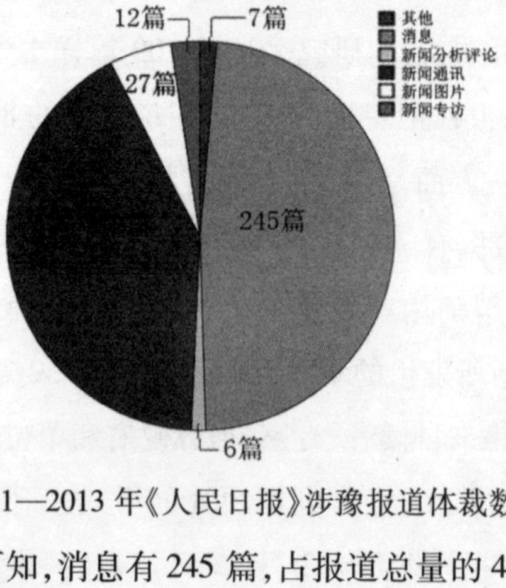

图3-2　2011—2013年《人民日报》涉豫报道体裁数量扇统计图

由图3-2可知,消息有245篇,占报道总量的48.1%;新闻通讯212篇,占报道总量的41.7%;新闻图片27篇,占报道总量的5.3%;新闻专访12篇,占报道总量的2.4%;新闻分析评论6篇,占报道总量的1.2%;最后是由读者来信、《网连中国》栏目等构成的其他项7篇,占报道总量的1.4%。

三、分析研判

依据前文分析,我们可以看出2011—2013年《人民日报》涉豫报道有以下特点:

第一,报道字数以1000字以下的动态新闻为主。近年来,河南经济社会发展迅速,《人民日报》利用动态新闻可以及时记录正处于发展机遇期的河南的发展变化,从而能够让公众及时地了解河南、认识河南。

第二,报道主题广泛,针对性强。《人民日报》涉豫报道主题广泛,政治、经济、社会、法制等各个方面都有涉及,而且针对性强,重点关注河南社会和经济的发展。

中共中央总书记习近平在考察河南时说,自古以来河南就有"得中原者得天下"之说。实现"两个一百年"奋斗目标、实现中华民族伟大复兴的中国梦需要中原更加出彩。[53]河南是人口大省、产粮大省,又地处连接东西、贯通南北的战略枢纽,在中华文明发展进程中占有重要地位。随着河南在国家发展大局中占有越来越重要的地位,中原经济区的建设加快了中原经济的崛起,有利于河南各项事业的发展,人民生活水平和素质也会逐渐提高,同时河南经济的发展更有利于服务全国大局,带动中西部地区共同发展,实现国家"中部崛起"的战略目标。在这种情况下,《人民日报》对河南社会经济发展的关注也顺理成章。

关于社会方面的新闻,《人民日报》则关注了社会问题和社会事件及人民生活。《人民日报》2011年7月12日发表的《农民看病不再先垫钱》,报道了河南省参加新农合农民到所有市级医院看病,可以享受直接报销的政策,又介绍了河南政府为这些惠民政策的顺利实施所采取的措施。又比如《人民日报》2011年1月11日发表的《河南经济适用房农民工有望购买》,报道了2011年河南省将整合各类保障性住房建设资金,开工建设各类保障性住房39万套,同时将进城农民等新市民纳入保障房范围。这一政策将使更多农民工住进保障性住房,提高农民工的生活水平。

河南自古以来就是粮食大省,2013年,河南粮食生产努力克服高温、干旱等自然灾害带来的不利影响再获丰收,全年全省粮食总产量1142.74亿斤,连续10年增产、连续8年超千亿斤。可见河南农业在维护全国粮食安全方面起着重要的作用。关于经济方面的新闻,《人民日报》主要关注了河南的农业发展,关注了粮食增收和农业科学技术的发展。这类新闻有很多,比如《人民日报》2013年4月28日报道的《河南建设"粮仓中的粮仓"》,报道中指出了河南中低产田的现状,即农业基础比较薄弱,面临的农业灾害类型多、频率高、范围广。但是河南不惧困难,实施高标准粮田"百千万"建设工程,将百亩方、千亩方和万亩方划定为永久性基本粮田,统一编号,建档立卡,遥感监测,确保粮食播种面积。报道肯定了河南农业发展所取得的成绩,特别是河南粮食生产为全国做出的重要贡献,保证了国家的粮食安全。比如《人民日报》在2011年10月8日发表的《河南高产创建夺高产》,记者走访了安阳市滑县和鹤壁市浚县,肯定了当地所搞的粮食高产创建活动,肯定了该活动所取得的成绩。报道指出滑县秋粮预计平均单产550.8公斤,比上年增加32.8公斤,增产6.3%。高产创建不仅集成技术,浚县还利用这一平台整合相关涉农资金,向高产创建示范方集中投放,发挥了项目资金的集聚效应。又比如《人民日报》在2011年9月25日发表的《水到田头增产增收》,记者报道了河南封丘县建设小型农田水利,惠及11万农民的情况。报道指出该工程不仅能够节约农民的种地成本,还可以扩大农田灌溉面积,改善土地质量,昔日的盐碱地变成了麦浪滚滚、稻花飘香的高产良田。

关于法制方面的新闻,《人民日报》主要关注了河南的法治进程和发生的违法犯罪事件。《人民日报》2013年5月10日发表的《河南法院三年宣告　百起案件116人无罪》,河南省加大了对"疑罪"案件的处理力度,以赵作海和李怀亮的案件为教训,在全省开展"5·9错案警示日"教育活动。同时《人民日报》也关注河南的违法犯罪案件，比如《人民日报》2013 年 1 月 25 日发表的《河南商丘艳照官员涉嫌职务犯罪被刑拘》，报道了因不雅视频和艳照被网络曝光的河南商丘原信访局官员张民强，涉嫌职务犯罪，已被移送商丘市检察机关并被刑事拘留。报道主题的全面性有利于使河南各个方面都呈现给公众，使公众对河南有一个更深入的了解，有利于增加河南的影响力，增加公众对河南的认知，有利于塑造河南的良好形象。

第三，报道倾向以正面报道和中性报道为主。随着河南社会经济的发展，河南发生了很大的变化，《人民日报》涉豫报道也肯定了河南社会经济发展所取得的成就，显示了河南在全国的影响力逐渐加大。同时，《人民日报》也客观地报道河南所发生的新闻，及时正确地把河南所发生的事件呈现给公众。如《人民日报》2011 年 6 月 20 日发表的《河南夏粮喜获九连增》，标题中的“喜”字道出了《人民日报》对河南粮食产量所取得收获的肯定。这样的正面新闻还有很多，不一而足。中性报道反映了《人民日报》客观真实地报道河南的新闻。《人民日报》2013 年 1 月 27 日发表的《叶冬松当选河南省政协主席》，2013 年 1 月 18 日发表的《河南安阳通用航空起降点将覆盖到县》，2012 年 6 月 19 日发表的《南水北调河南段进入全线建设高峰》，2011 年 10 月 31 日发表的《卢展工当选中共河南省委书记》等，这些新闻，《人民日报》只是真实客观地把信息传送给公众，并不对事件做任何评价。

第四，新闻来源单一，主要依赖于人民日报社记者。《人民日报》的新闻主要来源于本报记者的采写，《人民日报》在全国各地设有 33 个分社，在国外设有 39 个分社。当新闻事件发生时，《人民日报》能够迅速地派出自己的记者进行采写，能够做到报道的迅速、及时、准确。不仅如此，《人民日报》记者都具有较高的新闻素质，具有丰富的采写经验和新闻专业知识，能够写出较高水平的新闻稿件。

第五，报道体裁多样，以消息和通讯为主。消息是新闻报道的主要体裁，适应范围广，媒体的信息承载量大，具有很强的冲击力，[54]广泛性、真实性、可靠性、准确性和实用性是它的主要特点，是许多媒体广泛采用的新闻体裁。有学者指出，消息是新闻传播的主要形式，它以简明扼要的文字，准确、迅速地报道国内外新近发生的各种有价值的信息。[55]《人民日报》的消息，多为事实性的陈述。如《人民日报》2013年12月31日发表的《人人享有家庭保健》，简明扼要地报道了河南省荥阳市成立专门的项目指导委员会开展家庭保健活动的情况，并介绍了指导委员会定期有财政、卫生、人口计生、民政、妇联等相关部门负责人参加的会议。最后指出该指导委员会开展家庭保健活动的效果：全市累计培训技术服务人员300多人次，共设置更新健康知识版面及专栏230块，印制宣传折页2万份，健康基本知识的入户率达到100%。又比如《人民日报》2013年1月7日发表的《河南安阳市区饮用水总体安全》，报道了山西省长治市苯胺泄漏事故通报后，安阳市政府立即启动环境突发事故应急预案，并采取了相关措施。这些消息用事实说话，简明扼要，具有很强的说服力和感染力，内容是客观的，报道形式是客观的，新闻才具有很强的可信度，才能发挥它应有的作用。

《人民日报》发表的大量有关河南的通讯报道，深入全面地报道了河南的各个方面，从而能够使读者更加深入地了解河南的发展。如《人民日报》2011年12月14日发表的《河南新郑："民生为本"推进城乡一体化》一文详细介绍了河南新郑推进城乡一体化的举措，同时还配发图片，从而使得人们更加直观地了解到河南新郑城乡一体化的建设情况。又如《人民日报》2012年8月17日发表的《微笑人生　清白税官》，用通讯的形式系统地报道了河南省鹤壁市地税局税收管理员郭付英的工作和生活。虽然身患绝症，但她豁达超然，用微笑珍惜人生，同时面对商户，她视如亲人，用真诚破解难题。记者用通讯这种体裁，使读者能够深入地了解郭付英的工作和生活，同时更能为她面对绝症的乐观态度、对工作负责真诚的态度所感动，这正是通讯所具有的独特魅力。

依据前述研究，我们可以看出《人民日报》有关河南的报道领域很广、报道体裁多样，不仅有简短的消息，更有深度的通讯与评论。同时从《人民日报》的报道中可以呈现出《人民日报》所建构的河南形象。

（一）河南是农业大省

河南是农业大省。改革开放后，河南经济得到了迅速发展，农业生产力也有了较大提高，农业机械化水平提高，粮食产量也有大幅提升，成为全国的"大粮仓"。值得一提的是，国家也非常重视河南农业的发展。在国务院批复的《中原经济区规划》中提出要主力推进河南农业现代化，推进以粮食优质高产为前提，以绿色生态安全为保证，以集约化、标准化、组织化、产业化程度高为主要标志，以基础设施、机械装备、服务体系、科学技术和农民素质为有力支撑的新型农业现代化，构建具有中原特点的现代农业产业体系，夯实"三化"协调发展的基础。习近平在考察河南时也强调，粮食安全、"三农"工作是一切工作的重要之基，各级党委和政府一定要抓紧抓紧再抓紧。河南农业农村人口比重大，"三农"工作任务繁重，粮食生产这个优势、这张王牌任何时候都不能丢。[56] 俗话说，民以食为天，国以粮为安，粮食安全对于国家的稳定与发展具有至关重要的作用。在中央政府的政策支持和中央领导人的关心下，河南农业发展迅速，特别是粮食产量取得了可喜的成绩。《人民日报》对于河南的报道也主要集中在农业方面，把河南塑造成农业大省。在农业发展方面，河南政府采取各种措施来促进河南农业的发展。比如《人民日报》2012 年 12 月 2 日发表的《"农"字牌后有小康》，报道了河南省汤阴县由于农业的发展使得人民生活水平不断提高，这其中的主要原因是汤阴县政府采取的多种措施。又如《人民日报》2011 年 3 月 20 日发表的《河南邓州春耕主打"低碳牌"》，报道了河南邓州倡导农民低碳种田，引导农民少用化肥多用生物肥料，不搞秸秆焚烧多搞秸秆还田，并取得了显著的效果。在河南粮食产量方面，《人民日报》也比较关心。如《人民日报》2012 年 11 月 6 日发表的《河南粮食，兑现金灿灿承诺》，报道了河南省政府对河南粮食的重视，"保粮"这根弦须臾不放松，利用科技手段来保证粮食的增产，同时千方百计地保护农民的种粮积极性。如《人民日报》2013 年 11 月 10 日发表的《丰收粮咋换更多增收钱》，关注了虽然河南粮食产量上去了，但是粮食价格却没有上去的问题，文章针对此问题进行了深入的调查研究。又如《人民日报》2013年6月19日发表的《河南夏粮有望再获丰收》,报道了河南小麦在连续10年增产的高起点、高基数上再获丰收,并报道了河南政府为增加粮食产量所采取的措施,肯定了河南粮食产量所取得的骄人成绩。

同时《人民日报》也报道了河南违法占用耕地、秸秆焚烧等不良现象,这些现象不利于河南农业的发展。如《人民日报》2011年10月20日发表的《秸秆焚烧为何屡禁不止》,报道地方政府全力抓禁烧,却没有一套治本之策的尴尬情况,指出农民秸秆派不上用场,劳力又紧张,所以才就地焚烧,最后提出,解决这一问题关键是采取切实措施,鼓励农民回收和利用秸秆。正是《人民日报》对河南农业的报道,在全国人民心中建立了河南农业大省、粮食大省的地位。

(二)河南经济发展迅速,在全国占重要地位

河南近年来经济发展迅速,2013年全省生产总值(GDP)首次突破3万亿元大关,达到32 155.86亿元,同比增长9.0%,经济总量位于广东、江苏、山东、浙江之后,成为全国第五个超过3万亿元的省份。[57]河南经济之所以有较快发展,这与国家的政策支持有很大的关系。早在2011年国务院发布的《国务院关于支持河南省加快建设中原经济区的指导意见》中指出,中原经济区是以全国主体功能区规划明确的重点开发区域为基础、中原城市群为支撑,涵盖河南全省、延及周边地区的经济区域,地理位置重要,粮食优势突出,市场潜力巨大,文化底蕴深厚,在全国改革发展大局中具有重要战略地位。国家提出的"中部崛起"战略也同样有利于河南经济的发展,河南在国家改革发展大局中占有重要地位。

《人民日报》主要是以肯定积极的语气报道了河南近年来经济发展所取得的成就。如《人民日报》2012年4月6日发表的长篇通讯《河南务实发展稳步前行》,肯定了河南持续探索不以牺牲农业和粮食、生态和环境为代价的新型城镇化、新型工业化、新型农业现代化"三化"协调科学发展之路,肯定了河南在促进社会经济发展中所采取的措施。关于报道河南工业,《人民日报》2013年5月2日发表的《河南巩义"两化一高"让老工业散发新活力》,报道了巩义市产业升级的艰辛道路和取得的成就。“稳步”“前行”“散发”“新活力”,文章标题用这些词语无形中就流露出对河南经济建设的肯定,从而使读者看到标题就会感受到河南经济的发展,对河南有一个新的认识。

(三)河南人民生活水平提高

2013 年台湾地区某一档综艺节目中某嘉宾说“河南乡村吃不起茶叶蛋”的言论,一时引起了网友的热议,更引起了河南人民的不满,网友纷纷在网上进行讽刺和恶搞,更有河南网友表示“对河南被黑心里很受伤”。其实这只是外界某一些人对河南的偏见。事实并非如此,河南经济的迅速发展直接带动了河南人民生活水平的提高。《人民日报》主要关注了河南农民的生活情况,内容包括“新农合医保”“养老保险”“收入情况”“农民工就业”,等等。从《人民日报》有关河南农民的报道可以看出河南农民的收入提高了,看病也方便了,养老保险更是有了全覆盖。如《人民日报》2013 年 3 月 26 日发表的《河南宜阳“新农合”先看病后付费》,肯定了河南宜阳县“新农合”先看病后付费的政策,这一政策减轻了农民看病的负担。《人民日报》用积极的态度来肯定河南政府和广大干部为提高农民生活水平所做的努力,如《人民日报》2012 年 7 月 28 日发表的《河南辉县裴寨社区党支书裴春亮带领乡亲富了口袋富脑袋》,报道了河南省辉县市张村乡裴寨社区党支书裴春亮带领乡亲致富的故事。文章肯定了裴春亮所做的努力,原来人均年收入不足千元的裴寨村,2011 年已突破 8000 元。如《人民日报》2011 年 2 月 12 日发表的《河南近半数农民工家门口就业》,报道了河南省政府为转移农村劳动力就业所采取的措施,包括“农村劳动力技能就业计划”“阳光工程”和“雨露计划”等培训项目,以及发放小额担保贷款,通过这些措施使河南省农民工就业呈现出可喜变化:一是农民工转移就业的稳定性逐步增强,二是参加技能培训的农民工人数不断增多。2010 年外出务工人员中参加过技能培训的为 835 万人,占总数的 35.34%,比 2009 年提高 7.13 个百分点。又如《人民日报》2011 年 9 月 18 日发表的《河南叶县现代农业促农民增收》,报道为了让农民在有限的田地里增加收入，河南叶县积极发展壮大涉农龙头企业和各类农业种植、养殖合作社。通过《人民日报》有关河南民生的新闻报道，可以看出河南人民生活水平有了很大的提高，收入也不断增加。通过中央政府和河南政府的努力，河南人民看病方便了，养老保险有了全覆盖，就业率也提高了。正是《人民日报》对河南人民生活状况的客观报道，才有利于让更多的人们来了解河南，了解河南人民，消除外界对河南人民的误读，这也有利于塑造河南人民良好的形象。

（四）河南发展仍存在着一些问题

新闻媒体担负着监督社会、引导舆论的义务。舆论监督是新闻媒体拥有运用舆论的独特力量，帮助公众了解政府事务、社会事务和一切涉及公共利益的事务，并促使其沿着法制和社会生活公共准则的方向运作的一种社会行为的权利。[58]《人民日报》是在党和政府的领导下开展工作的，是党和政府的喉舌，自然担负着舆论监督的重任，为人民群众排忧解难，为建设社会主义和谐社会创造良好的氛围。在涉豫报道中，《人民日报》一方面肯定了河南经济发展所取得的成绩，肯定了河南政府和广大干部所做的努力。不过另一方面，《人民日报》也指出了河南社会经济发展过程中出现的一些问题，对其进行了批评，引起了地方政府和广大民众的反思。《人民日报》对河南的社会、法制、教育及卫生等方面进行了关注。如《人民日报》2013 年 12 月 12 日发表的《河南焦作一酒店职工维权屡遭"踢皮球"》，报道了焦作市工商局仅凭 1 人提供的虚假材料，将河南焦作市红都大酒店的全部资产转让。在随后的维权中，职工频频遭遇维权"闭门羹"的情况。又如《人民日报》2013 年 10 月 8 日发表的《会展场地　资料遍地》，以图片的形式报道了第二十五届河南畜牧业交易会上，上百名促销人员在展区入口处"热情"派送宣传资料，广场上到处都是被丢弃的印刷精美的彩色宣传资料，从而造成纸张极大浪费的现象。值得一提的是，《人民日报》也采用调查或者接到群众举报等手段来曝光河南在发展过程中存在的问题。关于违法占用耕地现象，《人民日报》2013 年 4 月 23 日发表的《毁坏村民 200

亩良田至今未复耕》，曝光了河南西峡县双龙镇打着建“中国最大的香菇市场”的旗号毁坏村民200亩良田没有复垦的违法行为，揭示了河南地方政府存在一些违法现象。关于骗取扶贫补贴，《人民日报》2013年4月18日发表的《县政府袒护造假为哪般?》，报道了河南潢川一技校无年检、无场地、无师资，仍是“雨露计划”培训基地，骗取政府补贴的行为。这一类的报道也让读者看到了河南在发展的过程中存在一些问题需要解决。

总之，随着河南经济的发展，《人民日报》向读者呈现的河南形象也发生了变化。一方面，《人民日报》肯定了河南社会经济发展过程中所取得的成就；另一方面，也不掩饰其在发展过程中所存在的问题，这样可以使政府更好地看到问题、解决问题，从而使得河南更好地发展，河南形象更好地呈现在全国读者面前。

第二节 《中国青年报》涉豫报道分析

选取2009年1月1日至2013年12月31日《中国青年报》涉豫报道作为总体研究样本，依照抽样调查的方法共抽取180期的《中国青年报》，通过筛选得出有效样本170篇，其中2009年30篇、2010年41篇、2011年38篇、2012年30篇、2013年31篇。通过对该报5年涉豫报道抽样文本的报道篇幅、报道来源、新闻体裁、新闻主题及新闻倾向性进行多维度、多层次的分析，得出该报在涉豫报道中使用的新闻框架，以进一步总结出《中国青年报》涉豫报道中呈现的河南媒介形象。这对于我们了解河南实体形象的媒介呈现，了解其影响因素，探求优化河南媒介形象的策略具有重要的意义。

一、涉豫报道篇幅与报道来源分析

报道篇幅和报道来源都能够在一定程度上体现《中国青年报》对河南省的关注度。作为一份中央级报纸，在一定时期内，对河南报道篇幅的多少，在某种程度上能够反映出对河南新闻事件关注的多寡；在涉豫报道中，自采新闻的比例、转载其他报道源的多少，也能体现报纸对河南新闻事件的关注多寡，二者都属新闻框架分析中的浅层次分析，能给研究者及受众以直观印象。但除去直观印象外，在二者背后，也能体现媒体对河南的重视程度。

表 3-4 《中国青年报》涉豫报道篇幅及占比统计（2009—2013）

	2009 年	2010 年	2011 年	2012 年	2013 年	总计
500 字以下	8 （26.7%）	4 （9.8%）	5 （13.2%）	5 （16.7%）	7 （22.6%）	29 （17.1%）
501—1000 字	4 （13.3%）	13 （31.7%）	7 （18.4%）	5 （16.7%）	2 （6.5%）	31 （18.2%）
1001—1500 字	4 （13.3%）	10 （24.4%）	6 （15.8%）	5 （16.7%）	4 （12.9%）	29 （17.1%）
1501—2000 字	4 （13.3%）	4 （9.8%）	4 （10.5%）	4 （13.3%）	4 （12.9%）	20 （11.8%）
2000 字以上	10 （33.3%）	10 （24.4%）	16 （42.1%）	11 （36.7%）	14 （45.2%）	61 （35.9%）
总量	30 （99.9%）	41 （100%）	38 （100%）	30 （100%）	31 （100%）	170 （100%）

通过对《中国青年报》2009—2013 年涉豫报道的抽样调查，可以窥见该报在涉豫报道篇幅方面呈现以下特点：

长篇幅报道整体占比最多。在 2009—2013 年的涉豫报道中，2000 字以上的报道数量占比最多，且各年份内的比较中，除了 2010 年，其他各年份 2000 字以上的报道占比也是最多的。且这一篇幅范围内的文章数量总体也呈上升趋势，尤以 2013 年最为突出，2000 字以上文章的占比达 45.2%。由于 1500 字以上的报道多为长消息、通讯、专访或评论，若加上 1501—2000 字范围内的占比，则长篇幅报道占据《中国青年报》涉豫报道总量的 50% 左右。这一方面体现了《中国青年报》注重挖掘新闻事件进行深度报道，另一方面也体现了对河南一些重大新闻人物或事件的重视程度。

短篇幅报道数量可观。在《中国青年报》涉豫报道的样本中，1000 字以下的报道多为消息、短评和图片新闻等，此类篇幅的报道讲求“短、平、快”，可以在报纸有限的版面内最大限度地为受众提供新近发生的信息，满足受众获取信息的需求。这类篇幅的报道占据涉豫报道所取样本总量的 40% 左右，仅次于超过 1500 字的长篇幅报道。

表 3－5　《中国青年报》涉豫报道来源及占比统计(2009—2013)

	2009 年	2010 年	2011 年	2012 年	2013 年	总计
本报	25 (83.3%)	33 (80.4%)	30 (78.9%)	27 (90%)	26 (83.9%)	141 (82.9%)
新华社	3 (10%)	5 (12.2%)	3 (7.9%)	0	1 (3.2%)	12 (7.1%)
其他	2 (6.7%)	3 (7.3%)	5 (13.2%)	3 (10%)	4 (12.9%)	17 (10%)
总计	30 (100%)	41 (100%)	38 (100%)	30 (100%)	31 (100%)	170 (100%)

从《中国青年报》5 年的涉豫报道抽样样本中可以看出,该报在涉豫报道中的报道来源主要是本报记者或评论员,年均占比达 82.9%,远远超过了引自新华社或是其他来源。这说明《中国青年报》在面对绝大多数新闻事件时,会让本报记者亲临现场或亲自采访,以保证新闻的真实性和消息的可靠性,而转引其他媒体的新闻,编辑无法第一时间与原作者沟通,有可能会出现新闻事实方面的纰漏。

在援引新华社的新闻中,主要是突发事件或典型宣扬。在面对部分突发事件时,为了统一媒体声音,绝大多数相关媒体会转载新华社所发新闻,这是国内新闻行业内的"规定动作",例如 2010 年 10 月 18 日《中国青年报》转载的新华社文章《河南平禹煤电矿难已致 26 人死亡》;对先进事迹或典型人物的报道也属此类,原因同上,如 2011 年 5 月 5 日《中国青年报》转发的新华社文章《史来贺》,并且此类转引一般为原文照发,文章篇幅较长。

在划分为"其他"的报道来源中,主要是其他媒体、未署名文章及软文供稿。在为数不多的其他类新闻中,篇幅普遍较短,或为漫画评论、读者短评,如 2013 年 5 月 8 日、5 月 9 日,《中国青年报》连续两日分别转载了《大河报》的漫画评论《特供》和《无可奉告》,两篇新闻的字数均不到 100 字。此外,软文自供稿件文章较长,多为 2000 字左右,原因不再赘述。

上述分析足以体现《中国青年报》在报道重大新闻事件或人物时,除"规定动作"外,坚持派本报记者获取第一手新闻资料,以保证原创性和真实性;对待不同的新闻,在篇幅方面随机应变,兼顾了新闻价值与信息量的平衡。

例如2009年2月8日《中国青年报》连续发表了两篇有关河南旱情的新闻，一篇全文共2149字的自采新闻《抗旱主战场打响“口粮保卫战”》，详细报道了“中原粮仓”河南遭遇50多年一遇的旱灾，小麦受灾面积达63%以上，以河南省南阳市为缩影，报道了该市各地区、各阶层、各种方式抗旱保粮的情景。文中有救灾概况的描述，如：

春节长假期间，该市劳动部门抓住春节返乡务工人员多的机会，组织广大村组干部、青年团员、大学生村干部组成抗旱帮扶小组和抗旱突击队300余支，集中人力和物力，科学管理，市场化运作，实现每日新增浇地面积2000余亩的计划目标。

也有描述救灾过程中的生动细节，如：

老马说，他的儿子在外地读大二，过了农历十五才开学，这几天也在家帮着拉水浇麦呢。“看着他累得满头大汗，我也挺心疼，可想想让他多干干农活，知道农民不容易，学习就会更刻苦！”

此外，《中国青年报》于同日还转发了一篇来自新华社的图片新闻，全文仅110字，报道了河南省洛阳市要求所辖各县区为山区民众送水，解决其用水难的问题。[59]

这种组合报道的方式在《中国青年报》涉豫报道中比较典型，既保证了新闻报道的信息量，又确保了新闻报道的深度。尤其是重大新闻事件发生时，这种组合报道的方式最能兼顾信息量与深度。

二、新闻体裁及新闻主题分析

1. 新闻体裁分析

新闻体裁就是新闻写作的表达形式。在实际新闻写作过程中，由于新闻视角不同、新闻价值不同、表达手法不同、媒体要求不同以及新闻工作者能力不同等诸多因素，致使新闻体裁的运用十分多样，甚至相同的新闻事件也可以运用不同的体裁。

通过对《中国青年报》涉豫报道抽样文本的筛选和逐篇阅读，对报道的新闻体裁进行分类，按照消息、特写、通讯、评论及其他（含图片新闻、专访、记者手记、形象宣传稿等）五类具体列表如下：

表 3 - 6 《中国青年报》涉豫报道体裁及占比统计（2009—2013）

	2009 年	2010 年	2011 年	2012 年	2013 年	总计
消息	9 (30%)	15 (36.6%)	9 (23.7%)	6 (20%)	5 (16.1%)	44 (25.9%)
特写	2 (6.7%)	0	2 (5.3%)	6 (20%)	2 (6.5%)	12 (7.1%)
通讯	15 (50%)	16 (39%)	16 (42.1%)	12 (40%)	16 (51.6%)	75 (44.1%)
评论	2 (6.7%)	4 (9.8%)	5 (13.2%)	1 (3.3%)	2 (6.5%)	14 (8.2%)
其他	2 (6.7%)	6 (14.6%)	6 (15.8%)	5 (16.7%)	6 (19.4%)	25 (14.7%)
总计	30 (100%)	41 (100%)	38 (100%)	30 (100%)	31 (100%)	170 (100%)

通过表 3 - 6 可以发现，《中国青年报》2009—2013 年涉豫报道的抽样文本在新闻体裁方面呈现出以下特点：以通讯与消息体裁为主。

首先，通讯体裁文章占比最高。在所有抽样文本中，通讯体裁文章的数量和占比最高，其中 2009 年和 2013 年均突破了 50%，占比最低的 2010 年也达到了 39%。由此可见，擅长深度报道的《中国青年报》在涉豫报道中，注重对新闻事件或人物进行全方位、深度的解读。通讯体裁使用率最高的新闻主要有以下三类：

一是对重大新闻事件的报道。例如《中国青年报》在 2013 年 2 月发生的连霍高速河南义昌大桥爆炸垮塌事故后，发表了题为《烟花爆竹“乔装”上路　肇事车辆缺乏资质》的追踪报道，全文共 3424 字，详细解读了爆炸事故发生后的疑点和伤亡情况。事件发生后，《中国青年报》及时跟进，详细、客观、冷静地对事故发生原因及事故疑点等进行解答，合理地引导了舆论。

二是对典型人物、集体或事件的报道。例如《中国青年报》2012 年 9 月 6 日发表的通讯《焦作：团组织怎样在青年农民合作社扎根》，全文共 2871 字，讲述了共青团河南省焦作市委在当地党政领导的支持下，通过多种活动吸引青年农民成立青农联，服务于生产经营活动，吸引、团结农村青年的事迹，呈现了青年团组织扎根于青年农民心中，促进农业合作社大力发展的局面。报道细致生动，没有说教意味，通过一个个典型的事例来照应文章核心。

三是通过挖掘看似普通的人物或事件背后的重大新闻。例如《中国青年报》2011 年 7 月 22 日发表的通讯《服刑民警仍正常上班办案》，文章从一件看似普通的治安事件入手，层层抽丝剥茧，展开了细致入微的调查，形成了这篇 4246 字的通讯。该文通过"一件小事引发的争执""办案民警聂云峰是正在服刑的犯人""为了保住这个饭碗我花了将近 100 万元"三个部分，揭开了"服刑民警正常上班"的谜团和内幕。

其次，消息体裁占比较重。在《中国青年报》涉豫报道所抽取的 2009—2013 年 5 年内的报道样本中，消息体裁的总比重接近 25%，年均比重也超过了 20%，其中 2009 年、2010 年，更是分别达到了 30% 和 36.6%。可见《中国青年报》十分重视消息体裁，因为这类题材成稿速度快，适用范围广，更能保证时效性，可以连续向受众提供大量信息，表明《中国青年报》在注重深度解读重要新闻人物、事件的同时，兼顾了其他新闻的发布。消息体裁使用率最高的新闻主要有以下三类：

一是有新闻价值但不足以"长篇大论"的常态新闻。此类新闻在所有媒体中都很普遍，受众仅需通过"豆腐块"大小的版面即可获取完整的信息。例如 2011 年 6 月 11 日《中国青年报》发表的消息《我国小麦品种改良取得进展》，报道了河南省一优质改良小麦品种取得进展，即属此类。

二是对信息的通报，无须进一步解读。此类新闻多属政法新闻，即对某一新举措、政府工作、法院判决等信息的通报。例如 2012 年 7 月 18 日《中国青年报》发表的消息《河南 60 岁以上老人达 1195 万》，全文不到 500 字，仅是政府公布的数据。

三是某些重要新闻的相关或补充报道。对于有些突发的重大事件，我国媒体的报道惯例是先发布简要消息，随后发表事件通讯，给出详细且深入的报道。因为面对突发重大事件，媒体及时发布信息是其职责。此外,也为进一步开展深入报道预留时间。如2013年2月1日,位于河南境内的连霍高速义昌大桥段发生垮塌事故后,《中国青年报》于次日即发表了1000余字的长消息《河南:积极组织现场救援 不惜一切代价抢救伤员》,随后的两天里,又连续发表了两篇2000字以上的通讯《烟花爆竹"乔装"上路 肇事车辆缺乏资质》《遇难者家属:官方说越早签赔偿协议,就能领到越多奖励》,来追踪报道这一起重大突发事件。

2. 新闻主题分析

新闻主题指新闻报道的主要内容和中心思想,可以反映媒体或记者对事实本身的关注点及其希望通过新闻所表达的主观意图。与新闻体裁相似的是,同一个新闻事件、新闻人物,不同的媒体或记者发表的报道中会呈现出不同的主题,这与媒体定位、编辑思想和记者主观的新闻视角选择有重要关系。

通过对抽样文本的逐篇阅读和提炼,本研究将《中国青年报》涉豫报道抽样文本的新闻主题依照建构类目划分为八类,具体列表如下:

表3-7 《中国青年报》涉豫报道主题及占比统计(2009—2013)

	2009年	2010年	2011年	2012年	2013年	总计
政法新闻	8 (26.7%)	12 (29.3%)	8 (21.1%)	4 (13.3%)	6 (19.4%)	38 (22.4%)
经济新闻	2 (6.7%)	1 (2.4%)	4 (10.5%)	0	0	7 (4.1%)
社会监督	5 (16.7%)	5 (12.2%)	9 (23.7%)	4 (13.3%)	7 (22.6%)	30 (17.6%)
公共事件	3 (10%)	7 (17.1%)	4 (10.5%)	5 (16.7%)	5 (16.1%)	24 (14.1%)
教育问题	1 (3.3%)	3 (7.3%)	6 (15.8%)	3 (10%)	6 (19.4%)	19 (11.2%)
就业问题	3 (10%)	2 (4.9%)	0	2 (6.7%)	1 (3.2%)	8 (4.7%)
典型宣扬	8 (26.7%)	10 (24.4%)	5 (13.2%)	10 (33.3%)	2 (6.5%)	35 (20.6%)
其他	0	1 (2.4%)	2 (5.3%)	2 (6.7%)	4 (12.9%)	9 (5.3%)
总计	30 (100%)	41 (100%)	38 (100%)	30 (100%)	31 (100%)	170 (100%)

通过表 3－7 可以看出,《中国青年报》2009—2013 年涉豫报道的抽样文本在新闻主题方面呈现以下特点:

首先,“规定动作”下的新闻数量和占比最高。在《中国青年报》涉豫报道的各类新闻主题中,政法新闻与典型宣扬报道两类“规定动作”的新闻,报道数量和占比最高。《中国青年报》作为团中央机关报,是归属中宣部直管的中央级大报,因此在报道政府或有关团体的各类新闻方面有义不容辞的责任,这也是“政治家办报”的内在要求。在《中国青年报》涉豫报道的 5 年抽样文本中,多数政法新闻均属此类。例如,《破解青年创业融资难的“河南模式”》[60]。除此之外,典型宣扬报道多关注具有高尚道德风范、在各自领域内做出突出贡献或做出典型事迹的先进个人或集体,《中国青年报》是以中国各族青年、中国共产主义青年团团员和干部为主要读者对象的全国性综合日报,因此,该报积极寻找典型模范人物,挖掘他们身上的可贵品质进行报道,这对于广大青年受众来说,无疑具有明显的指导作用,为其树立榜样的力量,如《青丝成白发,孝心不改——谢延信》[61]。

其次,社会监督或公共事件为主题的报道占有重要地位。除关注广大青年受众所聚焦的内容外,《中国青年报》不忘社会责任,持续关注改革发展中出现的一些情况、现象或问题,并进行深入的报道分析。在抽取的《中国青年报》5 年的涉豫报道样本中,就不乏此类稿件。社会监督职能是受众赋予媒体的一项重要职能,也是我国社会监督体系的重要组成部分。在社会监督方面,《中国青年报》涉豫报道中有不少此类新闻,例如《“房妹”之父翟振锋被刑拘》[62]。此外,《中国青年报》也十分注重对具有话题性、争议性的公共事件进行深度解读,例如曾经轰动一时的河南周口“平坟复耕事件”[63]。

再次,经济新闻占比最少。在抽取的《中国青年报》涉豫报道 5 年的新闻样本中,除 2009 年外,经济新闻每年的占比和数量均是最少的,2012 年、2013 年两年的数据均为 0。若从宏观上考虑,就业问题作为新闻主题,也应划归在经济新闻的主题内,但通过逐篇阅读分析发现,《中国青年报》的涉豫报道中,以就业问题为新闻主题的新闻,都是就业政策调整、创业就业典型宣扬等方面的新闻,没有过多涉及经济议题或内容,例如《医科毕业生下基层卡在何处》[64]《打造外出务工青年的温馨家园》[65]。因此本研究在新闻主题分类时,未将就业问题划归为经济新闻。而在为数不多的经济新闻中,多数聚焦于农业或第二产业,例如《河南耿庄盘活土地走上富强路》[66]《河南五年内将成"电动汽车城"》[67]。

3. 新闻体裁与新闻主题交叉分析

将新闻体裁和新闻主题结合起来无疑是必要的,这也是新闻框架中层次架构分析的需要。因为体裁分析归根结底是形式分析,然而缺少了对新闻内容的提炼分析,对新闻主题的分析就缺乏说服力。在涉豫报道中,《中国青年报》对某一类新闻事件使用某种体裁的多寡,可以体现媒体对该类事件的重视程度,故不可或缺。而通过对涉豫报道的新闻主题分析,就能通过数据得出媒体对某一类内容报道的多寡,虽然有可能是客观因素造成了多与寡的差异,诸如不同类别的新闻发生概率不同,但主观上必然能体现出媒体对哪类事件关注度的高低。因此,通过交叉分析新闻体裁与新闻主题,有助于更深入地了解《中国青年报》涉豫报道中的河南媒介形象,达到"有骨有肉"的效果。

表 3－8 《中国青年报》涉豫报道体裁与主题交叉量及占比统计(2009—2013)

	消息	特写	通讯	评论	其他	总计
政法新闻	23 (60.5%)	0	12 (31.6%)	1 (2.6%)	2 (5.3%)	38 (100%)
经济新闻	2 (28.6%)	0	4 (57.1%)	1 (14.3%)	0	7 (100%)
社会监督	1 (3.3%)	0	21 (70%)	6 (20%)	2 (6.7%)	30 (100%)
公共事件	6 (25%)	0	11 (45.8%)	6 (25%)	1 (4.2%)	24 (100%)
教育问题	2 (10.5%)	0	10 (52.6%)	0	7 (36.8%)	19 (100%)
就业问题	4 (50%)	0	3 (37.5%)	0	1 (12.5%)	8 (100%)
典型宣扬	3 (8.6%)	10 (28.6%)	14 (40%)	0	8 (22.8%)	35 (100%)
其他	3 (33.3%)	1 (11.1%)	1 (11.1%)	0	4 (44.4%)	9 (100%)
总计	44	11	76	14	25	170

通过表3-8可知,在《中国青年报》涉豫报道5年的抽样文本中,各类新闻主题均有不同的新闻体裁使用偏向。这一方面是不同新闻事件在采写过程中的客观需求,另一方面也折射了媒体和新闻工作者在对待某一类新闻事件的重视程度、价值判断和技术操作,是一种主观选择。毕竟,新闻体裁是“器”,同一个新闻事件或人物可以用不同的新闻体裁表现,而选择何种体裁去呈现,能够反应出媒体和新闻工作者的某种主观思维或倾向。通过分析,该报的涉豫报道样本中,对新闻体裁和新闻主题的使用偏向有以下几点:

首先,政法新闻使用消息体裁最多。在使用消息类体裁的各种新闻主题中,政法新闻的使用比例最高。以政法新闻为主题的消息中,多为政府或共青团活动、会议及部分案件新闻。这类新闻多言简意赅,不需深入剖析。

例如《河南:补贴省扶贫开发工作重点村“村官”》,全文不过248字,简要报道了河南省为到省扶贫开发工作重点村任职的大学生“村官”每人每年发放定额补助[68]。此外还有《团事新办　河南一青年微博入团》[69]《失踪的安阳市委副书记李卫民涉嫌受贿被立案》[70]等均属此类。

其次,新闻特写几乎为典型宣扬类主题的专属体裁。新闻特写是指截取新闻事实中某个最能反映其特点或本质的片段、剖面或细节,做形象化的再现与放大的一种新闻体裁,强调现场感,富有生动性。在《中国青年报》涉豫报道的抽样文本中,多数典型人物报道均使用了这种体裁。

例如2010年1月7日《中国青年报》发表的新闻《“90后”士兵勇救遭遇车祸乘客》,报道了来自河南驻马店市的海军南海舰队某基地装备部战士钱俊磊探亲返回部队途中,勇救遭遇车祸乘客的故事,全文主要报道的是钱俊磊救人的十分钟,现场感极强,使人身临其境:

情急之下,钱俊磊不顾双手被碎玻璃扎得鲜血直流,一片片地掰碎玻璃。

通道被砸开,乘客看到生的希望,一窝蜂拥向缺口处。

“大家都不要挤！我是海军战士，听我指挥，让小孩和妇女先出去！”钱俊磊边说边抱起乘客李新凤的孩子往车外送。

钱俊磊的行为赢得了乘客的信任。在他的组织下，乘客有序地从逃生口爬了出去。

时间已过去七八分钟。钱俊磊冲着车内连喊 4 声“有人吗”？在确定所有乘客都被救出后，最后一个爬出车厢。他跑开不到 20 米，客车就被大火吞没。

通过短段落、直接引语和大量动词，该文形象生动地再现了事故救援场景，连续使用的动词如“掰碎”“砸开”“抱起”“连喊”“爬”“吞没”等，使受众通过阅读，就能感受到现场的紧迫气氛，以及钱俊磊危难时刻的英勇表现。

再次，使用通讯体裁最多的是社会监督类主题。在各类新闻主题中，社会监督类是使用通讯体裁最多的主题。此类新闻多是通过记者的详细采访、深入调查，揭露政府工作人员，社会上某些组织或个人的违法、违纪、违背民意的不良现象及行为，使客观的调查形成文字，抨击时弊，抑恶扬善，以达到舆论监督的作用。

《中国青年报》历来注重社会新闻，故擅长使用通讯体裁来表现社会监督类主题的新闻，力求通过客观、深度、负责的舆论监督报道，来实现推动社会进步的宏伟目标。在涉豫报道样本中，亦有不少此类新闻。例如《中国青年报》于 2011 年 5 月 6 日发表的《缓刑犯自封居委会主任兼支书　居民举报遭打击报复》一文，深入事发地调查，通过详细的采访和确凿的证据，完成了 4362 字的报道，还原了一个自封的居委会主任的真实面貌。文中使用的四个小标题为：“当‘球皮无赖’当上‘一把手’后”“基层无力反抗”“上级‘不了了之’”“基层自治机构在对谁负责”，将事件的前因后果、问题居委会主任杨静杰的累累恶行细致地展现给受众，又通过文章最后一部分的专家采访，探讨了基层权力监督问题。该文发出后，当地政府于 5 月 14 日发出通报，派出三个小组调查“缓刑犯支书”。同年 9 月 14 日，河南省“打黑办”发出通告，称河南省公安厅、南阳市公安局联合调集警力，已将邓州市杨静杰团伙的 14 名涉案嫌疑人一网打尽，可见《中国青年报》社会监督类稿件的作用。

最后,评论体裁使用最多的是公共事件和社会监督。新闻评论是一种有着鲜明针对性和指导性的新闻体裁,属于论说文的范畴。不难理解,当前社会高速发展,各类矛盾频发,受众最为关心的就是各类公共事件及社会不公正现象。公共事件和社会监督类主题的评论文章占据了评论体裁中的主要部分,正印证了这一情况。

在《中国青年报》涉豫报道的抽样文本中,以公共事件和社会监督为主题的评论主要有三类:第一类是明确批评某一不合理现象或违规做法的,如《整治“齐抓不管”:谁收费谁负责》[71],该评论对河南某市出品猪肉引爆的“瘦肉精”事件提出了明确的批评:

面对“齐抓不管”下的食品安全事件,上级调查部门完全可以推动“倒查机制”——严查不法商家上缴给各部门的“规费”“罚款”,以及涉及利用行政权力的其他名目费用;严查执法机关为不法分子“大开绿灯”的“执法腐败”。既然相关职能部门“收费、罚款”的权力行使了,那么,市场监管不到位的责任谁也别想逃掉!

第二类是期待涉事相关方面有所转变的,如《哪一天,孩子们将不用自带桌椅上课》[72],该文不仅对“自带桌椅上课”这一不正常现象提出了批评,也向有关部门加强教育、财政投入监管,将义务教育补助资金用于实处提出了期望:

读书关乎命运,对中西部相对贫困地区的孩子而言更是如此。所以,在继续加大教育投入的同时,教育、财政和监察部门需要联合建立严密的义务教育补助资金流向监控制度,施行严格的责任追究制。否则,就会出现“学生需自带桌椅上课”“涂料的钱都是由教职工垫付”的闹剧。

还有一类属特约评论员文章,如《一名基层公务员对“禁酒令”的期待》[73],作为特约评论员,一定是与其所评论的事件密切相关或密切关注所评论事件的人。在该文中,作者即为一名基层公务员,其评论也就多了几分切身体会:

扪心自问,对于那些并不熟悉的“客人”,有多少人情愿去陪吃饭?作为基层公务员,非但完全赞同目前的“禁酒令”,还希望公务接待全面“禁酒”，不必再分什么中午和晚上。更进一步，改革现行的公务接待制度，真正彻底杜绝“公款吃喝”，既能节省财政经费支出，又能减轻基层人员的负担，那才最好不过。

在其他类体裁中，使用最多的是图片报道。这部分中，图片报道多转载自新华社或其他媒体。所涉教育问题为主题的文章多为大专院校在《中国青年报》所作的形象宣传稿，故不做过多分析。

三、新闻倾向性分析

新闻倾向性是指新闻工作者通过其采写的新闻或评论所表现出的特定立场或思想倾向。新闻倾向是客观存在的，它主要通过新闻工作者对社会事实的选择、加工表现出来，代表着一种显性或隐性的意见或倾向，新闻倾向性分析即对新闻框架的高层次架构分析。有关新闻倾向性的界定，学界有多种说法。本研究较为认可的界定是：新闻倾向性中包含有新闻事实倾向性、新闻传播者倾向性和受众倾向性三个层面。

在社会事实被新闻传播者采集、加工为新闻事实并开始传播前，本身就具有倾向性，其倾向性来源于社会政治体制、历史文化、意识形态，以及约定俗成的规则和价值观等多方面的约束。当某一社会事实越过了这些规则与边界，就会引起社会权力阶层及社会成员的关注。此时，这一“越界”的社会事实就会被上述的多方面因素赋予倾向性。大至战争、自然灾害，小到谋杀、抢劫等，作为一种社会事实，均会被赋予倾向性，它遵守了社会历史发展进程中的规律，不以个体意志为转移。

需要指出的是，由于社会事实的倾向性依据各个具体的新闻有所不同，受众倾向性也会因为受众个体的差异形成不同，即对同一件新闻事件，由于受众个体间的价值观、知识结构、价值判断、所处情境等有所差异，会对该新闻事件形成不同的价值判断和倾向。正是因为研究社会事实与受众的倾向性需要涉及多方面的知识、庞大烦琐的数据调查及复杂的分析，故将研究精力聚焦于新闻传播者的倾向性，并通过对受众关于河南媒介形象所做的问卷调查，分析受众在对待涉豫报道时的态度和倾向。

在《中国青年报》涉豫报道5年的抽样文本中，通过逐篇阅读的方式，依据标题、新闻主题体现出的倾向性，将抽样文本划分为正面、中立和批评性三类，并列表如下：

表3－9 《中国青年报》涉豫报道新闻倾向性及占比统计表（2009—2013）

	2009年	2010年	2011年	2012年	2013年	总计
正面	16（53.3%）	19（46.4%）	18（47.4%）	15（50%）	10（32.2%）	78（45.9%）
中立	7（23.3%）	11（26.8%）	5（13.1%）	8（26.7%）	9（29.1%）	40（23.5%）
批评性	7（23.3%）	11（26.8%）	15（39.5%）	7（23.3%）	12（38.7%）	52（30.6%）
总计	30（100%）	41（100%）	38（100%）	30（100%）	31（100%）	170（100%）

从表3－9可以看出，仅从数量上分析，《中国青年报》涉豫报道5年的抽样文本中，新闻倾向性为正面的文章在数量和占比方面均是最多的。除2013年外，基本都在50%左右；批评性报道其次，略多于倾向性为中立的报道。

但在分析新闻传播者倾向性时，如果仅从数量上分析，无法看出新闻报道的倾向性究竟如何。因此，还要考虑新闻倾向性的显性与隐性之别。通过分析抽样文本的标题、新闻主题、体裁的选择、篇幅长短、报道数量及新闻用语等，来深入地认识涉豫报道的新闻倾向性。基于此，本研究对新闻倾向性的分析做了建模，如图3－3所示：

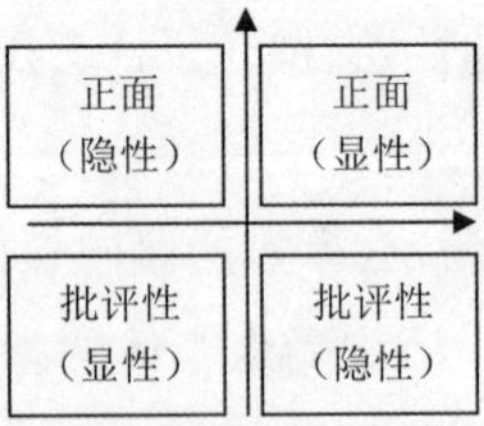

图3－3 新闻倾向性

本模型将新闻传播者的倾向性分为以下四类：

首先，标题明显体现正面肯定态度，新闻主题也着重选择事实的正面报道，体裁与篇幅较重的新闻，被归类为正面（显性）。此种类型在表3－9的"正面"统计中占有半数以上的比重。这类新闻主要是典型宣扬类的特写或通讯，以及部分的政法新闻和少量的形象宣传稿件。

例如《河南团组织：服务大局　彰显价值》[74]一文，文章题目“服务大局　彰显价值”就已对该文的报道对象——河南团组织做了褒赞，该文主要报道了河南共青团在中原经济区建设的背景下，组织、引导与促进广大河南青年投身其中的情景。文中的几个小标题也同样饱含了肯定与正面宣扬：

标题一“热议中原经济区规划建设”：主要报道了共青团河南省委邀请在全国各地创业的豫籍青年企业家会聚一堂，热议中原经济区的规划和建设情况；

标题二“共青团组织成绩令人称道”：报道了共青团河南省委在引导青年服务新农村建设、组织培训提高青年技工创新能力、积极服务青年就业创业等多方面取得了显著的成效；

标题三“一体四轮”：着重报道了河南团组织将以“凝聚、作为、建设、先行”为今后工作的四个方向，努力带领广大青年积极投身中原经济区建设，在服务中原经济区建设中体现共青团的独特价值。

在该文的具体行文中，多处都直接体现了正面宣扬的特点。例如该篇报道用参加“豫籍在外创业青商中原经济区建设座谈会”中一位代表的话作为导语，通过该代表的直接引语“热血沸腾”“做好了准备”“贡献力量”表达文章的态度。通常，新闻报道在文章题目、文内标题和导语中直接使用或引用的内容，能够清晰地反映该报道的新闻倾向性，此为一例。

其次，标题若明显体现出批评态度，新闻主题和内容也带有批评性，且体裁与篇幅较重的新闻，被归类为批评性（显性）。这种类型在表 3－9 的“批评性”统计中占了近 60% 的比重，此类倾向性多以社会监督、公共事件为主题，体裁多为通讯或评论，且篇幅较长。

例如 2013 年轰动一时的事件“郑州向社区分配精神病筛查指标”，在事件被媒体披露后不久，《中国青年报》就此事做了专门调查，发表了《郑州向社区分配精神病筛查指标引质疑》[75]。该文共 3246 字，文章题目中即有明显的批评性或否定的字眼：“引质疑”。此外还将国家卫计委的回复作为副标题，批评性同样也十分明显：

"省级指标不能盲目层层分解到社区。"该文的三个小标题"被质疑'摊派'指标""为什么会有这个筛查指标?""国家卫计委:指标以省市为单位提出,不能简单地层层分解到社区",看似依照惯常的事件调查所拟,但通读全文不难发现,这起事件是典型的"小和尚念歪了经"。三个标题中,《中国青年报》力图还原事件真相,因此用前两个标题的篇幅着重探析了郑州出现这项匪夷所思的分配筛查指标的原因、该指标的"原型"或是出处究竟是什么,进而用第三个标题的采访报道来反应郑州有关方面的做法存在错误。文章第三部分中,记者借用受访者的话作为间接引语,明确表达了该报道对郑州分摊精神病筛查指标的否定态度:

李惊雷说,虽然郑州市卫生局在社区内筛查重性精神疾病患者的初衷是为人民群众办好事的民生工作,但重性精神疾病患者的发病率和分布情况是不一样的,郑州市把筛查指标层层分解,直接分解到了指标严重失真的社区层面,是用简单化的工作方法,把好事给办砸了。

再次,标题中无明确的倾向,通过分析新闻主题、内容,结合其选择的体裁、篇幅长短进行判断,若态度倾向正面宣扬,则被归类为正面(隐性)。此类倾向性的文章占比不高,多集中在政法新闻、就业问题与典型宣扬为主题的文章中,且篇幅长短不一,所用体裁也无共同点,但文章往往通过详细的调查或采访,客观地体现某一人物或事件的真实面貌,在行文中常借助事实来表达其倾向性。

例如《富裕村的大学生"村官"能干啥》[76],全文共1623字,作为一篇通讯,并未分小标题,其题目中也无法反应出其新闻倾向性。不过,文章导语中却借助一件"平凡的"场景体现了文章所隐含的肯定和认可的倾向性:

10月28日,河南省焦作市马村区待王街道东孔庄村委会门口,52岁的李秉海大叔正给65岁的张运财大爷读本期的《东孔之窗》。"别小看这一页纸,村委会最新动态、账务收支都在上面写着,让我们老百姓心里亮堂多了。"李大叔说。

通过导语中的直接引语不难发现,当地村民对待《东孔之窗》的态度:"心里亮堂多了。"

文章题目作为一个问题式题目,其提问"能干啥"是典型的河南方言，除具有贴近性外，标题隐去了提问的主体，可能是“富裕村”的村民，也可能是上级领导，抑或大学生“村官”自身，但作者并未给出明确解释。随后，该文的第二段告诉了文章题目的提问主体：

办这张报纸的，是村里2007年到任的村党支部副书记、大学生“村官”陈利杰，和今年刚到任的大学生“村官”郜英华。说起这份报纸，还要先从陈利杰的困惑说起。

“还要先从陈利杰的困惑说起”，可以看出题目的提问主体就是大学生“村官”陈利杰。文章接下来报道了陈利杰来到“富裕村”做大学生“村官”的困惑，以及在解开困惑的过程中，如何创办《东孔之窗》、帮助残疾村民找工作等，通过这些具体的事件，回答了陈利杰自己的疑问：

“但既然来了，就不能愧对咱拿的工资”，从最初的打扫卫生、接打电话、整理资料，到与村民唠家常，办起《东孔之窗》，陈利杰逐渐将工作重心往下放。

通过对大学生“村官”陈利杰的“困惑”入手，该文细致入微地报道了陈利杰在工作中所做的看似微不足道的几件事，该文结尾处以陈利杰的工作和希望作结语：

最近，陈利杰不断向村民征求意见和建议，争取让这份小报内容更充实、更能反映村民关心的问题，解答他们的疑问。“我更希望这份小报能成为村民参与基层民主建设的一扇窗。”陈利杰说。

看似普通寻常的工作与希望中，体现了一名大学生“村官”在基层工作中开动脑筋、创造性地工作、想人民之所想、一心一意为当地百姓服务、“将工作重心往下放”的踏实作风。该文实际是对像陈利杰一样的大学生“村官”所作的典型宣扬报道，但全文从题目到字里行间并没有明显的倾向性用语，不过结合文章所报道的事件，渗透出了该文隐含的肯定与赞扬。此类文章在《中国青年报》涉豫报道的抽样文本中虽然不常见，但相比明显的典型宣扬报道，此类新闻“润物无声”，潜移默化地将一名优秀大学生“村官”的形象深植于受众心中，更利于被人接受。

最后，标题中无明确倾向，但分析新闻主题、内容，结合其选择的体裁、篇幅长短进行判断，若态度倾向批评，则被归类为批评性（隐性）。此类文章在批评性倾向中的占比不高，多为政法新闻、社会监督、公共事件为主题的文章，其体裁和篇幅也较为多样。

例如《迁址保护还是为拆迁开路》[77]一文，与所举前例相似，作为一篇通讯，全文共1958字，报道了商丘市级文物保护单位“还金间碑”被拆，引发当地关于迁址保护还是为拆迁开路的争执，争执的双方是商丘市下辖永城市文物旅游管理局与文物所在地村民。文章题目客观地体现了这一争论，就此争论，记者展开了调查采访。全文并未划分小标题，依据事件调查的逻辑顺序成文。事件缘起于该地一件文物“不知去向”，记者对当地村民的采访还原了事件的过程，行文中也体现了该文物的价值：

“这块‘还金间碑’是清朝武英殿大学士李天馥为崇尚本村先民谢应明拾金不昧的高尚品德而撰文立碑的，300多年来一直立在我们村里。”……记者了解到，2011年5月，包括“还金间碑”在内的4处石刻已经被核定为商丘市第三批文物保护单位。

记者在采访中，得知了当地村民近300年来多次修缮与维护这件文物的故事，通过对有关部门的采访，得到了文物丢失的另一个解释：

……记者从永城市文物旅游管理局获悉，拆除“还金间碑”是为了实施对该文物的迁址保护。……但永城市文物旅游管理局办公室的陈姓工作人员告诉记者，她也不知道“还金间碑”目前的下落，得问具体负责迁址保护工作的乡有关部门。

根据记者的调查，在文章末尾处，记者以一位村民的疑虑作结：

记者了解到，涉及侯岭乡一些区域的“产业集聚区建设”是永城市2012年度的四项重点工作之一，其中包括对谢酒店等3个村庄的征地拆迁任务。……目前，谢酒店村的一些建筑已被拆除。未被拆除的建筑上也多有拆迁的序号。……虽然村民们收到了关于群众安置方案和相关实施细则的通知，但他们却从来没看到过拆迁公告。

“不知道‘还金间碑’被拆掉是不是在为这次拆迁开路。”一位村民说。

通过对文末的这段采访不难看出，当地“产业聚集区建设”并未向村民作明确的通知，当地村民从未看到过拆迁公告，而最后一段直接引语不仅反映了村民的担忧，也隐性表现了《中国青年报》对这起文物丢失事件的态度：即担心当地政府短视，为了经济发展而忽略了对文物的保护。

在上述四种倾向性之外，抽样文本中还有五分之一左右的“中立态度”的文章，此类文章没有倾向性的表现，多以政法新闻为主，例如会议新闻、案件判决结果、政府工作等，多是“规定动作”下的新闻，如果从“报与不报、报多报少”的角度来分析其倾向性，未免过于牵强，故不再赘述。

上述分析均是关注新闻传播者的倾向性，而前文已述，新闻倾向性分析中，有关受众的倾向性不可或缺，但本研究考虑到无法使受众通读全部170篇《中国青年报》涉豫报道的抽样文本并加以分析，因此，仅就受众对于河南的印象、阅读有关河南报道后的态度和倾向性进行调查。本研究采取网络发放调查问卷的形式，得到了以下结果：[78]

在对145名受访者的基本信息调查中得知，受访者年龄多在18—25岁，占比66.2%；26—40岁占比26.9%，两类之和共135人；所有受访者中，共有86人不是河南人，占比59.3%；受访者所在省份中，河南仅占29.7%，剩余均是河南省外居住或工作的人；此外，所有145名受访者的学历均在高中及以上，这也保证了受访者具备较为成熟的阅读分析能力和价值判断能力。所有参与此调查问卷的受访者均有独立的IP地址，以确保没有一人多填的情况。综上所述，该调查问卷的结果是科学且值得参考的。

在对受访者关于“您对河南的印象怎么样?”这一问题的调查中，74人选择了“一般”，占总比的52.41%，选择“非常好”和“好”的受众占比略低于前者：

选项	小计	比例
非常好	9	6.21%
好	50	34.48%
一般	74	52.41%
差	10	6.9%
不了解	2	1.38%
本题有效填写人次	**145**	

图3－4 “您心目中的河南形象是什么样的?”问题调查结果

在对受访者关于“您心目中的河南形象是什么样的?”调查中,排名前三的印象分别是:“历史文化厚重”“农业大省”和“城市环境脏乱差”;在受访者心目中,与河南形象最不相关的选项是“经济发达”。而与此调查问卷相似的结果是,本研究在对《中国青年报》5 年的涉豫报道抽样调查中,同样发现了以“经济新闻”为主题的报道数量是 8 类主题中最少的,该调查结果正与涉豫报道的抽样文本分析不谋而合。这在一定程度上能够说明:受众关注点及以此形成的印象与媒体报道的多寡之间,存在相互影响、相互作用的关系。

选项	小计	比例
历史文化厚重	105	72.41%
交通便利	33	22.76%
经济发达	12	8.28%
农业大省	80	55.17%
城市环境脏乱差	48	33.1%
河南人素质差	29	20%
贫穷落后,多农民工	41	28.28%
河南很多突发事件,治安不好	28	19.31%
其他	5	3.45%
本题有效填写人次	145	

图 3－5 “您心目中的河南形象是什么样的?”问题调查结果

诚然,受访者心目中的河南形象可能源于多种获得途径,比如在河南工作生活,同来自河南的朋友交流,通过媒体、影视作品获得,等等,本问卷就获取途径也做了调查,其中“与河南人的相处、交流”“报纸、电视、广播等传统媒体”“去过河南,亲身感受”三项是主要来源。这足以证明传统媒体在信息传播中仍旧是受众获取信息的主要渠道,因此可知,一般受众心目中的河南媒介形象也主要是由河南人对外交流、媒体报道，以及河南自身发展塑造的。

选项	小计	比例
报纸、电视、广播等传统媒体	92	63.45%
聊天软件等移动媒体应用	38	26.21%
与河南人的相处、交流	93	64.14%
从去过河南的亲朋好友处得知	32	22.07%
去过河南，亲身感受	64	44.14%
与河南有关的影视作品、广告	27	18.62%
其他	4	2.76%
本题有效填写人次	145	

图 3－6　“您一般通过哪些渠道了解河南的情况？”问题调查结果

受访者在回答“您从媒体中一般得到的是河南的哪类信息？”时，选择最多的是“河南经济发展情况”，这与《中国青年报》5 年涉豫报道的抽样文本分析结果相左。结合之前的文本分析足以说明：《中国青年报》在报道河南时，忽略了对河南经济发展情况的报道。

选项	小计	比例
河南经济发展情况	82	56.55%
河南地区就业信息	44	30.34%
河南地区文化、影视作品	54	37.24%
河南地区突发事件、问题	73	50.34%
河南地区旅游信息	54	37.24%
河南地区教育培训	23	15.86%
河南人在外地的正面信息	33	22.76%
河南人在外地的负面信息	46	31.72%
其他	2	1.38%
本题有效填写人次	145	

图 3－7　“您从媒体中一般得到的是河南的哪类信息？”问题调查结果

此外,有关受众在阅读媒体的涉豫报道时有怎样的倾向,在调查中也有所涉及。得到的结果显示,48.97%的人认为对河南的报道有片面之处;认为对河南的报道客观公正的仅占13.1%,与选择“对河南大多是正面报道,喜欢”的受访者数量持平;另有20.69%的受访者认为“对河南大多是负面报道,厌烦”。这一数据说明,一般受众在阅读到涉豫报道时,其心理倾向认为存在片面之处,可见在受访者心目中,媒体报道在一定程度上与河南形象不符,借由媒体报道所形成的河南媒介形象与河南的实体形象之间存在一定偏差。

选项	小计	比例
对河南大多是正面报道，喜欢	19	13.1%
对河南大多是负面报道，厌烦	30	20.69%
对河南的报道有片面之处	71	48.97%
对河南的报道客观公正	19	13.1%
其他	6	4.14%
本题有效填写人次	145	

图3-8 “您所读到的信息中,有关河南的信息倾向是怎样的?”问题调查结果

通过上述分析可知,新闻传播者的倾向性与受众的倾向性并不一定相同,可以说二者是相互影响、互为借鉴的。值得注意的是,新闻传播者的倾向性存在偏差,其影响和后果是不可量化的。一般来说,这取决于新闻传播者的公信力和权威性、信息传播的覆盖面和有效性,以及受众自身的接受和反馈情况。由于受众自身情况的不同,同一条带有偏见的新闻可能会对不同受众造成反差极大的后果:有些受众面对失之偏颇的新闻可能会加以排斥并拒绝接受,而个别受众可能因为此类带有偏见的新闻,对涉及的人物、事件或地域产生敌视、丑化甚至攻击性行为,这是值得警惕的。

第三节　《中国青年报》涉豫报道的新闻框架

通过对《中国青年报》5 年的涉豫报道抽样文本进行浅、中、高层次的新闻框架分析，结合特定议题框架的分析路径，可以总结出该报在涉豫报道中所使用的新闻框架，进而为进一步探析涉豫报道中所呈现的河南媒介形象提供参考。

一、《中国青年报》涉豫报道中使用的新闻框架

如前文所述，本研究采用了特定议题框架的分析路径。在上述分析的基础上，本研究认为，《中国青年报》涉豫报道中主要使用的新闻框架可能包含以下几种：

1. 政治框架：指政府、团体组织或其领导人、负责人的言论或行为，以及对其行为本身、后果或影响力关注的架构或模式。

2. 典型宣扬框架：指侧重于通过个人或集体故事，以反映社会文化背景下所推崇的某种价值观或倾向，以激发受众钦佩之情的架构或模式。

3. 责任归因框架：通过对某一新闻事件或议题的冲突、现状报道，寻找责任归属的架构或模式。责任归属可能是政府、团体或个人。

4. 事实框架：直接陈述新闻事实，不带有任何暗示含义或倾向性。此框架与通用框架中的“冲突框架”一致。

5. 经济影响框架：指通过报道经济或与其相关的议题，以体现经济影响对事件发展、成本与收益和社会相关方面作用的架构或模式。

6. 文化教育归因框架：指报道聚焦于与文化教育有关的事件、现象或人物的行为或结果，指明文化教育因素对其造成影响的架构或模式。

上述 6 种新闻框架是通过对《中国青年报》涉豫报道的抽样文本逐篇分析总结出来的，本研究通过对各种框架出现的频次统计，以探求《中国青年报》涉豫报道中主要使用了哪些新闻。需要说明的是，单篇新闻样本中可能会同时涉及多种框架，但频次统计主要

选择新闻中占主要地位的框架内容。具体列表如下：

表 3－10 《中国青年报》涉豫报道中新闻框架频次及占比

新闻框架	频次	占比
政治框架	39	22.9%
典型宣扬框架	48	28.3%
责任归因框架	54	31.8%
事实框架	13	7.6%
经济影响框架	5	2.9%
文化教育归因框架	11	6.5%
总计	170	100%

二、对各类新闻框架使用情况的分析

通过表 3－10 可知，《中国青年报》涉豫报道中使用的新闻框架频次排在前三的分别是：责任归因框架（频次 54，占比 31.8%），典型宣扬框架（频次 48，占比 28.3%）和政治框架（频次 39，占比 22.9%）。由于事实框架、文化教育归因框架，以及经济影响框架的出现频次和占比均较低，三者之和甚至不及上述三种框架中的任意一种，因此，本研究认为，《中国青年报》涉豫报道中主要使用的新闻框架是责任归因框架、典型宣扬框架和政治框架。

责任归因框架是《中国青年报》涉豫报道中使用最多的新闻框架，占到所有抽样调查文本的近三分之一。与通用框架中的"责任框架"和"冲突框架"不同，在对抽样文本的分析中发现，使用责任归因框架的新闻报道多通过表现个人、机构、国家之间意见不合或对立的冲突情况，在冲突中寻找责任归属，而不单单是强调冲突或是责任。

例如，2012 年 3 月，河南省周口市的"平坟复耕事件"引发了全国多方关注和热议，《中国青年报》于 11 月 22 日发表了题为《河南周口暂停"平坟复耕" 问题依然难解》的通讯，全文共 1892 字，没有分列小标题，主要报道了周口市平坟复耕事件的进展情况、政府推行措施，以及出现的矛盾和问题。表面上看，是坟墓占地和耕地需求之间的矛盾，而其背后，反应的是当地政府推行的经济发展与民俗改革新规和当地百姓的宗氏情感，以及传统民俗之间的矛盾。报道中反映的双方对待“平坟复耕”事件的态度，可以体现这一矛盾：

周口市政府此前对外表示……政府希望“移风易俗，减轻农民负担”。为此，周口市还出台了一系列“惠民殡改”政策，如免费火化、公墓建设政策。该政策规定：每具遗体600元的火化费用由财政承担，并免费提供骨灰盒及遗体接送等服务；全市规划建设3130座农村公益性公墓。

……在平坟政策实施的过程中，很多当地人对此政策及措施表示不满，这是因为基层政府在平坟过程中出现了一些简单粗暴的做法，如有的地方一方面迫使一线干部带头迁坟，另一方面对普通百姓的祖坟进行强制平毁。另外，公墓建设未能达到预期标准，满足不了平迁需求。

然而，报道并非仅仅展现矛盾冲突，而是利用受访者的观点，呈现了媒体对这一事件的态度：

11月18日，陕西省法学会副会长、陕西省委党校客座教授陈里发微博称：“自古以来平挖祖坟是最不得人心的事情。人多地少是国情。文化传统是治国养民之根基，丧葬文化是非常重要的一部分。……老人老办法，新人新办法。遵从民意妥善处置老坟，合理规划现代公墓，百姓是会接受的。运动式平拆老坟搞开发的事当慎！当停！”……

不仅如此，该报道结合事件发生后的官方反应，来进一步表现其态度：

就在争议升级引发各方质疑的当口，11月16日，中国政府网公布国务院第628号令，国务院令要求将《殡葬管理条例》第二十条修改为：“将应当火化的遗体土葬，或者在公墓和农村的公益性墓地以外的其他地方埋葬遗体、建造坟墓的，由民政部门责令限期改正。”

……新规定删除了“拒不改正的，可以强制执行”部分，意味着违规土葬、乱建坟墓将不再允许民政部门强制平毁。

通过民间学者的“运动式平拆老坟搞开发的事当慎！当停！”到国务院《殡葬管理条例》删除“拒不改正的，可以强制执行”，《中国青年报》的态度已经明示，且将这一矛盾产生的责任归因指向了周口市政府方面。在随后对法学专家的采访中，更是利用受访者的直接和间接引语认定周口市政府“强制执行”的行为“是违法的”：

……北京义联劳动法援助与研究中心主任黄乐平表示：“……但如果在这个过程中，采取简单粗暴的做法来处理坟墓中的尸体，不仅是对死者及其家属的不尊重，也是非常不妥当的做法，严重的甚至涉嫌构成犯罪。”黄乐平介绍，刑法当中有“侮辱尸体罪”。

黄乐平说，即使新条例生效时间未到，沿用旧条例还是不妥。“为什么要删除旧条例中的‘强制执行’，是因为原来的法律规定违反上位法的规定，法律效力存在问题所以才要删除。‘强制执行’，需申请人民法院才可执行。虽然新的条例明年才生效，但现在沿用旧规定来处理也是违法的。”

在对相关方面采访后，为保证新闻采访的平衡性，记者又对周口市有关方面的态度进行了报道：

尽管很多人对周口市的做法提出批评，但周口市一直以坚决的态度继续推行“平坟运动”，同时还继续加强宣传，展示决心。要求“学好周口‘真经’”“对还没有平、迁的坟头，坚决平、迁到位，不留死角”“要一战到底”。值得注意的是，相关上级政府部门截至目前也未作出公开回应。

……11 月 21 日，记者再次致电周口市委宣传部新闻科，求证“平坟复耕”的说法并询问政府对此事的口径，该科科长表示“不知情，去找民政局问”后，迅速挂断电话。

通过对周口市有关方面态度的报道，这起“平坟复耕”事件的争议焦点，以及双方诉求和态度被摆在受众面前，而该报道很典型地使用了责任归因框架，展示了双方的矛盾冲突，但并未停留于强调矛盾。同时，利用相关采访表达了媒体的态度和倾向性，此外，通过对周口市有关方面的采访，表现了其“要一战到底”的强硬态度，也将事件的责任归因到当地政府，指责其强制性的行政举措缺乏民意基础和法律依据。在众多使用责任归因框架的新闻报道中,不乏此例。

典型宣扬框架兼有通用框架中"人情味框架"和"道德框架"的内容,但又与二者不同。通过分析《中国青年报》涉豫报道的抽样文本发现,使用此框架的新闻多通过个人或集体的事迹入手,或以情动人,或以理服人,其出现的道德信息并非"道德框架"中那样指涉上帝或其他宗教信仰,而是指涉社会主义核心价值观、集体主义等我国主流社会认可的价值取向,报道中会借助典型人物或集体暗示什么是正确的认知或行为方式。

例如《中国青年报》发表的《刘庄:"长工村"到"明星村"》[79],就是典型宣扬类报道的代表。这篇通讯全长1718字,详细报道了刘庄如何从一个"方圆十里乡,最穷数刘庄的'长工村'",变成了一个闻名全国、富裕文明的社会主义新农村。该文的导语十分具有代表性:

地处豫北黄河故道的河南省新乡县七里营镇刘庄村,50多年来一直是全国农村基层组织的一面鲜艳旗帜。老书记史来贺带领全村干部群众艰苦创业,把过去"方圆十里乡,最穷数刘庄的'长工村'",变成了一个闻名全国、富裕文明的社会主义新农村。

这条导语的信息量非常丰富,交代了刘庄的地点,"地处豫北黄河故道",介绍了刘庄的标签,"50多年来一直是全国农村基层组织的一面鲜艳旗帜","鲜艳旗帜"既是对刘庄的称赞,也为全文的典型宣扬定下了基调,紧接着介绍了刘庄是如何成为"鲜艳旗帜"的典型代表的:"老书记史来贺带领全村干部群众艰苦创业……"在一名基层党员干部的身先士卒和带领下,一个"长工村"变成了远近闻名的社会主义新农村,也体现了该文的核心:在社会主义核心价值观的引领下,在共产党的正确领导下,团结一心,艰苦创业,贫穷落后的面貌必将改变。

紧接导语,正文第一段的直接引语就承接了上文的思想:

1952年12月,21岁的史来贺当选为刘庄村党支部书记。他从那天起就立下誓言:"跟党走,拔掉穷根,让老百姓过上好日子。"史来贺带领全村人艰苦奋斗，硬是把村子周围的750多块凹凸不平的土地改造成收种全部机械化的现代农业园区。

科技致富，因地制宜制订发展计划，发展工业和副业，健全产业链，走市场经济……正文的每一小段都介绍了史来贺带领刘庄村致富的事迹，以情动人，这一切均是在照应上文中的“鲜艳旗帜”。我国的政治体制中，推崇的是集体领导制，即在领导工作中，不依赖领导人个人的能力而是集体的力量和智慧。因此，文章在报道史来贺的事迹后，进一步强调了刘庄继任的新领导班子集体所做的贡献：

“创业难，守业更难；要想守好业，必须创新业。”刘庄新一届村班子成员在史世领的带领下，放眼全国找差距，努力超越自我。近两年，村里先后拿出100多万元专门设立创新奖，凡是提出推动刘庄发展的创新建议被采用，或者在生产中取得创新成果的，都予以奖励。全村上下永不懈怠、奋发进取的劲头越来越足，干事创业、加快发展的氛围越来越浓。

在新的领导班子带领下，刘庄也实现了新世纪的新发展。不仅强调节能减排、可持续发展，并且把绿色GDP作为发展指标。这些都契合了当下社会主义新农村建设的题中之义。除了报道刘庄的发展，同时也详细报道了致富后的刘庄人的新生活实现了“住有所居、老有所养、学有所教、病有所医”，做到了以理服人：

……村民全部搬进了每户472平方米的新居，并且配有中央空调、互联网、集中供热供气、生活污水处理、休闲健身广场、中心花园等功能和设施；新建了现代化教育园区，村民子女从幼儿园到高中全部实行免费教育；健全了社会保障体系，退休人员除享受49项公共福利外，每人每月发放450元退休金，65岁以上每人每月发放550元，未成年人每月发放生活补助；全村群众由集体出资全部参加了新型农村合作医疗，除享受国家各项优惠政策外，医疗费用全部报销……

这篇报道借助典型宣扬框架，以历史为轴，以刘庄的发展和致富为线索铺开，生动地再现了一个贫穷落后的“长工村”如何变为一个崭新的社会主义新农村。文章的态度和倾向十分明显，即通过对这一典型的宣扬，来树立一面旗帜，为全国其他地区的社会主义新农村建设提供有益的借鉴。此类文章在使用典型宣扬框架的样本中比较常见。

政治框架是结合我国的政治体制和意识形态特点与《中国青年报》涉豫报道抽样文本的调查分析总结得出的。在我国的政府或团体新闻中，不会过多地突出个人的领导力、决断力，即便对某位领导人、负责人的言行举止有较多报道，也是为了体现政府或团体的意志，而非个人领导魅力。政治框架的大量使用也是报纸完成“规定动作”的题中之义。

使用政治框架的新闻体裁多为消息，篇幅较短，多是对政府或团体会议、举措的简要报道；使用通讯体裁的新闻，多注重报道政府或团体政策、措施实行的效果。例如《河南团组织探索服务青年创业成才新模式》[80]，这篇通讯全文共2355字，主要报道了河南省青年创业服务中心推进青年创业就业的融资服务体系、项目品牌体系建设成效明显。由于单纯报道青年创业中心建立融资服务体系、为中小企业提供青年助业贷款会使文章略显枯燥，因此，该报道采用了实例采访加解读的方式，以呈现青年创业中心推动青年创业、就业的融资服务和项目助推的效果：

“要是没有青年创业吧的指导帮助，我现在还是个对创业一窍不通的学生。”宗明洋感慨地说，自2011年11月，河南青年创业吧创业导师、河南乐泉净水科技有限公司董事长韩亚希就对他的创业给予全方位的辅导和支持，使他的经营能力快速提高，“仅2012年，我就赚了10多万元。”

……截至2012年年底，河南青年创业吧累计有910余位爱心企业家加盟并现场指导，已注册青年创业导师505名，青年创业项目库有效项目296个，已经开展集中活动233次，累计超过3万人接受创业辅导，先后开通网站、新浪微博、QQ群等新媒体平台，建立郑州大学青年创业吧等46个“高校版”创业吧、目标汇青年创业吧等56个“社会版”创业吧。

这种方式生动地为受众呈现出了青创中心在帮扶青年创业方

面的作用和效果，可以有效地破解传统政法类报道的影响力停留在纸面的现象，使受众更易接受。诸如此类使用政治框架的报道在《中国青年报》涉豫报道的样本中比较常见。

第四节 《中国青年报》涉豫报道中的河南媒介形象及启示

通过对《中国青年报》涉豫报道中使用的新闻框架的总结可知，在《中国青年报》涉豫报道中，主要使用的新闻框架分别是责任归因框架、典型宣扬框架和政治框架。除这三种出现频次较高的新闻框架外，该报的涉豫报道中，还使用了事实框架、文化教育归因框架和经济影响框架。将涉豫报道文本的各个层面数据化、框架化，能够更为客观、清晰地看到《中国青年报》关注了河南省的哪些方面、偏向于关注哪些方面，借由这些偏向与框架，又形成了怎样的河南媒介形象，其影响因素是什么，对今后如何构建河南的媒介形象有重要的启示意义。

一、《中国青年报》涉豫报道中的河南媒介形象

结合此前的研究成果，本研究认为："媒介形象"是指个体通过各种传播渠道获取的信息中，对某一人物、事件、事物或组织等实体所形成的认知。媒介形象是一种信息，它并不等同于实体形象本身，也有别于传播学中的"符号"概念，主要由于传播主体、传播渠道、受众及各种主客观因素造成了媒介形象形成过程中与实体形象之间的偏差。

河南媒介形象的概念从属于"媒介形象"概念中的一个子概念，即"地域媒介形象"。"地域媒介形象"是受众通过整合各种传播渠道获取的信息，对该地域产生的认知和印象，是一个地域软实力的重要组成。某一地域媒介形象的好坏，对于提升该地域投资潜力、旅游价值具有重要作用，甚至会影响政策倾斜乃至地区竞争力。需要指出的是，由于任何地域都不可能在媒体的塑造中单纯

地表现出一种形象，因此地域媒介形象是多个单一媒介形象的集合体。有学者认为，评价某一地域媒介形象的标准应该参考三个要素，即报道数量、报道主题的多少和报道的态度倾向性，由于倾向性涉及地区媒介形象的性质问题，因此在区分时显得更为重要[81]。在此基础上，根据对新闻主题的统计分析和新闻框架的频次分析，将媒介形象分为“富形象”和“弱形象”；结合报道的新闻倾向性分析分为“正面形象”或“负面形象”，各类主题报道次数的多少对媒介形象的“富”与“弱”起到了强化与弱化的效果，以此为标准形成了下图中的四种模式：

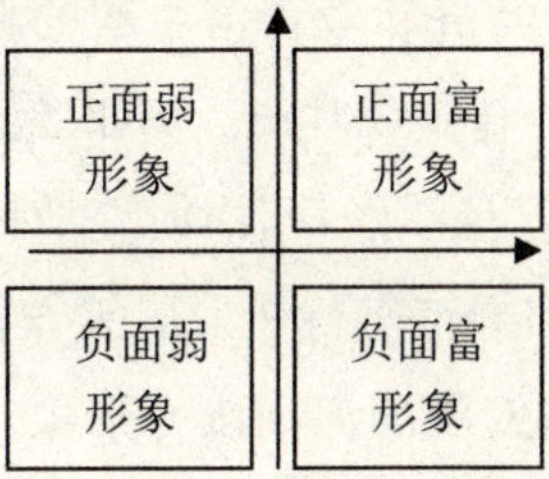

图 3－9　四种地域媒介形象模式

综合上述各种因素分析，本研究认为，《中国青年报》在 2009—2013 年涉豫报道中构建的河南媒介形象如下：

1. 正面富形象：河南省的正面富形象主要源于政府形象、共青团组织形象和各类典型人物、事件的正面形象。在涉豫报道抽样文本中，以政法新闻为主题的报道数量最多，其次是以典型宣扬为主题的报道，并且通过分析这两大类新闻的倾向性可知，多数政法类新闻和典型宣扬类新闻呈“正面显性”或“正面隐性”。

通过新闻标题、新闻主题、关键词的综合分析可知，《中国青年报》涉豫报道中，体现政府举措得当的有 15 篇、政法部门判决果断公允的有 12 篇、团组织服务带动效果明显的有 12 篇，上述三个方面的报道数量较多，体裁和篇幅较重，呈现出了一个行政高效、法治严明、扶贫助难、团组织活跃的服务型政府和组织形象；同时，典型人物宣扬的报道较多，且篇幅、体裁较重，新闻倾向性多为显性或隐性的赞扬，个体形象多于群体形象的塑造，报道基层公务员的有 13 篇，报道创业、就业青年的有 11 篇，报道大学生“村官”的有 8 篇，上述三类形象多于其他个体形象的塑造。在此基础上,呈现出了一个基层优秀干部众多、积极创业就业、勤劳致富、仁义忠孝的河南人形象。上述河南正面富形象的构建,在一定程度上如实地体现和反映了河南省在相关方面的实体形象,是对受众展示河南实体形象的良好示范,是值得肯定和其他媒体借鉴的。

2. 正面弱形象:河南省的正面弱形象主要是在报道主题数量上较少,但新闻倾向性方面呈现出肯定或赞扬的态度,在此基础上所形成的形象。综合对《中国青年报》涉豫报道抽样文本的分析,此类形象主要是河南工农业发展形象及河南教育形象。

在涉豫报道中,以经济和教育为主题的新闻数量较少,但其倾向性多为显性或隐性的肯定或赞扬。例如,经济新闻一共有7篇,主要报道了土地制度改革盘活经济、沿海企业内迁降低劳动力成本、电动汽车产业园建设引导汽车行业发展等方面,展现了一个农业改革成效明显、工业快速发展的河南媒介形象。此外,以文化教育为主题的新闻一共有9篇,主要报道了高考河南样本、艺术考试、大学生就业引导、青年职业技能培训等方面,展现了河南作为高考大省,以及河南积极推行青年职业技能培训的媒介形象。略显不足的是,由于报道数量过少,覆盖范围过窄,由此构建的媒介形象略显单薄,因此将其作为正面弱形象。

3. 负面富形象:与正面富形象相对,河南的负面富形象涉及面较广,多数社会监督类主题、公共事件类主题的新闻中都有呈现,在部分政法新闻中也有体现,并且,此类报道的新闻倾向性也多为显性或隐性的批评否定。综合对《中国青年报》涉豫报道抽样文本的分析,主要呈现出了贪官腐败现象较多、社会争议事件和责任事故事件层出不穷的媒介负面富形象。

在抽样文本中,涉及贪官腐败现象的报道有12篇,包含之前举例的"'房妹'之父翟振锋被刑拘""河南四任交通厅长倒下""缓刑犯自封居委会主任",以及多起官员因贪腐被立案调查的新闻;涉及社会争议事件的报道有13篇,包含之前举例的"周口'平坟复耕'事件"、"郑州向社区分配精神病筛查指标事件"、官员在企业"挂名"、问责官员“带病”复出等；涉及责任事故和违法违规事件的报道有7篇，包括之前举例的“连霍高速河南渑池义昌大桥垮塌事故”“新密‘3·15’煤矿重大火灾事故”“河南平禹煤电矿难致死26人事故”等。上述每一事件都在事件发生时和发生后的一段时间内，在河南省乃至全国范围内产生了不良影响。更应警醒的是，由于新媒体信息传递的碎片化特点，以及网络民粹主义愈演愈烈，此类负面报道在传播过程中被标签化、事实真相被断章取义的情况时有发生，极易在受众心目中形成刻板印象，进而影响一部分受众的价值判断和行为方式，致使河南实体形象蒙受更大的损失。

4. 负面弱形象：有关河南负面报道的范围较广，其中显性和隐性报道均有较大比重，除呈现出负面富形象的报道外，还有一些报道数量较少，但也呈现出了负面的媒介形象。

综合对抽样文本的分析，主要呈现出了河南教育资源紧缺、违法违规现象较多的媒介负面弱形象。在涉及社会监督和文化教育为主题的报道中，共有7篇报道关注的是河南公办学校违规私办复读班、专科院校招生难、二三本院校扩招乱象、中小学班级学生超编、培训学校招生骗局等教育现象；有关违法违规事件或现象的报道有5篇，例如灵宝市违规征占土地、服刑民警仍正常上班办案、路政暴力执法致人死亡、城管钓鱼执法诱骗罚款等，在新闻倾向性方面或明显批评否定，或呈现出担忧情绪。此类报道都是现实中确实存在的问题或现象，且问题都较为突出，虽然数量不多，但综合考量后，将其归类为负面弱形象。

二、河南媒介形象建构的影响因素

综合上文可知，通过《中国青年报》涉豫报道呈现出的河南媒介形象主要有四个方面的表现：正面富形象、正面弱形象、负面富形象和负面弱形象。各种媒介形象的集合，共同组成了《中国青年报》涉豫报道的河南媒介形象。这种媒介形象所传递的信息在一定时间内经过受众的消化，会在其心中形成一种无意识认知，间接地指导了受众的现实行为活动。受众内心刻板印象的形成，与媒介形象之间关系十分密切。因此,探求媒介形象形成中的影响因素,对于优化河南媒介形象具有重要作用。在《中国青年报》涉豫报道中,究竟是哪些因素使该报在涉豫报道中呈现出了上述河南媒介形象?本研究认为主要有以下四点因素:

1. 政治因素。在我国,新闻体制倾向于在现有的政治和社会环境下如何更好地为现存的政党体系服务,这种新闻体制也被大量学者称为中国新闻的"延安范式"[82]。中国的新闻一般是大众媒介战略定位的结果,这种大众媒介植根于深广的政治体系,与作为政党意识形态一部分的权力紧密相连[83]。某一地域的政治地位和影响力大小是决定媒体关注度的主要因素。例如北京,作为国家的首都和政治文化中心,其影响力不需赘述,自然会引发全社会媒体的关注;除此以外,直辖市、省会城市等区域重点城市也是媒体聚焦的重要区域。而河南省作为我国重要的农业生产基地和中部崛起的六省之一,其政治地位和影响力在全国属于中流水平,因此,媒体的关注度自然不及重点城市和区域。此外,"中国新闻事业的基本性质是:新闻事业既是党和政府的耳目喉舌,也是人民的耳目喉舌"。中国的社会主义政治制度,决定了《中国青年报》这类党报的报道主题。为了促进社会发展和维护社会稳定,为了宣传党和政府的路线、方针、政策,需要《中国青年报》等官方媒体配合报道,以影响受众。因此,在《中国青年报》涉豫报道中,形成了行政高效、法治严明、扶贫助难、团组织活跃的服务型政府和组织媒介形象,以及基层优秀干部众多、积极创业就业、勤劳致富、仁义忠孝的河南人媒介形象。

2. 经济因素。除去政治因素的考虑,经济因素是吸引媒介注意力的另一个重要因素。在我国,一般情况下,区域政治中心和经济、文化中心往往是重合的。根据 2012 年的全国各省份 GDP 排名,我国排名前五的省份分别为广东、江苏、山东、浙江和河南。若论人均 GDP,河南省 2012 年的人均 GDP 为 31 499 元,而广东省为 54 095 元,排名全国第一的天津市更是达到了 93 173 元,是河南人均水平的 3 倍。[84]可见,河南省在经济总量上虽位居前五,但人均 GDP 和经济发展质量却处在全国中下的水平。作为一份全国性综合日报,《中国青年报》的新闻来源广、稿件多,与河南省相比,对待相同的经济议题、事件,可能全国其他地区的情况更为典型或突出,在报道中就会更偏重其他经济发达地区。因此,就不难理解《中国青年报》在涉豫报道中呈现出的农业改革成效明显、工业快速发展的河南媒介弱形象了。

3. 媒介自身因素。《中国青年报》作为共青团中央机关报,虽然属于综合性日报,但其仍旧承担着宣传和舆论监督的职能。正是其媒体属性决定了该报的报道属性,在《中国青年报》的涉豫报道中,多数报道的立意或倾向性都指向了政府政策、意识形态、主流价值观等。因此,该报较多地关注政法新闻、社会监督类新闻和典型宣扬类新闻,忽略了经济新闻等专业领域的新闻报道,即便对这些领域有所报道,也更多地聚焦在政策解读、社会影响、典型宣扬等方面,其专业指导作用不够明显。除此以外,《中国青年报》驻各省市的记者站工作人员新闻素养差异也是形成新闻报道倾向性的重要原因,在其关注度高、知识结构储备完善的领域,工作积极性和成果相对突出,相反,新闻工作者的工作积极性和新闻报道相对较少。与此同时,长期驻站的记者对待某一地域的事件同样会产生思维定式和刻板印象,对其他地区或是受众有益的新闻事件在其眼中可能会显得乏味无趣,这也影响了新闻工作者在报道过程中的倾向性,对河南媒介形象的建构产生一定影响。

4. 河南省自身因素。某一地域的媒介形象并不等同于其实体形象本身,但是作为一种意识存在或信息,媒介形象的塑造、革新,与现实之间存在着一定的延迟性。例如20世纪末到21世纪初的几年间,河南省一直饱受着被“妖魔化”带来的侵害,这种地域歧视延续了很多年。除经济发展水平和媒体报道的塑造以外,河南省经济水平低、人口基数大、突发事件多、社会基础建设差、外出务工人员素质参差不齐、媒介形象优化意识欠佳等,都是造成这种误解的重要原因。经过河南省各级政府、媒体及河南人自身的努力,近年来,对河南形象的误解在减少,取而代之的是“河南好人”和“老家河南”

的河南媒介新形象。不可否认，近年来河南各级政府和媒体在优化河南媒介形象方面做出了巨大努力，也取得了可喜的成绩，但是，要想改变外界对河南的误解，必须坚持长效的媒介形象优化策略，并且做到因地制宜、因时制宜，而非过分注重对某一起事件的危机公关。“冰冻三尺，非一日之寒。”在优化河南媒介形象方面，河南省各级政府、媒体，以及每一位有此意识的河南人，都应当对这一问题有清醒的认识，做好长期努力的准备。

三、河南媒介形象研究启示：优化河南媒介形象的建构策略

著名的诺贝尔奖获得者赫伯特·西蒙在对当今经济发展趋势进行预测时指出：“随着信息的发展，有价值的不是信息，而是注意力。”[85] 著名跨领域经济学家陈云博士说：“未来30年谁把握了注意力，谁将掌控未来的财富。”在当代，地区媒介形象不仅是一种认知和信息，更是一种注意力资源，这也是现代社会发展的必然结果。地域媒介形象作为某一地域软实力的重要组成部分，优化媒介形象，就能够大大提高该地区的经济发展水平。因此，本研究认为，有关部门要将河南媒介形象建设上升到战略高度。结合对《中国青年报》涉豫报道的分析总结，得出了当前河南媒介形象的一个范本，在此基础上，本研究提出河南媒介形象建构的策略，主要有以下几点：

1. 优化河南媒介形象应建构一个长效的策略。如果将形象资源或是注意力资源作为一种生产要素，那么对河南媒介形象的建构就应提上政府议程，从宏观政策的视角，做好对河南媒介形象的战略定位，结合实际，充分调研，制定符合河南整体发展的媒介形象定位。河南媒介形象的建构非朝夕之功，需要制定系统化的发展策略，做好长期努力的准备，并逐步落实。例如闻名世界的苹果公司，花费了巨额的投入和30多年的探索与发展，凭借其一以贯之的设计理念、产品质量和营销策略，其产品成为风靡世界的时尚数码产品，

而苹果公司的数码产品在媒体和受众的眼中，也被冠以“高端、简约、时尚、优质”的媒介形象，产品的媒介形象建构可以如此，地域的媒介形象建构亦可如此。作为河南媒介形象传播的主体——河南省各级政府、组织及广大群众，都应该树立河南媒介形象传播的系统化、常态化理念，研究多种渠道结合的手段对河南媒介形象进行传播。

2. 优化河南媒介形象应建构一个联动的策略。若把媒介形象当作“镜中影像”，就应当先做好自身的“梳妆打理”。这应是一个由里及表的过程，一个联动的策略；而建构一个联动的策略，应考虑到多方联动、上下联动和内外联动。媒介形象建构涉及多个方面，而非仅仅依靠媒体或宣传机构。例如经济建设发展时，就要考虑到形象的作用。例如20世纪末至21世纪初，河南省省会郑州市曾有一则令其尴尬的俗语：“郑州郑州，天天挖沟，一天不挖沟，就不叫郑州。”这句话在一定程度上体现了郑州市在基础设施建设方面没有长远规划，在施工建设的同时，也造成了不良媒介形象的传播，甚至会影响当地招商引资的能力和质量。因此，在河南媒介形象建构过程中，要注意多方联动，除了媒体或宣传机构在某一项政令或事件开展的过程中做好报道和宣传，相关责任部门之间、上下级之间、省内外之间也应做好长效规划，联合各部门形成合力，争取产生良性联动效应。

3. 优化河南媒介形象应建构一个灵活的策略。以往河南省在形象建设尤其是危机事件应急处理中，往往采取“头痛医头、脚痛医脚”的危机公关策略，不可否认，危机公关见效快、时间短，可以在事件发生时最大限度地减小形象资源损失，但灵活有余，长效不足。“救急”的危机公关不能作为媒介形象建构策略的主要手段，只能作为一种应急机制。此外，要利用新媒体时代的传播特点，巧用“碎片化”“标签化”等传播效应，结合市场营销的手段，小到个人、事件、景点的媒介形象建构，大到城市、区域、全省的媒介形象建构，都应有因地制宜的灵活策略。

附录一:河南媒介形象调查问卷

开始时间:2014 - 7 - 17　　　结束时间:2014 - 8 - 6

样本总数:145 份

技术支持:问卷星(http://www.sojump.com/)

原始数据来源:http://www.sojump.com/report/3669257.aspx? qc =

问题设置:

1. 您的性别:

选项	小计	比例
男	63	43.45%
女	82	56.55%

2. 您的年龄是:

选项	小计	比例
18 岁以下	7	4.83%
18—25 岁	96	66.21%
26—40 岁	39	26.9%
41—60 岁	3	2.07%
60 岁以上	0	0

3. 您的学历是:

选项	小计	比例
初中以下	0	0
高中或大专	23	15.86%
本科	78	53.79%
硕士研究生或以上	44	30.34%

4. 您或您的配偶是河南人吗? 您是否长期在河南工作、生活?

选项	小计	比例
是河南人,长期在河南工作、生活	38	26.21%
是河南人,但不在河南工作、生活	29	20%
不是河南人,但长期在河南工作、生活	16	11.03%
不是河南人,不在河南工作、生活	70	48.28%

5. 您所在的省份或地区：

选项	小计	比例
河南	43	29.66%
北京	16	11.03%
重庆	5	3.45%
福建	3	2.07%
甘肃	2	1.38%
广东	15	10.34%
广西	2	1.38%
贵州	0	0
海南	0	0
安徽	6	4.14%
河北	3	2.07%
黑龙江	2	1.38%
香港	0	0%
湖北	4	2.76%
湖南	2	1.38%
江苏	3	2.07%
江西	0	0
吉林	1	0.69%
辽宁	4	2.76%
澳门	0	0
内蒙古	0	0
宁夏	1	0.69%
青海	0	0
山东	6	4.14%
上海	14	9.66%
山西	2	1.38%
陕西	1	0.69%
四川	4	2.76%
台湾	0	0
天津	0	0
新疆	0	0
西藏	0	0
云南	0	0
浙江	4	2.76%
海外	2	1.38%

6. 您是否到过河南,并作短期或长期的停留?

选项	小计	比例
到过,短暂停留	39	26.9%
到过,长期停留	75	51.72%
未到过	31	21.38%

7. 您对河南的印象怎么样?

选项	小计	比例
非常好	9	6.21%
好	50	34.48%
一般	74	52.41%
差	10	6.9%
不了解	2	1.38%

8. 您心目中的河南形象是什么样的?(多选题)

选项	小计	比例
历史文化厚重	105	72.41%
交通便利	33	22.76%
经济发达	12	8.28%
农业大省	80	55.17%
城市环境脏乱差	48	33.1%
河南人素质差	29	20%
贫穷落后,多农民工	41	28.28%
河南很多突发事件,治安不好	28	19.31%
其他	5	3.45%

9. 您一般通过哪些渠道了解河南的情况(多选题)

选项	小计	比例
报纸、电视、广播等传统媒体	92	63.45%
聊天软件等移动媒体应用	38	26.21%
与河南人的相处、交流	93	64.14%
从去过河南的亲朋好友处得知	32	22.07%
去过河南,亲身感受	64	44.14%
与河南有关的影视作品、广告	27	18.62%
其他	4	2.76%

10. 您认为河南有哪些方面吸引您？（多选题）

选项	小计	比例
龙门石窟等文化旅游资源	72	49.66%
开封鼓楼夜市等河南特色美食	68	46.9%
少林功夫、河南豫剧等河南特色文化	85	58.62%
郑东新区、新郑国家级航空示范区等现代化地域	34	23.45%
“双汇”等河南知名品牌和产品	19	13.1%
四通八达的河南物流、交通优势	33	22.76%
中原经济区投资、工作的远大潜力	15	10.34%
郑州大学、河南大学等优势教育资源	35	24.14%
其他	6	4.14%

11. 您一般通过哪些媒体了解河南的相关信息？（多选题）

选项	小计	比例
《人民日报》	38	26.21%
中央电视台旗下各频道	29	20%
中央人民广播电台各栏目	9	6.21%
《中国青年报》	18	12.41%
《光明日报》	18	12.41%
《南方都市报》《南方周末》	22	15.17%
《河南日报》	23	15.86%
《大河报》《河南商报》	44	30.34%
新浪网	65	44.83%
搜狐网	31	21.38%
网易	34	23.45%
凤凰网	31	21.38%
新华网	22	15.17%
人民网	21	14.48%
河南电视台旗下各频道	23	15.86%
河南人民广播电台各栏目	8	5.52%
其他	14	9.66%

12. 您从媒体中一般得到的是河南的哪类信息？（多选题）

选项	小计	比例
河南经济发展情况	82	56.55%
河南地区就业信息	44	30.34%
河南地区文化、影视作品	54	37.24%
河南地区突发事件、问题	73	50.34%
河南地区旅游信息	54	37.24%
河南地区教育培训	23	15.86%
河南人在外地的正面信息	33	22.76%
河南人在外地的负面信息	46	31.72%
其他	2	1.38%

13. 您所读到的信息中，有关河南的信息倾向是怎样的？

选项	小计	比例
对河南大多是正面报道，喜欢	19	13.1%
对河南大多是负面报道，厌烦	30	20.69%
对河南的报道有片面之处	71	48.97%
对河南的报道客观公正	19	13.1%
其他	6	4.14%

14. 您认为优化河南形象，最应该重视哪个方面？

选项	小计	比例
河南政府廉洁高效，自然会有好的形象	18	12.41%
提高河南社会治安，为人民增加安全感	36	24.83%
提升河南人素质	40	27.59%
大力发展河南经济和企业	28	19.31%
打造一批体现河南特色的文化产品	20	13.79%
其他	3	2.07%

附录二:本研究中使用的编码

1. 编号

2. 报道标题

3. 报道篇幅

(1)0—500 字 (2)501—1000 字 (3)1001—1500 字 (4)1501—2000 字 (5)2000 字以上

4. 报道来源

(1)本报记者 (2)新华社 (3)其他

5. 新闻体裁

(1)消息 (2)特写 (3)通讯 (4)评论 (5)其他

6. 报道主题

(1)政法新闻 (2)经济新闻 (3)社会监督 (4)公共事件 (5)教育问题 (6)就业问题 (7)典型宣扬 (8)其他

7. 新闻倾向性

(1)正面 (2)中立 (3)批评性

第四章　纪录片中的河南形象塑造研究

在一个时期，河南形象被外界媒体误读和曲解，深刻影响着该该地区人民的自信心和荣誉感，影响着地域发展的活力和动力，影响着该地区的认可度和美誉度，并对该地区的主、客体和整体发展环境等都起着巨大的能动作用。通过对 1958—2013 年间以“河南”“河南人”为主要内容的纪录片进行体裁分类，并对其进行选材技巧、美学理念等方面的分析，探索纪录片塑造河南形象文化符号的传播策略。

第一节　涉豫纪录片概述

通过检索百度搜索引擎、CCTV－9 纪录频道官网、中国纪录网、河南大学影视艺术研究所提供的纪录片检索系统、搜狐纪录频道、腾讯纪录频道、凤凰视频纪实频道等相关资源，将自 1958 年至 2013 年 12 月 31 日所拍摄的关于河南的纪录片做以归类梳理。

鉴于至今纪录片的分类没有固定的、权威的、统一的标准，因此本文依照纪录片题材选取与表现方式的不同，将有以“河南”“河南人”为关键词的纪录片作如下分类：

一、人文纪录片

表 4－1　人文纪录片归纳

编号	名称	拍摄单位
1	《河南收麦》	NHK
2	《河南艾滋村》	AlGo（BBC1 频道）
3	《戏校》（2012 年）	应方歌、刘振海（高校作品）

（续表）

编号	名称	拍摄单位
4	《低空深呼吸》（2012 年）	肖芬（高校作品）
5	《家》	肖芬、王法（高校作品）
6	《冬月》	周浩
7	《伞》	杜海滨
8	《江湖》	吴文光
9	《关爱》	艾晓明、胡杰
10	《中原纪事》	艾晓明、胡杰
11	《媒婆》	胡杰
12	《好死不如赖活着》	编导：陈为军　剪辑：范立欣
13	《印象河南人》	民间电影爱好者团队
14	《沙坡头印象》	唐彤天
15	《郑州印记》	张晴
16	《书记》	周浩
17	《衣锦还乡》	民间群体
18	《河南人来了》	中央电视台
19	《活着》	河南电视台都市频道
20	《疾走青春》	郑州酷跑群体
21	《拜寨村的年轻人》	彭立冬
22	《开封兴衰》	中央电视台
23	《在开封》	黑壹影视
24	《英雄的信阳人民》	北京电视台
25	《改革冲击着女人》	河南电视台
26	《佛国儿女》	河南电视台
27	《中原厚土》	河南电视台
28	《仰韶》	河南电视台
29	《中国书法》	河南电视台

人文纪录片是指作者关注并响应组织文化和道德的思考与反思，坚持以人为本的主题，逐步向外辐射，通过人反思生活的趋势更深入的影片。

二、时事报道纪录片

表4－2　时事报道纪录片归纳

编号	名称	拍摄单位
1	《杨家泊的故事》	林州广播电视局新闻评论部
2	《沧桑四方垴》	林州广播电视局新闻评论部
3	《大河之殇——河南大饥荒70周年祭》	王伟(凤凰卫视)
4	《郑汴一线牵》	河南大学在校学生团队
5	《河南98年扫黄纪实》	不详
6	《遂平县“785”特大洪水》	河南电视台都市频道
7	《呈送省委的特别报告》	河南电视台

时事报道纪录片是指对具有代表性事件的客观记录的影片,它的性质类似新闻短片,但是结构更加完整。

三、历史纪录片

表4－3　历史纪录片归纳

编号	名称	拍摄单位
1	《风云纪录之1942年河南大旱灾(上、下)》	中央电视台
2	《台北“故宫”——国宝迁台之河南文物迁台》	中央电视台
3	《红旗渠》	中央新闻纪录电影制片厂
4	《1942　河南那段不能忘却的历史》	北京电视台 河南档案局
5	《1942年河南大旱》	凤凰卫视
6	《1942河南大饥荒》	凤凰卫视
7	《中国古文明之谜第一回:追寻那缥缈的王朝》	NHK
8	《与时代同行——河南省豫剧三团诞辰六十周年》	河南电视台
9	《粮食关纪念碑》	胡杰
10	《解放商丘》	策划人:齐永　撰稿人:韩靖 编导:苗君

（续表）

编号	名称	拍摄单位
11	《启程 1950—2010 河南人民广播电台建台六十周年特别节目》	河南人民广播电台
12	《一个世纪的等待》	河南大学
13	《河南中医学院 1958》	河南中医学院
14	《建城基业》	河南建业集团
15	《香花沉浮记》	河南电视台
16	《起诉在东京》	河南电视台

历史纪录片是指客观复制历史事件的纪录片。其中的人物和事件都必须准确地反映历史的真实，不违反历史事实，不能使用演员，但是可以使用数据、历史照片、文物和遗址或艺术作品，具有一定的文学价值。

四、传记纪录片

表 4－4　传记纪录片归纳

编号	名称	拍摄单位
1	《河南越调演员申凤梅》	不详
2	《豫剧艺术家常香玉》	中央新闻纪录电影制片厂
3	《书画大师安纪云》	河南电视台
4	《发现豫商》	郑州市委、市政府联合大象影视制片有限公司
5	《世纪哲人冯友兰》	中央电视台
6	《杜甫》	中央电视台联合河南电视台
7	《王敬先》	河南电台戏曲广播
8	《红娘》	李文渊（高校作品）
9	《印象河南人》	民间群体
10	《少林小武僧》	河南电影制片厂和中国嵩山少林寺联合制作
11	《嵩山丰碑——任长霞》	河南电视台
12	《少林有个释小龙》	河南电视台
13	《壮壮的故事》	河南电视台

传记纪录片是指纪录人物生平或某一时期经历的纪录影片，该类纪录片通常以一个主要人物为中心，不允许使用演员。如何做到对一个历史人物的客观评价、丰满刻画，是这类纪录片的难点和重点。

五、人文地理纪录片

表4－5 人文地理纪录片归纳

编号	名称	拍摄单位
1	《世界遗产在中国·河南殷墟篇》	中央电视台新影制作中心与北京元纯影视文化传播有限公司联合出品
2	《真实少林》	［美］Alexander Sebastien Le
3	《天地之中——嵩山》	郑州市委、市政府
4	《红色南街村》	中央电视台
5	《钧窑魂》	中央电视台
6	《走遍中国　龙门石窟》	中央电视台
7	《大迁徙》	中央电视台和河南文投公司联合
8	《园林　汴京艮岳梦》	中央电视台
9	《中国书法五千年》	中央电视台
10	《黄河　古都洛阳》	中央电视台
11	《在开封》	民间群体
12	《开封大观——吃在开封》	编导：王不天、孙润田
13	《黄河之洛阳》	中央电视台
14	《开封胡同》	河南大学学生团队
15	《金山岭长城》	河南电视台
16	《青龙教堂》	河南电视台

人文地理纪录片指探索某个地域的自然风光，或介绍民风民俗、社会风貌的纪录片。

六、舞台纪录片

表4－6 舞台纪录片归纳

编号	名称	拍摄单位
1	《禅宗少林·音乐大典》	王建独立摄制
2	《走近一九四二》	华谊兄弟

舞台纪录片指的是记录舞台现场的影片，通常是唱歌和跳舞、戏剧、曲艺等拍摄现场，可以根据需要削减、删节，但不能人为增加、移植表演内容。

七、专题系列纪录片

表4－7 专题系列纪录片归纳

编号	名称	拍摄单位
1	《河之南》	北京华风气象影视信息集团公司出品，诗人杨晓民策划、撰稿，著名电视人高峰、周亚平、潘超、周绍成等创作
2	《中国历史文化名镇村》	河南电视台
3	《明德新民沃中原》	河南电视台
4	《河南大学迎百年校庆百集纪录片》	河南电视台
5	《中国之最在河南》	河南电视台
6	《筑梦长空》	河南电视台
7	《世界著名大学——河南大学》	中央电视台
8	《沃土丰碑——河南农业大学百年办学之路》	河南农业大学
9	《水与中华之开封兴衰》	中央电视台
10	《中原大发现》	中央电视台
11	《大美河南》	河南电视台
12	《精彩中国 河南篇》	中央电视台
13	《海外少林》	中央电视台、河南电视台
14	《天地洛阳》	中央电视台
15	《解密康百万庄园》	中央电视台
16	《帝都》	洛阳电视台
17	《花开30年》	洛阳电视台
18	《牡丹》	中央电视台
19	《商之都》	中央电视台
20	《荆紫雄关》	河南电视台
21	《平凡的力量》	河南电视台
22	《帝都泱泱 汉魏故城的诱惑》	中央电视台
23	《河南人在新疆》	河南电视台
24	《血色军垦》	河南电视台纪录片工作室
25	《难忘军垦》	河南电视台纪录片工作室
26	《厚土中原》	河南省国土资源厅、河南电视台联合摄制

专题系列纪录片指在特定的总题指导思想之下分别出片或连续出片的纪录影片，其中分段的小部分影片可以独立出现。

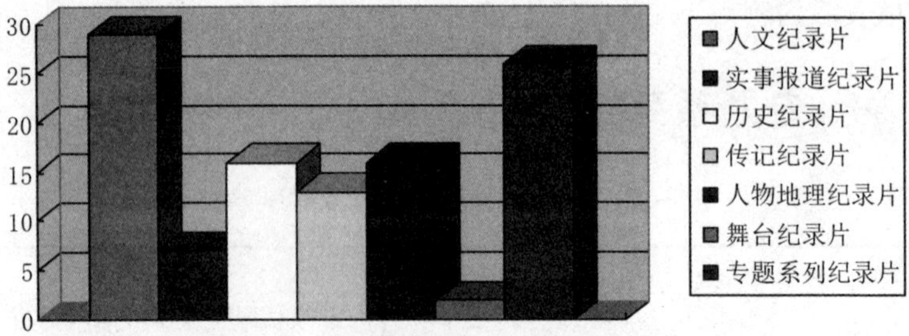

图 4－1 不同类型纪录片数量比较

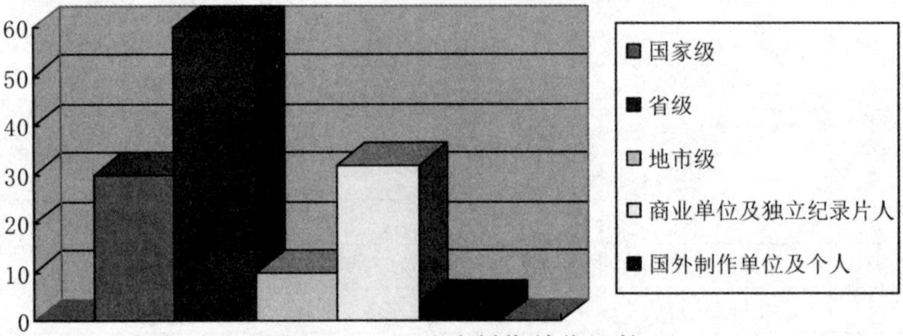

图 4－2　纪录片制作单位比较

仔细观看以上一部部关于河南的纪录片，就好像欣赏一幕幕动态“河南人文自然电子画册”，其中的内容随着社会生活的发展而改变。如图 4－1、图 4－2 所示：人文纪录片数量高居榜首，人文纪录片占历年来纪录片总量的 26.6%，数量方面位居第二的是专题系列纪录片，其数量占历年纪录片总量的 23.9%。而分析纪录片制作单位可以发现，省级电视台是制作的主力单位，河南电视台制作的纪录片数量占总量的 55%，地市级电视台未能很好地发掘自身地市的人文、自然资源，拍摄的纪录片作品较少，仅占总量的 27.6%，质量也较为单薄。另外，数据显示，国家级电视台和独立纪录片制作人是不容小觑的力量，中央电视台拍摄的纪录片占总量的 27.5%，独立纪录片制作人拍摄的纪录片占总量的 29.3%。由此可以看出，河南以其厚重的历史文化和与时俱进的风貌受到了不同层次、不同地域的纪录片制作单位的青睐。值得深思的是，虽然有外媒对河南拍摄了一些纪录片，但基本是以黄河、少林寺为主题的纪录片，由此可见，我省在对外推广河南文化符号方面还有大量的工作要做。

第二节 涉豫纪录片总体特征分析

一、选材技巧

以“河南”“河南人”为关键词的纪录片，特别遵循传统又较为保守，徘徊在历史与现实之间，对河南的历史文化、历史事件和历史人物有着全景的关注，也有对生活在河南这块土地上的河南人、生活在别处的河南人涓涓细流般日常生活的悉心关注。对历史的书写主要是由专业实力、制作能力较强的中央电视台和河南电视台，以及地市级电视台等相关媒体单位来完成的，因此，此类纪录片在一定程度上带有浓郁的政治文化色彩。例如，10 集人文纪录片《河之南》第一次真正、全面地刻画了河南的悠久文明历史和人文特色，史诗般诵读了中原文化的核心地位中国古代文明和历史的兴衰过程，分析其背后深层的政治、经济、历史和文化原因，并通过解释许多历史细节，演绎出一个个经典的历史文化故事，以现在河南为蓝图，结合历史描绘了一幅史诗般壮丽的画卷。这就是纪录片的第一个纬度——对历史的记载。

与此同时，纪录片的另一个维度是对纷繁复杂的现实生活的描写。在对历史的记载中，纪录片已经充分注意到对具有个性的个体的展现，注意有原则性地对人性进行挖掘，但是由于其时间范围的扩大、题材的重大和人物的特殊性，使得它在这一点上表现得不够丰满和充分。而对现实的记录中，纪录片充分发挥了其纪实的特点，将全部注意力凝聚在河南人这个群体身上，以人文关怀精神为出发点，去记录草根小人物的一举一动、一笑一颦。纪录片作品的价值取向应该注重地域文化韵味和审美情趣，创作风格由纪实跟踪转向多元化。

二、美学理念

以“河南”为关键词的纪录片中，对普通老百姓的表现蕴含了中原文化惯有的乐观色彩，但是在乐观深处，还蕴藏着一种沉重的哀愁。当观众观看这些纪录片时,现实生活的不易,以及要在这种难以向他人诉说的艰难中挣扎前行的努力总是让人心酸难忍,叹息不已。通常来讲,纪录片中所选取的事件总是直面草根的现实生活所面临的问题与不幸,同时,生命的本质在于使这些纪录片带上一种"坚忍微笑"的风格。纪录片所关注的不仅是时代的伟人或者精英,而更多的是平民百姓,有退休的老人,有身患癌症的病人,有都市村庄里的外来打工妹,大众文化的本质诉求要求纪录片的镜头始终落在芸芸众生身上。

以纪录片《河之南》为例。纪录片通过展现大美河南的景色和民风民俗,分析其背后的深层次原因,如政治、经济、历史和文化,并通过对许多历史情节的阐述,诠释出一个文化故事,描绘了一幅壮丽的画卷,讲述了中原人与自然、中原人与历史、中原与社会变迁的故事。

从一定程度上来讲,纪录片的"美"就是让人看过之后,从现实社会中的是是非非、真真假假中剥离出来,让观众能够静下心来,对纪录片中所展示的人、物、景等形成自己的正确的认识和理解,倾听原始的声音、真实的声音、自己内心的声音,从纪录片中得到启发、得到慰藉、得到教育。也就是说,纪录片的"美"仿佛就是通过镜头语言,让观看的人的心灵和灵魂用最温暖、最本质、最真实的意涵——仿佛清水一样得到洗涤,且刻骨铭心。

第三节 纪录片塑造与河南形象传播策略思考

地域形象是地域发展中的客观条件和文化内涵的展现,是受众对接收到的信息进行解码和反馈之后所构成的具有主观性的构建和映射。河南省传媒业虽然在改革开放30多年中取得了长足进步,但对于河南形象文化符号的传播方面始终采用的是传统意义层面上的"对外宣传"模式。这种模式是冷战时代的遗留物,具有强烈的政治意识形态色彩,主要特征为单向维度、以自我为中心,排除受众分析,进行外界宣传,与当前社会价值多样性之间的中国和世界多极化状态不相符，这种模式的沟通渠道和手段，特别是在信息共享和快速发展的形势下，很难适应时代的发展，需要改变。

一、提升独立纪录片质量，助力河南形象文化符号传播

独立纪录片具有特别明显的个人化色彩，因此，其制作流程也会与一般纪录片的制作流程有所不同。现阶段，如何提升独立纪录片的质量是我省独立纪录片面临的最大难题。本文在对大量独立纪录片的生产模式进行研究的基础之上，提出以下建议，希望可以规范独立纪录片的制作流程，使其能更好地展示纪录片本身所诉求的意义。

纪录片构思阶段，对于独立纪录片制作人，重要的操作重点应该放在丰富个人生活经历和对拍摄议题的体验上，增加社会观察，以及培养团队对拍摄主体的兴趣。田野调查阶段，拍摄者应该大量收集相关资料，形成一定的感性认识，继而在占有大量资料的基础之上进行初访，对事件或者人物进行详细而有目的的观察，如有充分财力、物力、人力、精力，应该对拍摄场地进行现场勘察。在田野调查完成之后，拍摄者应该初步建立观点。在筹划拍摄事宜阶段，拍摄者应该明确拍摄人物与拍摄事件的定位，以及其与大局的关系，同时，拍摄者应该明细拍摄预算，制作正式的企划书进行资金的募集。在筹划拍片事宜阶段，拍摄者应该根据实际情况，对预立观点进行修正和确立。在现场拍摄阶段，拍摄者应确认相关人员技术的实际操作能力、纪录片的拍摄风格及成片的效果。如有面访环节，拍摄者应注意对访问过程的掌控，注意采访中的伦理问题，注意被拍摄者的构图和收音等方面的技术问题。在后期的剪辑过程中，拍摄者应该注意对拍摄内容进行合理、科学的整理，在剪辑中注意协调画面、声音、音乐、特效等元素，同时需要指出的是，要在剪辑中注意后期剪辑的伦理问题，比如马赛克的运用。最后，由于独立纪录片自身独特的属性，影片需要重视自我宣传和商业运作，可通过

微博、微信等方式扩大纪录片的影响力。

二、完善纪录片频道，完备纪录片市场化运作

从收视来看，经常播放纪录片的电视台虽然占市场份额较少，但在公众中的形象满意程度却颇高，况且纪录片通常吸引的是高端市场的观众。纪录片若想进行很好的市场化运行，应该做到统一的视觉设计、高清标准的投入制作，明晰国内发行途径，进行丰富的延展活动，经常和媒体联系开展媒体计划，将商业化运行提升到商业合作募集层次。具体来讲，统一的视觉设计重点是要做到统一视觉设计，保证风格一致，达到影片制作与宣传工作的双赢。在制作方面，尽量采用 SONY HDW－F900、HDV 10801、MPEG－2、16blf 高清数字摄像机，一般采用单集片长 30 分钟的标准，在后期高清剪辑方面采用 PAL 制式，2 声道立体声系统，以此来保证商业化运作的质量。在国内发行途径主要考虑中央电视台纪录片频道、省级卫视及港澳台地区相关频道。在媒体推广阶段，主要采用新闻发布会形式，启动晚会形式，城市线下活动形式，和纪录片相关的谈话栏目形式，启动画册发行、首日封发行等形式扩大影响力。

基于上述考虑，纪录片频道应该包括：“自然景观”时段，播出河南自然纪录片，展示中原大地神奇壮丽的自然景观；“人间万象”时段，展示河南省不同社会阶层的生活状态，发掘多元文化和历史的奥秘；“时代”时段，播出社会真人秀，旨在显示中原崛起的活力，引起观众的共鸣；“真相”时段，播出河南的历史档案和实地调查，层层还原事件的真实面貌，探索现象背后隐藏的真相；“经典”时段，旨在重点引进外国经典纪录片，聚集世界顶尖的纪录片，给予观众一个全球视野；“独立纪录片”时段，多层次、大范围播放独立纪录片人制作的纪录片。

三、端正艺术创作态度，走群众路线

某些创作者会在一定程度上将纪录片的创作看作是件“高雅”的艺术，是不能和普通老百姓的柴米油盐酱醋茶的生活联系到一起的，否则就“俗”了，这种“不接地气”的创作态度是不可取的，任何纪录片都不能

是形而上的、概念意义上的摸不到的艺术品，一部好的纪录片不可能没有创作者自己的人生感悟和群众生活积累，没有这个基础，创作者很难对采访对象产生感情，很难对事件发生的土地产生好奇，更谈不上感受生活、感受拍摄主题，也不可能理解人性的本质。

所以，纪录片创作者、创作团队应该践行群众路线，观察日常生活中的每一个细节，体会人性中的每一个闪光点，为最广大的人民群众制作出精良、真实的纪录片作品。

地域形象是地域发展中的客观条件和文化内涵的展现，是受众对接受到的信息进行解码和反馈之后所构成的具有主观性的构建和映射。良好的地域形象是实力和素质的体现。文化符号作为地域形象推广和传播的有效载体，是地域形象中不可或缺的部分。文化符号是地域形象的浓缩和代表，也是地域形象具象化的表现。河南形象的建构要从长远利益出发，既要建设硬实力，也不能忽视软实力。河南形象的建立需要数代人的艰苦努力，更需要科学理论的指导。通过纪录片助力河南形象符号更好的传播，能够增加民众的归属感和认同感，增强凝聚力，当然在这其中需要政府和媒体的共同努力，需要民众的支持。河南历史文化资源丰富，塑造和维护河南形象符号，使河南形象更好地传播，彰显河南的魅力和吸引力，树立河南新形象，对于促进中原经济区的发展具有重要的意义。

附录：涉豫纪录片简介

（一）人文纪录片

1.《戏校》是在商丘师范学院新闻传播学院教师蒋东升的指导下，由应方歌、刘振海两位学生创作完成的纪实纪录片。该作品于2012年制作，在上海大学主办的“2012全国高校艺术类毕业作品大赛”中荣获影视短片类作品二等奖。纪录片真实再现了河南省南阳市社旗县一个默默无闻、简陋不堪的越调戏剧学校的现状，带领观众走近越调、走近河南非物质文化遗产、走近中国传统文化。社旗县越调剧团创办于2010年9月，是河南省唯一一所还在培养越调演员的戏校。当孩子们蹲在地上吃饭，当上课时用树枝代替工具，我们为他们的坚守而感动时，不得不反省我们的戏剧文化为何日渐式微？正如采访者所言，“旧社会靠戏主，新社会靠政府”，只有当政府将口头支持变为实际行动之时，那些为弘扬传统文化而默默努力的人，才会看到希望。无论是白发苍苍的老师，还是因为喜欢而坚持的孩子，都祝愿他们所爱的河南越调宛东流派能传承下去。该作品的制作传播在一定程度上引起了社会对非物质文化遗产和传统文化的重视，有利于加强对传统文化的保护。

2.《低空深呼吸》是一部反映都市特殊群体的纪录片，由中原工学院新闻与传播学院2009级编导专业的肖芬同学导演，该作品曾荣获第十六届上海国际电影节“手机电影节”单元中的最佳纪录片奖。对于袖珍人，大多数人的印象仅仅停留在身材矮小、面相稚嫩这些表面，鲜有人去探究这一特殊群体背后的故事，而肖芬的毕业作品——纪录片《低空深呼吸》却把镜头对准了袖珍人这样一个特殊群体。“在别人面前，这群模样可爱的‘小人’都是无忧无虑的，但是真正接触得多了，你会发现他们笑容的背后隐藏着许多酸涩。”《低空深呼吸》就讲述了袖珍人这样一个特殊群体的真实生存状态，作者采用体验式拍摄方法，冷静而客观地揭示了袖珍人作为生命个体存在的尊严，以及不为普通人所知的喜怒哀乐和酸甜苦辣，既鞭辟入里，又令人痛彻心扉。

3.《家》是中原工学院新闻与传播学院2009级编导专业的肖芬和王法导演制作的一部纪实纪录片，2012年在郑州拍摄。影片讲述了张志宝、赵梅花、张耀山三个人的生活。张志宝54岁，家中的地被人强占了，几年来一直过着露宿街头的生活；张耀山92岁，四世同堂却老来无依，两人结识后来到郑州，露宿街头。清洁工赵梅花阿姨收留了他们，并为他们租了房子，帮助他们卖手工编织品。但是好景不长，房主拒绝老人继续租住，眼看着他们又过上了无家可归、露宿街头的生活，原本重获家的温暖的两位老人将何去何从？……纪录片《家》就是向大家讲述了这样一段三个陌生人的悲欢离合，展现亲情冷漠、老无所依的老人在社会中重获温情的故事。

4.《伞》由导演杜海滨于2007年制作完成，是一部以中国当下农村社会为立足点拍摄的散文式纪录片。影片辗转深圳、义乌、上海、安徽、河南等地拍摄，关注工人、农民、商人、学生、军人等不同群体。该片以“伞”为线索，在不到两个小时的时间里，展现当代中国不同城市、不同阶层人们的生活状态。涉及河南的是反映当下农民生存状态的部分，拍摄的是河南洛阳新安县某乡。正如杜海滨自己所说：“中国激变的时代中，需要影像记录。”该作品的完成，记录了一个时代的印记，这不仅是杜海滨的情感和责任，也是每一个中国人应该审视的过去。

5.《江湖》由纪录片导演吴文光于1999年制作完成。从1998年8月到1999年4月，吴文光和他的助手苏明数次跟随河南一个叫“远大歌舞团”的演出大棚拍摄，这个大棚的人来自河南农村，大棚的老板老刘带着他的两个儿子、两个儿子的女朋友和一群家乡村子附近的爱唱歌跳舞的青年男女在路上巡回演出。他们“上路”的目的只有一个：离开没有什么机会的老家，出门挣钱。他们所到之处都要和当地政府各种部门办好关系；演出节目是唱目前最走红的流行歌曲，跳通俗舞蹈；演出地点多半选择在大城市的郊区和附近的小镇。老刘和大儿子小刘有了矛盾，在老刘回家后，大儿子接他的班管理这个团，但他们的生意一直惨淡，发不出工资，很多人陆续离开，这个大棚依旧在风雨飘摇中不知所终地继续。《江湖》记录了20世纪末中国下层人民背井离乡的真实生活状态，再现了人们离开土地、前途未卜的迷茫。

6.《中原纪事》是由著名纪录片导演艾晓明、胡杰拍摄制作的，讲述发生在河南农村村民感染艾滋病的故事。过去数年，河南省贫困乡村的农民因卖血感染艾滋病者为数不少，作者通过进入中原若干艾滋病高发村采访，倾听农民诉说当年“血浆经济”兴起的历史背景，呈现因献血、输血感染艾滋病的家庭，尤其是妇女儿童的生存状况，并记录民间组织在基层的形成和努力。影片描述了这些贫困的村民如何面对生活，再现了官员如何处理这些事情，志愿者如何协助染病的村民。作品不仅呈现了中原农民感染艾滋病的病史，更记录了他们揭露真相、抗击疾病的勇气。

7.《好死不如赖活着》是由陈为军导演的一部夹杂着河南话和普通话的纪实纪录片。影片的镜头从2001年的春末夏初开始，历经盛夏、深秋、严冬，一直到春节，近距离地拍摄了马深义一家面对艾滋病和死亡的人生经历。没有故事、没有情节、没有背景音乐、没有字正腔圆的叙述、没有宏大的场面，整部影片就是在记录这个家庭的日常生活。一家五口人除了大女儿身体健康外，其余四口都是艾滋病患者，短短不到一年的时间里，妻子雷妹经历了病痛折磨之后离开人世，还在襁褓中的小儿子虽然拉肚子且日渐消瘦，也慢慢长大了，大女儿的学习成绩还不错，家里也丰收了，无论是哭声还是笑声，马深义活下去的动力就是他的孩子。该片于2003年上映，曾获2003年圣丹斯电影节世界纪录片提名、2003年阿姆斯特丹纪录片电影节最高竞赛单元提名、2004年美国广播电视文化成就奖和2004年英国国家最佳纪录片奖。

8.《沙坡头印象》是由一位河南大学生唐彤天自费拍摄的家乡纪录片，于2011年制作完成，拍摄地是河南省洛阳市宜阳县莲庄乡沙坡头村。该短片时长3分12秒，将村中有代表性的景色、建筑等展示出来，使人感受到一个普通乡村的宁静和美好，从中可以看出作者对家乡的热爱，也能勾起出门在外的人对家乡的思念。

9.《郑州印记》是“85后”北京女孩张晴所导演的第一部纪录片，从当下的角度来解读郑州。身为一个异乡人，在起初接到这个选题时，张晴的心里七上八下。为期两个月的拍摄，作为异乡人的张晴和她的团队得到了许多郑州当地热心人的帮助：普通的大学生、年轻的上班族，包括郑州摄影协会的不少业内人士都加入了这个团队中。也正是这些热心的郑州人，让张晴第一次从不同的角度，最直观也最感性地品读到了“郑州味儿”。“郑州让我印象最深的其实并不是少林寺，也不是天地之中，更不是郑东新区，恰恰是一些如今被人们忽略的地方触动了我。”张晴回忆，她曾一个人背着相机在郑州几家国棉老厂的门前晃悠，“那些斑驳的红色大门内外，完全是两个世界。外面很喧嚣，里面很安静”。曾经一度辉煌的它们，如今会怎样回顾这个城市？导演也努力在作品中加入了一些朴实的细节，如开篇时，河南人耳熟能详的豫剧背景音乐。讲述中，大背景下匆忙的行人、悠闲地打着扑克牌的老人、忙着卖完灯笼回家过年的小贩，甚至是坐在花坛边打着哈欠的老大爷……片尾，老中青三代郑州人，用一个“家”字对这个城市做了终极总结。该片自 2012 年 8 月 6 日起，在 CCTV－10 播出专题《郑州印记》系列。

10.《书记》是由著名纪录片导演周浩执导的一部关于县委书记的纪录片。该片的主角是一个典型的中国政府官员——河南省信阳市固始县的县委书记郭永昌。影片记录了他调任前三个月的工作情况，反映了他作为一名中低层干部工作中的许多不同方面。郭永昌作为固始县的县委书记，拥有这个县最大的权力，但是他本身却是一个极度矛盾的人。一方面，他希望能在自己的岗位上有所作为，吸引投资，增加财政收入；但另一方面，他又常常失去自律，自己的行动不符合言论，总是参加各种饭局和酒会，还被来历不明的钱财所束缚。影片最后提到，在拍摄完成的 15 个月之后，即 2010 年，郭永昌因贪污受贿被双规并判处有期徒刑 7 年。该影片的制作播出，引发了人们对复杂的中国官场和政治体制的关注和思考。

11.《拜寨村的年轻人》是由毕业于山西传媒艺术学院新闻采编与制作专业的彭立冬于 2011 年拍摄制作的纪录片。出生于河南省开封市通许县一个农村的年轻人看着自己的家乡随着社会的发展日渐式微，家乡的年轻人宁愿在大城市讨生活也不愿意回到家乡，乡村生活的消逝给了彭立冬拍摄的想法，他想用自己的镜头以旁观者的视角去呈现城市化大潮下农村年轻人的生存境况，以及他们的所思所想，借此窥探整个中国“农二代”的生存处境，尊重每个个体和一个群体的存在。

12.《开封兴衰》是由中央电视台主导拍摄的《水与中华》系列作品之一，是关于北宋都城东京（又称汴京）即今天的开封的纪实纪录片。影片分上、下两集，时长共 36 分钟，主要介绍开封市的历史、考古人员对开封市进行考古发掘工作的目的及进展，还介绍了当时汴河漕运的情况，以及漕运对当时经济的影响。开封的历史与水息息相关，正所谓“成也在水败也在水”，通过它的兴衰成败最能反映出中华文明的兴衰与水的关系。由于当时漕运发达，而开封的汴河又是最重要的沟通南北的水系，开封作为重要的交通枢纽，由此开创了北宋都城的繁盛历史，11 世纪的宋都，俨然是一个国际大都会。但今天开封的没落，在很大程度上是由于水路的淤塞。由于战乱和黄河改道诸多因素影响，开封繁忙的漕运早已成为历史，昔日的繁华已是明日黄花，留下的是泥沙堆积起来的“地上悬河”和无尽的落寞。该片于 2011 年在中央电视台科教频道播出，这给后人留下了警醒和思考，在经济发展的今天，我们要谨记历史的教训，不能以破坏自然和环境来获取经济短暂的快速发展，而应该学会合理利用资源，爱护人类赖以生存的水和大自然，保护环境就是守护我们的家园。

13.《仰韶》是由河南电视台纪录片工作室为迎接“仰韶文化发现九十周年纪念大会”而专门创作的人文历史纪实纪录片，于 2011 年拍摄制作完成并播出，影片时长 100 分钟，分 4 集播出，从 20 多盘素材带、千余分钟的原始拍摄资料中剪辑而成。影片以“曙光乍现”“纵横万里”“刀耕火种”“走向文明”为叙述线索和摄制框架，生动再现距今 7000 年至 5000 年间华夏先民们波澜壮阔的生活画卷，为华夏文明的发展与成熟梳理一条完整而清晰的历史脉络。仰韶文化因 1921 年瑞典地质学家安特生在河南省渑池县仰韶村发现而得名。仰韶村遗址的发现，打开了通往中国上古时代的大门，让中国远古时期的生活画卷，第一次通过史籍记载以外的途径，呈现在人们的面前。仰韶文化在中国考古史乃至世界考古史上有着无与伦比的重要影响，它不仅揭开了中国新石器时代考古事业和中国原始社会研究的第一页，也书写了中国田野考古史的新篇章。中国从此有了自己的考古学，有了自己的史前文明，无疑成为划时代的里程碑。“中华文化西来说”的长期错误论断，因此而不攻自破。100 分钟浓缩的节目背后是河南纪录片人甘于寂寞的创作心态和务实的创作态度。

(二)时事报道纪录片

1.《杨家泊的故事》是由河南林州广播电视局新闻评论部为迎接改革开放30年而创作的一部纪实纪录片。影片通过杨家泊村的一件件小事,讲述了杨家泊人几十年生活中的无奈、困惑、奋斗与变迁,反映了新时期农村的喜人变化。该影片从中国广播电视协会、中国国际影视文化协会举办的“中国改革开放30年赞礼”优秀纪录片评选活动中脱颖而出,在200多部作品中独占鳌头,获得金奖。纪录片从一个村庄的变化来折射改革开放30年中国农村在经济物质生活和精神文化生活,以及观念上的变化,以小见大,突出了改革开放的成就。

2.《沧桑四方垴》是由河南林州广播电视局新闻评论部为迎接改革开放30年而创作的一部关于电视人的纪实纪录片。这部作品把视点和镜头对准电视人自己,真实纪录了中国最基层电视人默默无闻、艰苦卓绝的奋斗精神和战天斗地、无私奉献的豪迈情怀,深刻表现了红旗渠畔太行山巅电视人埋藏在心中的那份社会责任和神圣使命。影片采用以小见大的表现手法,从一个基层转播台的变化来反映改革开放30年来基层电视工作者思想理念和精神面貌方面发生的巨大变化。该影片获得了由中国广播电视协会、中国国际影视文化协会举办的“中国改革开放30年赞礼”优秀纪录片银奖。

3.《大河之殇——河南大饥荒70周年祭》是由凤凰卫视王伟执导的一部反映河南1942年大饥荒的纪录片。影片时长达150分钟,分为“饥饿的河南”“大逃亡”“政府　政府”“人性的光辉”“起死回生”五个部分播出。通过走访当年的经历者和见证人,以及查阅大量的史料,向广大观众重现了当年河南大饥荒的实情和惨不忍睹的饥饿场面,表达了对处在水深火热之中的难民的同情和对国民党政府不作为的愤懑,还原了历史真相。

(三)历史纪录片

1.《风云纪录之1942年河南大旱灾(上、下)》是由中央电视台拍摄制作的一部历史纪录片,记录了1942年河南发生旱灾的历史情况。该片时长50分钟,分上、下两部分。通过当时幸存者的讲述和历史资料的考证,讲述了当时灾情的严重状况,粮价,活人买卖,哀鸿遍野,惨不忍睹。而当时的国民党政府不但不帮助难民,反而为保战时供应,依旧苛捐重税,还封锁消息,其行为天理难容。通过挖掘珍贵的历史资料,将当年的大灾真相还原,是对历史的交代,也是对那些无辜饿死的生灵的安慰。

2.《台北"故宫"——国宝迁台之河南文物迁台》是中央电视台拍摄制作的一部大型历史纪录片《台北"故宫"》的第3集。该片时长22分钟,讲述了当年馆藏量全国第二的河南博物馆的精品文物运往台湾的曲折过程和台湾河南籍人成立的民间组织对这批珍贵文物的爱护,以及发现河南博物馆和台北博物馆之间的交流合作。影片的拍摄为我们后辈了解历史、追溯历史留下了宝贵的参考资料,也成为两岸文化交流与合作的桥梁和纽带。

3.《红旗渠》是由中央新闻纪录电影制片厂于1970年拍摄制作完成的一部黑白纪实纪录片。影片记录了当年的河南省林县(今河南省林州市)人民为改变"水贵如油"的恶劣自然条件,花费10年的时间在太行山开凿一条引水渠将漳河水从山西省境内引入林县,这就是后来闻名全国的"红旗渠"。纪录片《红旗渠》详细地记录了从1960年开始动工、一修十年的工程红旗渠,电影也跟着拍了10年。这部剪辑出来时长40分钟的影片于1971年在全国播出,引起了强烈反响。当红旗渠这条"人工天河"蜿蜒于太行山区崇山峻岭之中的悬崖峭壁之上,你很难想象在当时技术装备落后、施工条件恶劣的中国,林县人民是怎样创造了这样的奇迹,这中间还经历了三年严重困难时期和"文革"。红旗渠的建成,大大改变了林县人民的生产和生活条件,红旗渠是中国乃至世界的景观奇迹。红旗渠精神是一种不怕吃苦、身先士卒、自力更生、无私奉献的精神。该部影片不仅为我们留下了珍贵的史料,而且对弘扬中华民族自力更生、艰苦奋斗的优良品质有很好的引导和激励作用。

4.《1942　河南那段不能忘却的历史》是由北京电视台联合河南档案局拍摄制作的一档长达40分钟的纪实纪录片节目,讲述了河南一段真实的历史。

5.《中国古文明之谜第一回:追寻那缥缈的王朝》是由日本电视台于2012年精心制作完成的关于中国古文明的历史纪录片。

6.《与时代同行——河南省豫剧三团诞辰六十周年》是由河南电视台拍摄制作的一部关于河南省豫剧三团历史的纪实纪录片,该影片时长约50分钟。省豫剧三团始建于1952年8月,前身为省歌剧团。60年来,经过几代文艺工作者的不懈努力,对旧的"河南梆子"这一古老的民间艺术形式进行了改革创新,排演了200多部现代戏剧目,为豫剧事业的发展注入了新的活力。该团被中宣部、文化部誉为全国编演现代戏的一面旗帜。这对传承和弘扬优秀的传统文化具有深刻的意义。

7.《粮食关纪念碑》是由著名的独立纪录片制作人胡杰拍摄的一部关于中国1959年的一段尘封的历史往事。影片讲述了河南省光山县十里公社高大店大队吴围子小队在1959年这个丰收年饿死很多人的故事。对于那场饥荒,至今有着不同的表述:官方文献称它为"信阳事件",教科书称它为"困难时期",农民则实实在在地叫它"粮食关"——人死得多了,就成了个难过的"关口":过去的,就是幸存者;过不去的,成了饿殍冤魂。影片通过事件的亲历者吴永宽的回忆讲述了那段令人悲伤和恐惧的历史,当年由于"浮夸风"盛行和政治因素影响,部分领导干部为了自己的晋升夸下海口,置村民生死于不顾,将丰收的粮食征收上缴国库,以至于全村120人中有72人饿死。活过来的主人公吴永宽作为现在村里最年长者,决定为那些亡魂立一座纪念碑,既是慰藉,也是纪念,为那段最苦难的历史留下最有力的见证,希望以另外一种形式让天下人记住这段历史,让历史不再重演。

8.《解放商丘》是由商丘电视台副台长齐永策划、文体科教频道总监韩靖撰稿、综合栏目中心主任苗君编导的一部大型文献纪录片。2009年,中国广播电视协会与全国各地电视台联合,用还原一个个城市惊心动魄的"解放"经历,组接成一部宏大的关于共和国起点的史诗,向新中国60华诞奉上独特的献礼,《解放商丘》便是其中之一。这部30分钟的片子因为“奇开头，妙结尾，中间故事精彩，细节鲜活，线条清晰，结构严谨，做出了地域特色和自我风格”而获得当年全国评选的一等奖。影片的播出，不仅是对历史的还原，对过去的祭奠，也是对未来的警示：战争对所有生灵都是残酷的，远离战争，敬畏生命。

9.《一个世纪的等待》是一部展现河南大学百年校庆筹备工作的纪录片。该片是在校党委宣传部支持下，由河南大学十余名学生共同拍摄、配音、剪辑和制作完成的。影片于2012年年末制作完成，总时长为21分钟，分上、下两集，通过实地拍摄和人物采访，分别从校庆筹备期间的各职能小组工作、校庆系列活动展示、晚会彩排和庆典大会花絮等侧面入手，充分反映该校师生对百年校庆的积极热情和对百年母校的深切热爱。纪录片的播出使更多的人了解“河大人”为百年校庆工作所付出的辛苦努力，正是有了这些人的实际行动，才有了百年校庆的华丽绽放。

10.《河南中医学院1958》是河南中医学院为激励后者而组织拍摄的一部时长87分钟的影片，分上、下两部，上部为“艰难求学篇”，下部为“勤奋成才篇”，整部影片以河南中医学院1958级学生自己讲自己的故事为线索展开，用一个个真实的场景和故事，讲述了20世纪50年代河南中医药高等教育力排万难、艰辛的起步和发展过程。1958年，河南中医学院在郑州创建，结束了河南没有中医药教育高等学府的历史。学校创建当年共招收了94名大学生，他们也是河南第一批中医药大学生。学校始创，条件简陋，河南中医学院首届校领导带领教职员工在极端困难中创业，1958级的这批学生在完成学业的同时，也积极投身到了学院的建设当中。该影片的播出取得了良好的社会效果，为人们了解河南中医药高等教育发展和中医文化提供了一种方式。

11.《建城基业》是河南建业集团为庆祝公司成立20周年而拍摄制作的一部时长37分钟的纪录片。讲述了建业集团董事长胡葆森从成立公司开始到一代又一代“建业人”将其发展壮大成今天这样一个区域化发展楷模的历程。如今，除房地产外，建业集团还有教育、信息等产业，并拥有一支足球队，集团“根植中原、造福百姓”的理念始终如一。影片的播出有利于宣传企业文化、企业品牌和推动地方经济发展。

（四）传记纪录片

1.《河南越调演员申凤梅》是1963年的黑白影视资料，时长4分钟。片中的主人公申凤梅是河南卓越的越调表演艺术家，生于1927年，祖籍河南临颍。她11岁开始学艺，14岁搭班。1947年，她所在的民间戏班编入中国人民解放军胜利剧团，后改为河南省越调剧团。申凤梅的表演以“活诸葛”蜚声剧坛，她同时在近200个传统戏、现代戏、新编历史剧中扮演过生、旦、净、丑等各种行当的角色，可谓“生旦不挡，悲喜咸宜”。这段传记纪录片的传播，有利于将河南的越调戏剧传承和发扬光大。

2.《豫剧艺术家常香玉》是中央新闻纪录电影制片厂1980年出品的影片，由段洪编导。1923年出生于河南省巩县董沟的常香玉原名张妙玉，是我国著名的豫剧艺术表演家，长期的艺术实践使她形成了自己的流派即“常派艺术”，鲜明的时代精神和与人民群众深刻的内在联系是常派艺术最突出的特征。时长16分钟的纪录片从常香玉的舞台表演、家庭生活、社会活动等方面入手，再现了一个敢于斗争、乐于奉献的人民艺术家形象。豫剧是中国五大戏曲剧种之一，是在河南梆子的基础上不断继承、改革和创新发展起来的。新中国成立后因河南简称“豫”，故称豫剧。豫剧从清朝末期至今已经形成五大声腔，即祥符调（以开封为中心）、豫东调（以商丘为中心）、豫西调（以洛阳为中心）、沙河调（以沙河流域为中心，即河南东南部、安徽北部等地）和高调（以菏泽为中心）。豫剧因唱腔铿锵大气、抑扬有度、行腔酣畅、吐字清晰、韵味醇美、生动活泼、有血有肉、善于表达人物内心情感而名扬海内外。1994年，河南电视台开播的《梨园春》栏目以擂台赛的方式呈现在观众面前，得到广泛好评。《梨园春》栏目组在中国大陆、台湾，以及国外各地演出，使豫剧影响力进一步扩大。2006年5月20日，经国务院批准，豫剧被列入第一批国家级非物质文化遗产名录。这部传记纪录片的播出，能让更多的人了解常香玉的事迹，使常派艺术发扬光大，同时，还能引起人们对河南豫剧的关注，对保护河南的非物质文化遗产意义非凡。

3.《书画大师安纪云》是由河南电视台于2010年联合摄制的一部长达6分钟的传记纪录片，主要讲述了出生于河南省获嘉县史庄镇大清村的中国黄河泥原生态养生书画大家安纪云的事迹。片中主人公河南画家安纪云独创的手套画画、用原生态黄河泥黄河水双掌书画已获得国家专利。绘画前，需戴着特制手套，一前一后蘸满黄河泥、黄河水，同时运行双掌开始作画，手套小指套上端设有小指头结，在中指头套和无名指头套上端分别设有中指头套出口、无名指头套出口等，它不仅表现有独特的外在结构，更重要的是有独特的创意在其中。使用这样的手套，可以双掌运行，在5—8秒内画出能表现具有齐白石、徐悲鸿风格的山水、鱼、虾等画面。该作品的播出能提高河南原生态书画的知名度，同时对于弘扬黄河文化和炎黄文化精神具有重大意义。

4.《发现豫商》是由河南大学教师、历史解读派作家郭灿金任总撰稿，由郑州市委市政府、河南大象影视制片有限公司等于2010年联合摄制的国内第一部以豫商为题材的历史文化专题片。该片片长12集，以河南商业发展史为经，以河南商业发展进程中的重大事件、涌现出的重要商人为纬，采用独特的艺术视角、个性的叙事风格，塑造了崭新的豫商群像，清晰地勾勒出豫商发展史，梳理了中原数千年的商业文明，集中阐释了豫商"履约留余、勇于创新、负重前行、惠济苍生"的精神理念和道德品格，传达了对传统商业文化、商业精神乃至对中原文明和命运的思考，这对于宣传河南文化、推动中原经济区建设有一定的意义。

5.《世纪哲人冯友兰》是由中央电视台特别节目导演许进安执导的一部大型人物文献纪录片，于2013年拍摄制作完成。影片分别用"求学明志""水木清华""旧邦新命""家国情怀""薪尽火传"五个篇章记录了河南南阳唐河籍著名哲学史家、哲学家、教育家冯友兰的坎坷一生和学术贡献。摄制组在唐河冯友兰纪念馆、冯友兰故居、南阳府衙、武侯祠等地完成拍摄后，沿着冯友兰抗战时期南迁的足迹，到衡山长沙临时大学旧址、昆明西南联大旧址，以及《贞元六书》诞生地昆明郊区龙泉镇、美国哥伦比亚大学等地取景拍摄。这部人物传记纪录片的播出，能促使冯友兰的哲学思想和中国传统哲学精神发扬光大，对提升河南文化知名度、发展河南文化产业，有积极的推动作用。

6.《杜甫》是由中央电视台联合河南电视台于 2012 年制作出品的一部传记纪录片。该影片长 80 分钟，分为“家世渊源　青年时轮”“求仕不得　忧国忧民”“颠沛流离　孤愤离世”三个部分，采用情景再现的方式回放历史瞬间，真实深刻地反映了杜甫坎坷的一生。影片运用了大量自然空镜作为杜甫诗作的背景镜头，给观众以沉思遐想的空间，并恰如其分地体现了其作品的“沉郁顿挫”，拉近杜甫与现实社会的距离，为观众展现一个忧国忧民、栩栩如生的杜甫。影片的播出使更多的观众了解到一个全面而真实的杜甫，同时杜甫作为出生于河南的先贤，也是河南形象文化的代表和符号，有利于提升河南的知名度。

7.《王敬先》是由河南电台戏曲广播于 2006 年制作完成的一部 5 分钟左右的传记纪录片，展示了主人公王敬先精湛的舞台表演艺术。王敬先原名李水仙，原籍河南开封朱仙镇，著名豫剧表演艺术家，主攻武旦、刀马旦。同王秀兰、王素君并称为“汴京三王”。以“踩跷翻打行当全，青衣花旦文武生”著称。王敬先行当全、戏路宽，开创了豫剧武旦先河，是至今无人可及的武旦。精湛的功夫和绝活“踢枪”的表演使她赢得了一个“满场飞”的外号，她的武打沉稳娴熟、干净利落，演唱嗓音亮丽、纯正、字正腔圆、顿挫有致、韵味独具。这短短的几分钟人物传记纪录片，既是未来珍贵的史料，也使更多的观众走近王敬先这位豫剧表演家，对提升河南豫剧的知名度大有裨益。

8.《红娘》是由河南大学新闻与传播学院孙笑非老师指导、2007 级李文渊同学及其团队拍摄的作品，曾获得第五届“科讯杯”全国学生高清暨 DV 作品大赛命题单元的最高奖项优胜奖。该片讲述了河南大学外教吴雪莉的中国生活。出生于美国阿肯色州一个农民家庭的吴雪莉20岁时嫁给了中国农业部特派留学生黄元波,并随丈夫来到了中国,28岁时定居七朝古都开封,成为河南大学第一名外籍老师,50岁时在周恩来总理的专门批示下如愿加入中国国籍。在中国的64年里,她出版专著、译著5本,在国外报刊发表文章100多篇,被誉为中西文化交流的“红娘”。执教的50年,她培养出了数千名本科生、两名博士生、300多名硕士生。如今,年逾八旬的她仍在为发展河南的教育事业奔走呼号。该作品的拍摄和播出对宣传加强中西方文化交流具有重要意义。

9.《少林小武僧》是由河南电影制片厂和中国嵩山少林寺联合制作,由毕业于北京电影学院导演系的新生代青年导演白海滨执导的一部纪录片。该片时长40分钟,集中展现了少林小武僧在天下第一名刹少林寺中古朴神秘的日常生活及练功、习武、坐禅等活动。少林寺方丈释永信希望《少林小武僧》能使古老优秀的少林传统文化代代传承弘扬,让更多的青少年自强自信。少林寺作为河南的一张名片,该影片的播出对传承和弘扬中国古老的少林文化、启迪激励青少年奋发向上、提升河南文化形象具有深远意义。

10.《壮壮的故事》是由河南电视台于2007年拍摄完成的一部纪录片,分两集,每集26分钟。影片以4岁孩子壮壮为主要表述对象,用细腻的镜头语言真实记录了一群性格鲜明、富有智慧又不受世间规矩约束的孩子。他们在这个多变的社会里,拥有着纯洁向上的心灵和善良诚实的本性,同时又有激烈竞争的叛逆个性,还有对现实的失望,但他们在一些社会负面影响里,依然保持着成长的快乐。这是一部能给人以心灵震撼、深刻反思的纪录片作品。

(五)人文地理纪录片

1.《世界遗产在中国·河南殷墟篇》是由中央电视台新影制作中心与北京元纯影视文化传播有限公司联合出品的一系列纪录片之一。影片讲述了河南省安阳市西北郊区的殷墟旧址被发现的过程及其深远的意义。远古的殷商是一个充满神话传说的国度,这里既有古老的文字和璀璨的文明,也有残酷的战争和野蛮的杀戮,在这里我们看到了一个王国的缩影,领略到了东方文明的魅力。自1928年科学发掘以来,殷墟出土了大量都城建筑遗址和以甲骨文、青铜器为代表的丰富的文化遗存,系统展现了中国商代晚期辉煌灿烂的青铜文明,2006年被联合国教科文组织列为世界文化遗产。该纪录片的播出必将引起更多的人对殷墟文明的关注,这对保护非物质文化遗产是有利的。同时,殷墟作为河南文化的名片之一,是中原文明的集中展示,可提高河南的文化知名度。

2.《真实少林》是由美国导演 Alexander Sebastien Le 于 2008 年拍摄完成的一部长达 89 分钟的纪录片。影片讲述的是 4 个不同类型的年轻人在少林寺学武的故事,美国导演用他自己的方式导演了不同的中国少林功夫。与中国纪录片惯用的讲述手法不同,美国人拍摄的这部关于少林功夫的片子通过具体的拍摄对象的日常生活来向观众展示真实的情况。该影片在美国和加拿大的上映发行使更多的外国朋友了解少林,深刻体会中国功夫的特色和精髓,这对于加强中西方文化交流十分有利。少林作为河南的名片之一,也可以吸引更多的海内外友人,对于拉动河南经济发展和文化传播大有裨益。

3.《天地之中——嵩山》是由郑州市委、市政府摄制的大型历史文化电视纪录片。这部电视纪录片全长 480 分钟,共分 16 集,每集 30 分钟。影片从策划、撰稿、采景、实拍到后期制作,历时近 4 年时间,先后参与创作的文史、地质、考古和媒体专家、学者及主要工作人员达 80 余人,其阵容和规模巨大。纪录片综合考古发掘、文献记载和民间传承三个方面的研究成果,以“中”的哲学理念贯穿始终,诠释嵩山之所以成为中华文化圣山、世界功夫之都的神奇奥秘,并以中国建立的第一个王朝“禹都阳城”遗址为文明源头,揭示了嵩山区域之所以成为中华民族主要发祥地的来龙去脉。这部纪录片的播出使更多的人感叹大自然的神奇,了解历史的真相,同时也推动嵩山旅游文化事业的发展。

4.《红色南街村》是由中央电视台 2000 年拍摄制作的一部纪录

片，讲述了大家耳熟能详的南街村的故事。位于河南省漯河市临颍县城关镇的南街村，在坚持集体主义的原则下，几近实现了共同富裕，经济平稳发展，社会和谐，人们安居乐业。南街村坚持用毛泽东思想教育人，以雷锋精神鼓舞人，以革命歌曲激励人，提出了建设共产主义小社区的奋斗目标，强化了职工村民的集体主义精神，营造了浓厚的昂扬向上的集体主义氛围。改革开放以来，南街村遵循党的“一个中心，两个基本点”的基本路线，因地制宜，大力发展集体经济，走集体共同富裕道路，无条件地获得了大量银行贷款，实现了物质文明和精神文明建设的飞速发展。该纪录片的播出使南街村这个神秘的村子展现在全国观众面前，使人们真正了解和走近这个远近闻名的村庄。同时，作为河南集体经济发展成功的典型，它的模式和精神值得更多的地方学习和借鉴。

5.《钧窑魂》是由文化部中国艺术科技研究所和中央电视台共同策划，中央电视台发现之旅频道《文化大视野》栏目拍摄制作的一部向世人展示当代钧瓷大师任星航艺术理念、成长故事的文化专题纪录片。该纪录片分为两集，第一集为“大师之路”，主要讲述任星航的故事，同时介绍艺术发展大背景。第二集“钧瓷先锋”，主要讲述任星航对当代艺术的认识，以及他对宋代柴烧钧瓷艺术复活中的巨大贡献。影片中历代钧瓷窑炉的复活、气烧窑炉的引进、环保窑炉的设计建造、无匣钵烧制艺术的创新、环保节能钧瓷窑炉的试验成功、历代传统钧瓷烧制技艺，以及众多柴烧钧瓷艺术精品一一展现在观众面前。该纪录片提升了禹州钧瓷在国内外的知名度，有利于传承和弘扬河南钧瓷的瓷器艺术。

6.《走遍中国　龙门石窟》是中央电视台中文国际频道一档大型专题报道栏目《走遍中国》的系列纪录片之一，于 2010 年第 72 期播出，时长约 27 分钟。纪录片讲述了洛阳龙门石窟建立的背景、缘由和建造过程等。龙门石窟延续时间长，跨越朝代多，以大量的实物形象和文字资料从不同侧面反映了中国古代政治、经济、宗教、文化等许多领域的发展变化，对中国石窟艺术的创新与发展做出了重大贡献。2000 年被联合国教科文组织列为世界文化遗产。纪录片的播出使更多的人了解到龙门石窟的历史和佛教文化,对保护世界文化遗产具有非凡的意义,同时也能推动洛阳旅游文化产业发展。

7.《大迁徙》是由赵虹撰稿和导演,中央电视台和河南省文化产业投资有限责任公司联合出品的一部大型长篇纪录片,共13集,两个版本(45分钟长篇版、25分钟精编版)。该片从先秦时代的移民开始切入调查,以西晋末年“衣冠南渡”、唐初“避地东吴”、宋代“一迁再迁”,还有近代移民史上的“渡海赴台”,以及三次著名大迁徙“闯关东”“走西口”“下南洋”等重大历史事件为考古线索,将汉民族一路播迁的史实公之于世。该片很好地解答了作为汉族分支的闽南人、客家人、广府人、东北人及世界各地华人一直深究的“我从哪里来”的问题。黄河孕育了璀璨的中原文化,1000多年来,中原先民不断从中原向外迁徙,足迹遍及大半个中国和海外各地。根据历史脉络和中原先民的迁徙足迹,《大迁徙》摄制组以中原为起点,确立了较为纵深的拍摄路线。在这张全新的拍摄地图上,从漠北草原到岭南大地、从西域古镇到南洋岛国,追寻先祖的脚步,摄制组跨越河南、福建、广东、山东、四川、江西、山西、台湾等25省100多个市县及东南亚各地,行程10多万千米,阶段性地进行了为期约240天的拍摄,历时4年多。该纪录片的播出能够真正解答人们一直以来关于“我从哪里来”的疑惑,也能从中感受到中华民族生生不息、愈挫愈勇的性格原点。

8.《园林　汴京艮岳梦》是中央电视台纪录频道制作的纪录片《园林》的第5集,于2013年5月启动拍摄。《汴京艮岳梦》讲述的是开封作为北宋古都那段最为辉煌的历史,时长52分钟。影片以北宋园林艮岳为切入点,以清明上河园项目为依托,通过纪实、实景再现、专访等形式反映北宋从建都到繁荣到灭亡的过程,以今人的视角重现那段关于家园天下的传奇故事,以纪实的手法描绘汴京开封千年历史的前世今生。整部片子中关于清明上河园的就有38分钟,影片将建筑、园林、历史融为一体,深刻挖掘了园林中的文化意义。影片的播出让古老的开封再一次走进人们的记忆中,对于传播中原文化和发展旅游文化产业有益。

9.《中国书法五千年》是中央电视台中文国际频道蛇年新春新栏目的一部纪录片，于2013年1月播出。央视中文国际频道5个摄制组跋涉近10万千米，远行欧、美、亚三大洲，走访考古遗迹和博物馆数百处，拍摄有关书法的文物3万余件，力图呈现中华文明核心符号体系的核心价值。影片共8集，分别是“墨润五洲”“点睛人间”“篆脉舒卷”“隶势承载”“草舞龙蛇”“行云流水”“楷规精义”“书法天下”，每集45分钟左右，以篆、隶、草、行、楷中国文字五大书体为主角，挖掘它们的来龙去脉，讲述它们的前世今生。影片的播出不仅能使观众将中国博大精深的书法发展史整理清晰，而且能透过片子看到中西文化之间的交融，使中国书法能够发扬光大。

10.《黄河　古都洛阳》是中央电视台1987年拍摄制作的一部大型人文地理纪录片《黄河》的第23集，时长30分钟。片中讲述了黄河与古都洛阳之间千丝万缕的联系。黄河孕育了中华民族五千年的文明，是中华文化的发祥地。九朝古都洛阳位于河南西部、黄河中游，因地处洛河之阳而得名，是华夏文明的发源地之一、中华民族的发祥地之一。影片的播出使人们对历史文化名城洛阳的前世今生有了更深刻的了解，这对于传播河洛文化、发展洛阳乃至河南的文化经济，都是非常重要的。

11.《开封大观——吃在开封》是由王不天、孙润田编导，于1989年拍摄完成的一部纪录片。孙润田是一位“老开封”，对开封影视文化和豫菜很有研究。开封是七朝古都，饮食文化源远流长，在宋代更是“有美皆备，无丽不臻”，今天的豫菜是宋代开封菜演变发展而来的，是中国的一大菜系。然而，豫菜在许多城市销声匿迹，是一大遗憾，直至1930年开封却连一本像样的菜谱都没有出过。这部纪录片填补了河南饮食文化研究的许多空白，对于传承和弘扬开封的饮食文化十分有益。

12.《开封胡同》是由河南大学新闻与传播学院广播电视编导艺术学专业研究生李鹏和他的团队于2011年拍摄制作的一部人文景观纪录片，曾获得河南省优秀教育电视节目一等奖。影片主要讲述了开封城内大小街道纵横交织、四通八达的胡同，这些历史上遗留下来的胡同有着较为深远的历史渊源。影片的传播使更多的人了解到开封的历史,关注那些遗留下来的胡同,这对古文化是一种传承和保护。

13.《金山岭长城》是由河南电视台在2012年制作完成的一部纪录片,曾获得中国电视艺术家协会举办的第五届中国旅游电视周节目评比一等奖。影片由王志强执导,从另一个角度对长城进行了解读,拍摄的长城不仅回肠荡气,内容更令人心潮澎湃,缠绵的音乐令人浮想联翩,这是中原电视人第一次对万里长城的把脉。片中阐述了困扰中华民族几千年的民族纷争,总结了清朝康熙皇帝在承德建立避暑山庄的原因,说明了中华民族的团结,才是铸成我们血肉长城的基础。影片的播出是对万里长城的赞叹,是锦上添花之举。

14.《青龙教堂》是河南电视台朱永涛导演于2013年拍摄上映的一部纪录片。世界上最大的水利工程南水北调工程2002年在中国正式开工,共搬迁库区人口34万人,这是继三峡工程之后,中国规模最大的一次水库移民“大迁徙”,影片就是讲述青龙教堂在“南水北调”工程三年间的变迁。影片的主角是一位叫杜银花的老人,她是青龙教堂的负责人,按照政府规划,青龙村将一分为二,杜银花和她的部分信徒需要搬迁,这位70岁的老人为了在新迁地拥有一座教堂而上下奔波,影片就围绕这个展开了。影片的拍摄解开了一段不为人知的历史,也让这座普通的教堂有着不平凡的意义。

(六)舞台纪录片

《走近一九四二》是华谊兄弟传媒集团制作完成的一部关于电影《一九四二》拍摄过程的纪录片。短短不到4分钟的片子记录了一部史诗般电影艰辛的拍摄历程,无论是普通的群众演员,还是赫赫有名的主演,抑或纵览全局的导演,在拍摄现场都克服各种各样的困难,最终圆满收官。该片的播出既是对电影的宣传,也是对所有工作人员付出的劳动的尊重。

(七)专题系列纪录片

1.《河之南》是由北京华风气象影视信息集团公司出品,诗人杨晓民策划、撰稿,著名电视人高峰、周亚平、潘超、周绍成等创作的一部大型专题纪录片,2007年在中央电视台首播。该片共10集,分为“大河之源”“大河之民”“大河之都”“大河之魂”“大河之光”“大河之歌”“大河之艺”“大河之学”“大河之风”“大河之南”,演绎了从夏代到清代4000多年历史中的一个个文化故事。影片首次真实而全面地再现了中原河南的历史文化风貌,揭示了中原文化在中华古代文明中的核心地位及其兴衰的历史过程,分析了其背后的政治、经济、历史文化等深层原因,并通过对大河沿岸众多历史细节的诠释,演绎了一个个文化故事,为中原大地勾勒出一幅波澜壮阔的历史画卷。中原地区孕育了中国最早的文明,塑造了中国传统文化的黄金时代,也承载了中华民族众多的苦难与创痛。它的过去,不仅仅是历史长河中的一朵浪花,更是一个民族的悠远的背影。

2.《中国历史文化名镇村》是河南电视台独立完成的第一部大型专题纪录片,由王少春担纲出品人,鲁沛君、王保寅任总策划,著名电视片导演王志强出任总导演,共8集,每集45分钟,分别是“水映赊店”“张店张良”“朱仙古镇”“荆紫雄关”“古荥铸铁”“神垕钧都”“古寨临沣”“竹沟红日”。影片从历史文化角度出发,展示一个文明灿烂的崭新河南。该片于2011年11月22日至25日在河南卫视每天两集连播,既弘扬了中华民族的优秀文化,又展示了中原悠久厚重的历史文化。

3.《明德新民沃中原》是河南电视台围绕河南大学建校一百周年这一省内文化教育盛事而专门制作的大型专题纪录片。影片拍摄历时四个多月时间,辗转河南、北京、陕西、江苏、台湾等多个省市和地区,最终制作播出了这部总时长达150分钟的6集纪录片。该片通过“风起中州”“潭头月明”“走向新生”“折枝为林”“世纪跨越”和“正道沧桑”6个篇章,全面回顾河南大学的百年辉煌,反映了河南大学自强不息、百折不挠、严谨朴实的办学精神,折射出中原学子刚强、正直、求实、厚重的高贵品格。影片于2012年秋季在河南电视台新闻频道、卫星频道先后播出后，其文本创作、艺术审美及社会价值均得到了广大观众和专家学者的一致认可，同时也展示了河南省文化事业蓬勃发展的可喜局面。

4.《中国之最在河南》是由国家二级导演傅冰担任总撰稿、导演、制片人，由中原出版传媒集团、河南电视台、河南影视集团联合拍摄，由河南新华营销传媒集团影视中心承拍与发行的一部50集大型电视系列片，每集一个"之最"，遴选河南境内具有代表性的，在全国堪称最大、最早、唯一的题材拍摄而成。影片共分为8个部分："人祖圣迹篇""古都遗址篇""古塔名院篇""创新发明篇""风情名胜篇""文化艺术篇""圣人名人篇"和"结语"。它不仅是河南省首部大型文化电视系列片，也是一部加强爱国主义教育、增加民族凝聚力的文化工程，以一种崭新的方式将中原文化汇总、凝练和升华，用电视语言立体地展示河南的形象和厚重，势必转化为推动河南经济社会发展的一股重要力量。

5.《筑梦长空》是河南电视台2014年拍摄的一部解读郑州航空港经济综合实验区的大型系列专题片。该专题纪录片共分3集：第一集"逐梦之路"重点对实验区获批的过程和河南省在发展航空经济、寻求对外开放之路上所做的探索和努力进行报道。第二集"天空榜样"重点报道和评述著名的国际空港发展航空经济的现状、对当地社会经济产生的深刻影响，以及郑州航空港经济综合实验区未来规划建设中可资借鉴的经验。第三集"未来之城"对未来实验区的现代综合交通枢纽建设、产业发展的方向、航空大都市的理念和构想等进行解读。影片的播出，对宣传河南航空港建设具有积极的推动作用，使郑州航空港经济综合实验区成为中原经济区发展的龙头，成为带动郑州走向国际、走向世界的平台，成为郑州建设国际化陆港城市、国际性的综合物流区、高端制造业基地、服务业基地的载体。

6.《世界著名大学——河南大学》是由中央电视台拍摄的一部大型专题系列片《世界著名大学》中的一集。影片回顾了河南大学所经历的坎坷办学历史，激励广大学子为历经沧桑的百年名校的明天付出自己的努力。河南大学曾经拥有辉煌的过去，现在也不必妄自菲薄，未来的发展需要所有人共同的奋斗。

7.《沃土丰碑——河南农业大学百年办学之路》是由河南农业大学拍摄制作的一部回顾河南农业大学发展史的纪录片。影片时长27分钟，讲述了一所大学从无到有、从弱到强的艰辛发展历程。这将激励一代代“农大”学子将河南农业大学的明天建设得更加美好。

8.《水与中华之开封兴衰》是由中央电视台拍摄的一部大型专题纪录片的第6集，讲述了开封这座古老城市的兴衰与水割不断的千丝万缕的联系。汴河的历史就是这座城市兴衰起落的过去。这部专题片在深入揭示水与中华文明关系的同时，还以强烈的忧患意识，直面中国目前存在的水资源问题，水资源紧缺已成为经济社会发展的瓶颈，水污染、水土流失极大地恶化了人类的生存环境，水，已经成为中华民族的心腹大患。影片的播出警示人们要在痛定思痛中回归中华文化传统中对水的崇拜和信仰，爱护和保护水资源。

9.《中原大发现》是由中央电视台、漯河市委市政府、河南影视集团、河南大象影视制片公司联合摄制的40集大型电视纪录片。该片以纪录片的手法立足于纵向视野，纪录一百多年来发生在河南的震惊世界的重大考古发现，从而展示中原大地从夏商到北宋长达数千年的宏大历史画卷，既纵向地深入到历史长河之中，也积极地面向未来、面向世界，同时，影片还讲述中原的故事，诠释自然地理和人文地理所蕴含的奥妙和文化内涵，思索人类与自然相互依存、和谐统一的关系，介绍黄河流域中原文化博大精深的文化遗产。

10.《大美河南》是河南电视台都市频道为庆祝《都市报道》栏目开播16周年，于2013年开始拍摄制作的一部大型专题纪录片。该系列纪录片共分为5季30期节目，分别为“山水篇”“美食篇”“自然篇”“文化篇”和“民俗篇”，全面展示了河南之美，内容涵盖自然之美、文化之美、发展建设之美等。这对宣传河南，推动河南发展，具有重要意义。

11.《精彩中国·河南篇》是中央电视台的电视系列节目《精彩

中国》其中讲到河南的部分。

12.《海外少林》是由中央电视台、河南电视台联合拍摄制作的一部专题纪录片。影片想通过展现海外众多人对少林文化的喜爱，以及少林文化对当地社会生活的融入和影响，让河南文化渗透到每一位观众的血液里。这对加强河南文化宣传，提高河南在国内外的知名度和提升河南形象十分有利。

13.《天地洛阳》是由中央电视台海外中心专题部、洛阳市委宣传部、洛阳广播电视台在2009年联合摄制完成的大型电视纪录片。该片原为10集，精编后为7集，每集30分钟，全面梳理洛阳历史，全景展现城市变化，全新提炼城市内涵，是一部集思想性、艺术性、观赏性为一体的精品。贯穿纪录片始终的是中华民族生生不息的民族精神、厚德载物的文化传统、博大精深的文明智慧，强烈震撼的视听感染力和情感冲击力，播出后在社会上引起强烈反响，极大地提升了洛阳在海内外的知名度，并荣获当年中国电视纪录片“十优作品”称号。

14.《解密康百万庄园》是中央电视台历时两年潜心打造完成的一部大型电视纪录片，于2013年4月17日至20日，在CCTV－9（纪录频道）23时连续播出。影片主要揭秘了位于巩义市的康百万庄园，这座号称中华第一的庄园是一座功能齐全、布局严谨、等级森严，集农、官、商为一体的大型地主庄园，总建筑面积达64 300平方米，是山西乔家大院的19倍，而在这个庞大建筑的背后，则是一个繁衍了12代，长达400多年的商业家族的传奇。该纪录片分“起家之初”“大河行船”“富甲三省”“残阳夕照”4集，通过康绍敬、康大勇、康应魁、康庭兰4个康家的代表性人物，生动诠释了康百万家族的经商历程及400年的商业传奇。影片既具有十分宝贵的史料价值、科学价值和艺术价值，又将这个神秘家族所承载的豫商精神挖掘出来，对观众有很强的启迪性和借鉴意义。

15.《帝都》是洛阳电视台于2013年拍摄完成的一部6集专题纪录片。

16.《花开30年》是洛阳电视台为回顾牡丹文化节30年而专门剪辑制作的一部纪录片。

17.《牡丹》是中央电视台特别呈现的一部专题系列片。纪录片用牡丹和中国文化作为大背景,以细微鲜活的细节和人物故事为表现重点,以小见大,以点带面,把写实的牡丹写意化,把具象的牡丹抽象到生活和人物中去。最终从三个层面探索并表现出牡丹这一中国独有的花卉,以及文化符号的形成和发扬。第一层面:牡丹的发展路线和生物性演变;第二层面:牡丹的文化特质和品牌塑造;第三层面:牡丹的精神特质和牡丹精神的传承。河南洛阳牡丹闻名天下,该纪录片的播出可以进一步加强对河南洛阳的宣传,使牡丹走进千万国人的生活。

18.《商之都》是由郑州市委市政府牵头,河之南影视文化传媒承办,中央电视台负责具体拍摄制作的一部大型电视纪录片。2005年开始筹划,2009年在央视《探索与发现》栏目首播,总时长约300分钟。该片从历史和文化的角度重新解读郑州3600年的繁盛与沧桑;从中国商业文明发展的角度剖析郑州从商汤亳都到今日商贸之都的城市生命图谱;以知识经济、信息社会、全球一体化时代的角度,忠实记录郑州形神俱变的当代足迹;以中原崛起、中部崛起、中华振兴的阔大视野,阐释走向区域性中心城市、现代化大都会的郑州城市理念和明日蓝图。通过引人入胜的故事,从历史和文化的角度深入解读了郑州的发展史,体现了郑州人民良好的生活状态和积极向上的精神风貌。

19.《荆紫雄关》是河南电视台拍摄的大型专题系列纪录片《中国历史文化名镇村》的第5集。这部长达45分钟的片子全方位、多角度、多层次地展示河南省南阳市淅川县悠久厚重的历史文化,为进一步打造生态旅游城市品牌形象奠定了坚实的基础。

20.《平凡的力量》是由河南电视台在2012年拍摄的大型专题系列纪录片。影片共11集,每集30分钟,讲述了不同岗位、不同阶层、不同城市的河南人在平凡的岗位所做的不平凡的事迹。通过许许多多的正能量的小人物的大爱故事,用镜头打造出属于河南自己的英雄人物,用纪录片演绎河南形象。

21.《帝都泱泱　汉魏故城的诱惑》是由中央电视台、洛阳市委宣传部主办，洛阳广播电视台、洛阳市文物局承办拍摄制作的6集大型系列纪录片的第5集。本片围绕闻名中外的洛阳6大都城遗址展开，分为“龙兴中土”“商都何处”“定鼎成周”“王城春秋”“汉魏故城”“缔造神都”6集，每集30分钟。主要讲述汉魏洛阳城遗址，这个地方代表了东汉至北魏历代中原王朝的文明与文化特征，见证了北魏时期游牧民族与农耕民族大融合所促生的独特城市文化，展现了城市形制的跨区域、跨时间交流，展现了佛教在中原地区的传播和本土化过程。整部纪录片通过重新梳理和记录洛阳上下五千年的影像历程，再现了文化圣城的昔日繁华，展示了千年帝都的文明变迁。

22.《河南人在新疆》是由河南电视台新农村频道摄制组于2007年拍摄制作的20集大型电视纪录片。该片主要反映在新疆各地、各行业工作奋斗的河南籍优秀人物及感人事迹，涵盖了为边疆地区经济建设、国防巩固、社会稳定、民族团结、文化卫生等做出卓越贡献的典型代表，包括为屯垦戍边事业做出贡献的河南籍老军垦、老战士等。影片的播出对宣传河南、宣传新疆和扩大河南、新疆两地经济文化交流，加深两地人民的友谊，具有积极的现实意义。

23.《血色军垦》是由河南电视台纪录片工作室策划、王建华导演拍摄的6集系列纪录片。纪录片采用“口述历史”“真实记录”等手法，以每集45分钟的篇幅，反映第一代、第二代、第三代军垦人“屯垦戍边”的“军垦文化”和“兵团精神”。该片篇幅长、跨度大、涉及面广，既有广度又有深度，是一部河南“文化援疆”的精品之作。作品在体现整个兵团精神的同时，也还原和记录了河南人在这一历史进程中的历史贡献和精神品质。

24.《厚土中原》是由河南省国土资源厅、河南电视台联合摄制，河南电视台纪录片工作室制作的一部大型专题纪录片。影片从策划到成片共花费了两年多时间，影片共6集，分别为“背负新使命”“保卫大粮仓”“担当新跨越”“顺势大变革”“支撑大发展”“走向生态文明”，记录了河南国土人主动作为、有所作为地为中原经济区建设，积极探索不以牺牲农业和粮食、生态和环境为代价的工业化及城镇化和农业现代化协调发展之路，守红线，促发展，给力大中原，震撼人心。

第五章　河南省政务微博发展现状及问题研究
——以新浪微博为例

中国互联网络信息中心(CNNIC)2014 年 1 月 16 日发布的第 33 次《中国互联网络发展状况统计报告》显示:截至 2013 年 12 月,中国网民规模达 6.18 亿,其中使用微博的用户有 2.8 亿,普及率高达 45.5%。[86]在规模庞大的互联网用户中,微博作为"自媒体"时代信息的重要传播载体和网民的重要社交平台,成为推动突发事件、公众议题的主要力量。根据《中国互联网络发展状况报告》的统计结果,截至 2013 年 12 月,在全国网民规模增速超过 15% 的 6 个省中,河南省以 3283 万的网民用户数量位居全国第一。

当前河南处于经济快速发展的社会转型期,发展不均衡、矛盾的累积叠加,以及重大事件的发生所引起的舆情问题不可忽视。[87]信息技术的延伸和网络技术的飞跃,使得政府开始重视微博这一新兴的社交平台,为了促进政府执政能力的提升,以及更好地服务沟通群众,"政务微博"应运而生。截至 2013 年 5 月,新浪微博注册用户突破 5 亿大关,日活跃用户 4269 万,用户每日发博量超过 1.3 亿条,在业内处于绝对领先位置。[88]本文重点以新浪政务微博为例,分析河南省 2013 年度政务微博的热点问题。

第一节　河南省 2013 年政务微博发展概况

2002 年,中共中央办公厅、国务院办公厅关于转发《国家信息化领导小组关于我国电子政务建设指导意见》的通知(中办发〔2002〕17 号文件)下达,对"把电子政务作为我国信息化工作的重点,政府先行，带动国民经济和社会发展信息化”的要求，以及电子政务建设的指导思想、主要目标任务等作出了明确的指示。在此之后，我国的党政机关电子政务水平不断提高，“政务微博”作为新时代下电子政务发展的延伸，依靠微博广泛的用户数量，以及实时交互的联通特性，迅速成为官民沟通的重要网络平台。

一、相关概念界定

政务微博，是指各级政府机构及其工作成员在主流的微博网站以真实身份或真实姓名注册并通过官方认证所开设的微博，以发布和传达与党政工作相关的信息为主要工作，从而达到沟通民众、解决问题的目的，以进一步提高新时期政府执政能力水平的一种微博类型。

目前人民网舆情监测室发布的《新浪政务微博年度报告》，以及国家行政学院电子政务研究中心发布的《中国政务微博客评估报告》，均将政务微博分为两大类，即党政机构微博与公职人员微博。在党政机构微博中，按照行政级别从高到低的顺序可依次分为省部级、厅局级、县处级及县处级以下政务微博；而按照党政机构部门职能不同来划分，又可分为各级政府、公安、团委、司法、交通、旅游、环保、新闻宣传、气象等部门政务微博。通过对政务微博进行不同级别部门的划分，进一步精准定位了各政府部门的服务职能范围，有助于网民有针对性地收听收看，并在应对突发事件及网络舆论中及时疏导辟谣，发挥官方发言人的舆论引导作用。

二、河南省 2013 年政务微博发展现状

进入自媒体时代，“人人发声”的特点导致网络舆论“甚嚣尘上”，网络舆论的管理和引导关系着河南省能否稳定有序地发展，因此显得尤为重要。政府部门开设微博，引导网络舆论已成必然趋势。自 2010 年 9 月 9 日洛阳龙门石窟景区开设微博起，政务微博在河南的发展已走过了 5 个年头，从 2011 年“政务微博元年”至 2012 年“实务应用新阶段”，再到 2013 年的“常态运营期”，河南政务微博的发展经历了从起步到逐渐成熟的过程。

(一)河南省2013年政务微博规模分析

截至2013年年底,河南政务微博总数已达6112个。位居全国第四,各项排名稳居全国前五。[89]根据人民网舆情监测室发布的《2013年新浪政务微博报告》[90],绘制出河南省新浪政务微博2013年四个季度的总量发展趋势图如下:

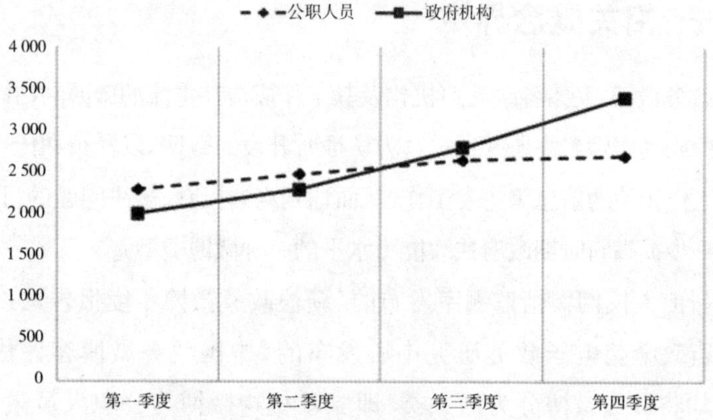

图5-1　河南省2013年政务微博增长趋势

可以看出,不论是政府机构还是公职人员,河南省2013年四个季度的政务微博总数均处于增势。相较于公职人员,政府机构的政务微博数量涨幅更为明显,这表明河南省政务微博的建设发展在进入"常态运营期"后依然有较大的提升空间。2013年10月1日,国务院办公厅发布了《国务院办公厅关于进一步加强政府信息公开回应社会关切提升政府公信力的意见》(即国办发〔2013〕100号文件),其中7处提到政务微博,要求各省市进一步加强平台建设,积极探索利用政务微博,着力建设基于新媒体的政务信息发布和与公众互动交流新渠道。[91]政府机构微博从第三季度起表现出的大幅增长趋势,反映了我省积极响应国务院关于充分利用新媒体与公众及时、便捷进行互动交流的号召。

(二)河南省2013年政务微博获奖情况分析

综合人民网舆情监测室发布的《2013年新浪政务微博报告》与国家行政学院电子政务研究中心发布的《中国政务微博客评估报告》[92],对年度上榜名单中的河南省相关政务微博进行统计,结果如下:

表5-1 河南省政务微博获奖排名情况统计

	微博名称	奖项	认证说明	名次
2013年新浪政务微博报告	郑州铁路局	十大交通管理微博	郑州铁路局官方微博	3
	河南省旅游局官方微博	十大旅游机构微博	河南省旅游局官方微博	7
	绿色郑州	十大环保机构微博	郑州市环保局官方微博	8
	平安中原	全国百大政务微博	河南省公安厅官方微博	9
	豫法阳光	全国百大政务微博	河南省高级人民法院官方微博	12
	郑州铁路局	全国百大政务微博	郑州铁路局官方微博	22
	平安洛阳	全国百大政务微博	河南省洛阳市公安局官方微博	58
	河南省旅游局官方微博	全国百大政务微博	河南省旅游局官方微博	77
2013年中国政务微博客评估报告	精彩洛阳（腾讯微博）	党政机构微博100强	洛阳市网络宣传官方微博	4
	平安中原	党政机构微博100强	河南省公安厅官方微博	5
	郑州铁路局	党政机构微博100强	郑州铁路局官方微博	33
	平安洛阳	党政机构微博100强	河南省洛阳市公安局官方微博	47
	平安商丘	党政机构微博100强	河南省商丘市公安局官方微博	57
	豫法阳光	党政机构微博100强	河南省高级人民法院官方微博	68
	刘五一	党政干部微博100强	河南省新郑市人民政府原副市长	32
	民警刘会永	党政干部微博100强	河南省新乡市公安局耿黄分局民警	38
	杨华民	党政干部微博100强	郑州交警五大队民警、郑州市花园路农业路杨华民交通示范标准岗岗长	48
	郑州范强	党政干部微博100强	郑州市人大常委会副主任	59
	老虎（腾讯微博）	党政干部微博100强	河南省公安厅政治部干部	77

对河南省政务微博的获奖排名情况进行统计分析，可反映出河南省哪些政务微博在全国范围内处于部门优势地位，从而比对自身的发展情况，取长补短，以进一步提高执政素质，更好地执政为民。两大机构均从活跃度、传播力、影响力等方面对政务微博进行评估，

综合了微博的总发布数、粉丝数、总被转载数、总被评论数、原创数等多项指标进行分析。虽然各个奖项的侧重点及考评方式略有不同,但通过上表我们还是能够看到在交通、公安、环保、旅游等方面河南省的政务微博均取得了较高的名次,表明了河南省政务微博不仅在数量上位于全国前列,质量上也取得了不错的成绩。

(三)河南省政务微博影响力分析

影响力作为衡量政务微博价值的重要体现,主要由活跃度、传播力、覆盖度三大指标构成,改变了以往用粉丝数作为唯一评判标准的做法,并经过一系列复杂精密的算法,综合评定出微博的影响力大小,彰显出了评测过程的科学合理。[93]

为保证数据的时效性,选取2013年12月份新浪微博政府影响力风云榜的相关数据,对涉及公安、交通、司法、医疗卫生、旅游、工商税务、团委、外宣8个部门前100名的河南省微博进行统计分析。[94]如图5-2所示。经统计,共有47个政府微博上榜,其中有8个进入全国综合影响力前100名,分别为:@平安中原(第7名)、@郑州铁路局(第33名)、@平安汝阳(第35名)、@豫法阳光(第46名)、@平安洛宁(第55名)、@平安洛阳(第61名)、@河南省旅游局官方微博(第63名)、@清风漯河(第68名)。此外,笔者对这47个进入各部门前100名的政务微博部门进行统计,分析河南省政务微博中哪些部门处于领先位置。

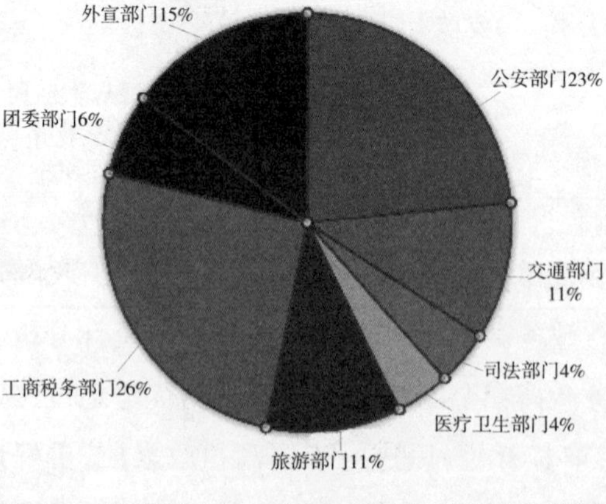

图5-2 2013年12月全国影响力前100名中河南省政务微博部门分布图

从图5－2可看出，在全国政务微博影响力方面，河南省的公安部门、工商税务部门及外宣部门占有较高的影响力，交通部门与旅游部门虽然所占比例较低，但仍能在全年的政务微博排行中挺进前十名，说明这些部门的政务微博在省内优势地位明显，对于本部门的其他政务微博具有较高的学习借鉴价值。综合来看，河南省大多数部门的政务微博在全国范围内占有相当大的比重，反映出河南省政务微博的影响力越来越强，说明政府部门将政务微博作为推动社会管理创新的执政方式，得到了公众的认可。

第二节　河南省2013年政务微博呈现出的新特点

一、政务微博呈“矩阵式”发展，旅游、环保、外宣部门发力

截至2013年10月底，河南省共开通政务机构微博3531个、官员微博2581个，相比2012年大幅提升。政务微博数量的不断增长表明了河南省政务微博的覆盖面越来越完善，从一开始个别单位的单点尝试，逐步发展为以部门为单位的矩阵式联合办公。例如：河南省高级人民法院官方微博（@豫法阳光）的微博主页，网页右下方的“政府微矩阵”中便提供了全省已开通政务微博的地市级中院微博链接；国网河南电力官方微博（@国网河南电力）主页设有微博发布厅页面，汇集了“地市供电官博”“地市供电服务微博”及“县级供电官博”三大类微博链接，并且提供了所链接微博发布内容的动态滚动更新，便利了民众的查询使用。政务微博从“独唱”发展为“合唱”，改变了个别单位“单兵作战”的独立格局，开启了多部门在微博矩阵中联合执政办公的新时代。

在新浪网发布的“新浪河南：2013政务微博年终盘点”[95]中，相较于2012年，“河南政务机构微博影响力top10”榜单中公安部门作为政务微博的主力军，继续保持优势，有4个政务微博

上榜。河南省公安厅官方微博(@平安中原)连续保持第一。外宣部门与旅游部门则出现新面孔,河南省旅游局官方微博(@河南省旅游局官方微博)与漯河市纪委监察局官方微博(@清风漯河)影响力凸显,挺进前十。此外,在全国政务微博影响力方面,郑州市环保局官方微博(@绿色郑州)在全国十大环保微博中排名第8,展现了郑州市环保部门执政能力的提升。2013年,在河南省公安、司法部门依旧保持较高的影响力前提下,旅游、环保、外宣部门政务微博逐渐发展成熟,有力地补充了政务微博发展的总体阵势。政府服务部门的发展与完善,对带动各地市政务微博的完善具有良好的示范意义,也为相关部门政务微博的建设发展树立了典范。

二、从信息发布向提供服务平台转变,成为官民互通的桥梁

政务微博最初作为政府的"电子公告板",是政府整合资源、发布信息的一种方式,但微博作为即时信息沟通平台,其区别于政府网站最显著的优势体现在能为各个阶层群体之间提供一个畅通交流的平台,开创更为直接的"官民互动模式"。

(一)服务民众

2013年以来,河南省政务微博积极探索执政服务方式的转变,多个微博话题的设置,印证了党政微博开始逐步重视与公众的互动。例如夺得2013年第一季度"政务微博十佳应用奖"与2013年度"十大交通管理微博"的郑州铁路局官方微博(@郑州铁路局),本着"民生""实用"的原则,不但每天播报近三天内的余票情况,并且根据民众意见增设"正晚点信息"栏目为出行者提供便利。2013年2月18日,河南省公安厅官方微博(@平安中原)在看到一篇关于河南"老乞儿"郭团伟寻亲的新闻后,便在微博发布了寻亲"召集令",号召公安机关全面展开行动,在广大网友积极帮助下,最终使得母子团聚。

(二)贴近民生

2013年3月,河南省文明办官方微博(@文明河南)开设,为了能够广泛贴近群众生活,微博积极开展线下活动,举办多种志愿服务与公益活动,如:组织网友在黄河岸边开展公益活动,举办“微友见面会”;发起并参与“爱心书摊”“关爱瓜农”“关爱环卫工”“救助农民工子弟重病再障患儿”等公益活动。该微博被网友评论为“接地气自然聚人气”。@豫法阳光一直在我国司法部门政务微博中名列前茅,为普及法律知识,提升司法公信,微博特意精选案例,开设“以案说法”栏目;把粉丝集中的问题以“法律问答”的形式给予解答。此外,还广邀其他法院官方微博参与话题的讨论,成为民众答疑解惑的好顾问、排忧解难的好助手。

政务微博不仅要做政府的“扬声器”,更应成为官民的“传话筒”,功能上的转变体现出了政府“为人民服务”的宗旨。

三、注重舆论引导,积极塑造政府形象

2013年11月12日,中国共产党十八届三中全会第三次全体会议通过了《中共中央关于全面深化改革若干重大问题的决定》(以下简称《决定》)。《决定》的第十一项“推进文化体制机制创新”第38条明确提出:健全基础管理、内容管理、行业管理,以及网络违法犯罪防范和打击等工作联动机制,健全网络突发事件处置机制,形成正面引导和依法管理相结合的网络舆论工作格局。

当前河南省正处于社会转型期,面对城乡差距、收入差距、高房价等问题,人民出于对不同利益的诉求,需要表达和宣泄压力的渠道。互联网时代信息传播的开放性和传播对象的不确定性使得政务微博作为一个网络议政场,在应对突发事件、热点舆情时,更容易被推至风口浪尖。因此,政府部门应该通过微博充分发挥官方舆论导向作用,及时疏导舆论压力,从而提升行政效能,树立政府形象。

2013年2月1日,连霍高速河南省三门峡段义昌大桥南半幅一辆装载爆炸品的大货车突然发生爆炸,致使大桥南半幅被炸毁,连霍高速公路双向断行。面对突发事件,@平安中原、@河南高速公

安,以及河南省消防总队官方微博(@河南消防)联合现场网友于第一时间积极主动公开现场消息,@平安中原负责发布事故最新消息,主动辟谣;@河南高速公安负责播报事故交通状况,发布出行提示;@河南消防36小时不间断播报救援情况。三家政府微博分工合作,图文并茂地从行业角度传递最新消息,第一时间消灭负面舆情,得到网友的极大关注。

2013年10月27日,洛阳市公安局特警支队举办警营开放日活动"微友进警营——走进特警支队"活动,洛阳市公安局官方微博(@平安洛阳)线下组织50名微博代表观摩特警训练,主动公开政务。类似线下活动的举办不仅拉近了警民关系,同时也积极树立了政府形象,增强了社会影响力。

四、进一步完善运营模式,积极探索政务微博考核机制

政务微博的运营过程也是政府部门在网络时代的背景下深化网络问政工作的过程。2013年政务微博的发展进入"常态运营期",一些政府机构在多年的运营基础上积极探索政府微博运作模式,并且初步建立起政务微博的绩效考核机制。2013年7月,洛阳市网络文化管理办公室发布了《洛阳市政务微博2013年上半年更新维护情况》,对全市55个政务微博进行了排名,并且发布了河南省首个政务微博考核办法——《洛阳市政务微博考核评分细则》。[96]考核结果的发布,推动了相关政府职能部门工作方式的转变,使得政务微博的运作日益成熟,网络执政水平不断提高。

国办发第100号文件《国务院办公厅关于进一步加强政府信息公开回应社会关切提升政府公信力的意见》中要求"各地政府要着力建设基于新媒体的政务信息发布和与公众交流新渠道,完善主动发布机制""加强工作考核,加大问责力度"。目前政务微博的建设方兴未艾,在没有统一的运营评估机制的情况下,新浪网于2013年发布了《新浪政府机构官方微博管理与考核办法》,系统梳理了政务微博运营管理技巧,出台了政

务微博的考核细则。[97]当前各级政府应加强网络政务管理水平，完善绩效考核机制建设，把政务微博纳入政府绩效考核范围，以使政府执政能力与时俱进，得到进一步的提升。

第三节 河南省2013年政务微博发展中存在的问题

随着新媒体技术的不断发展与综合运用，网络问政的兴起促使政务微博的发展建设方兴未艾。如今河南省政务微博经过三年多的发展，在2012年的基础上，微博内容更加丰富实用，与网民的互动也更加频繁，总体上取得了显著的进展。但与此同时，我们也看到其中仍存在着一些问题。

一、缺乏规范有序的成熟运作机制

根据国家行政学院电子政务中心发布的《2013年中国政务微博客评估报告》，截至2013年12月31日，我国政务微博的数量达到258737个(包括新浪网、腾讯网、人民网、新华网四家网站的总数)，政务微博的增长率由2011年的776%、2012年的249%下降到2013年的46%。当政务微博的增长由爆发期进入平稳期时，建立一套有效的绩效考核体系和管理机制是十分迫切和必要的。微博问政不能仅仅依靠政府、官员的一腔热情，一系列制度化考核标准的设立才能保障政务微博的持久运营，才能激发政府机构和部门官员的热情与动力。

政务微博作为政府的互联网门户之一，其运行的规范与否涉及政府的形象与公信力。在2013年，不论是新浪官方政务微博管理机构还是全国各地市，都一定程度上探索并制定出一些管理规定，但在全国范围内目前尚无统一的评价考核标准。截至目前[98]，河南省还未开通以省级政府为发布主体的政务微博，各地市相同部门政务微博的建设也缺乏统一。俗话说得好，“无规矩不成方圆”，尽快出台相关法律规定，规范政务微博的组织运营机制建设迫在眉睫。

二、政务部门的网络媒介素养仍需加强

政务微博,作为网络时代政治传播的一种工具,不仅可以公开政府信息,进行社会管理创新,更在于其可利用网络互通交互的特性来拓宽官民沟通渠道,引导舆论,提升舆情应对能力。相关运营人员对于政务微博的管理更新互动,直接体现出微博的面貌,以及服务群众、解决问题的效果,进而反映出政府执政能力的强弱。目前,河南省大多数地市的政务微博采用诸如皮皮时光机、政府版微博等平台应用设置定时发布、自动转发等功能发布微博,说明相关单位对于政务微博缺乏维护,重视不足。这样一来,面对突发性事件引起的舆情危机,政府官员自然不具备相应的应对技巧与能力。

因此,政务部门官员必须提高网络媒介素养,掌握和驾驭网络媒介的能力。在系统了解和掌握互联网特点,以及网络议程传播规律的基础上,学会运用政务微博来传播信息、通达民意、引导舆论,从而树立形象。尤其需要注意的是:鉴于网络信息的长期贮存成为常态,对待一些危机事件、敏感问题必须谨言慎行。若就一些敏感的网络议程言语失当,采取大范围的内容删除来进行补救,必然会引发网民的关注与反感,结果导致事与愿违,自身成为网络舆论热点,造成政府公共形象危机。[99]

三、基层政务微博生态薄弱

目前,与一些城市政务微博办得风生水起的状况相比,省内的某些地市部门政务微博依然未见其踪影。一些部门跟风开设了政务微博,观看其发布内容,要么长时间不更新成为“僵尸微博”,要么流于形式,只会转发上级部门微博,再添加一些本地天气预报、心灵鸡汤、生活小助手等类型的内容,看似更新频繁、发帖量多,实则无多大用处,政务微博定位模糊的问题依然严重。例如:河南省政务微博建设最好的公安部门,除了@平安洛阳、@平安商丘等一些地市办出了自己的特色外,大部分均在例行转发省级公安部门@平安中原的微博内容,机械僵硬,看不到服务型政府理念工作方式的转变。

河南省之所以拥有庞大的政务微博数量,原因就在于基层政务微博的高速增长,并在此基础上形成了一定规模的政府微博群。可以说,正是由于这些基层微博的发展,积聚了由“小”到“大”的传播力量,才有力地推动了河南网络问政的进步。在长尾理论的支撑下,基层政务微博的建设与发展对今后整个政务微博生态体系的发展完善与活力起到了至关重要的作用。当前,由于基层政务微博覆盖人群少,受众接受信息方式较为单一,再加上运营者内容获取、运营方式等方面的限制,很可能出现效果不甚理想的状况,这一点在农村地区,以及一些县处级及其以下的政务微博上面表现尤为明显。面对如此情况,省政府及相关上级部门应加大对于运营人员的培训工作和政策方面的支持,基层政务微博也应该从自身出发,结合具体区域特点,走体现自身特色的微博发展道路,从而在外界支持与自身努力的情况下形成合力,构建政务微博健康完善的运营体制。

政务微博很好地体现出政府官员“工作细节体现工作作风”的特点,成为政府信息公开的主要平台与推动力量。新媒体时代,政府机关如何利用好政务微博,真正发挥作用,以回应社会关切、服务于民,仍然是值得长期探索与总结的问题。

第六章　河南省重大突发事件网络舆情分析
——以 2012 年为例

鉴于河南省目前依然存在着种种因经济发展过快而引起的社会功效失衡、各种重大突发事件频频出现的情况，了解突发事件的出现原因及其传播渠道和产生的效果，对稳定社会、安抚民心、规范政府治理、建设和谐中原具有重大意义。

第一节　河南省 2012 年重大突发事件综述

一、相关概念界定

根据中国 2007 年 11 月 1 日起施行的《中华人民共和国突发事件应对法》的规定，突发事件，是指突然发生，造成或者可能造成严重社会危害，需要采取应急处置措施予以应对的自然灾害、事故灾难、公共卫生事件和社会安全事件。[100]

舆情是由个人及各种社会群体构成的一定的历史阶段和社会空间内，对自己关心或与自身密切相关的各种公共事务所持有的多种情绪、意愿、意见交错的总和[101]。传统的社会舆情存在于民间，存在于大众的思想观念和日常街头巷尾的议论之中，具有难以捕捉和稍纵即逝的特点。伴随着我国网民人数的增加，网络舆情和社会舆情走向逐渐趋同，作为社会舆情在互联网上的直接反映，网络舆情已经成为社会舆情的缩影。网络舆情是以网络为载体，以事件为核心，广大网民情感、态度、意见、观点的表达，传播与互动，以及后续影响力的集合。由此也可以看出网络舆情的六大要素为：网络、事件、网民、情感、传播互动、影响力[102]。

二、河南省2012年重大突发事件的分类

考虑到影响力和事件的受关注度,本文选择了河南省2012年重大突发事件分析如下:

政务与反腐	1. 周口市人大主任之子毕业11年升任副县长事件 2. 永城官员涉嫌强奸幼女事件 3. 开封千亿造城事件 4. 郑州"百米红毯迎领导"事件 5. 漯河副局长持枪殴打记者事件 6. 项城经适房申购名单现42名未成年人 7. 郑州市一房管局原局长被举报倒卖经适房敛财事件 8. 邓州市卫生局干部殴打环卫工惹众怒事件 9. 获嘉县交警收黑钱事件 10. 周口平坟运动 11. 郑州"房妹"事件
社会与民生	1. 河南师范大学一女生身中13刀认定自杀事件 2. 中牟超编公车底价拍卖事件 3. 郑州宝马撞飞怀胎六个月孕妇逃逸事件 4. 郑州立交桥下冻死农民工事件
公共安全	1. 双汇肋排现蛆虫事件 2. 信阳光山县学生被砍事件
道德公德	救人溺亡不属见义勇为遭质疑事件
司法事件	1. 原阳现"农民版药家鑫"事件 2. 南阳法官制造"天价抵押案"事件 3. 平顶山"死刑保证书"事件 4. 洛阳一社会法庭发生群众猝死事件

三、重大突发事件网络舆情生成原因

由上表可以看出,关于政务与反腐类型的突发事件数量较多。一个事件能引起网民的高度关注,并短时间内聚集众多网民参与、讨论,从而形成网络舆情的浩大声势,一方面是因为传统媒体、网络媒体对事件的跟踪报道。通过议程设置理论可知,持续的报道和关注是保持网民高度注意力和持续性热情的重要影响因素。另一方面主要是因为该事件刺激了网民乃至社会公众最紧绷的神经。各种社会矛盾和不均衡发展问题,造成了公众心中积聚已久的失望、愤怒,同时也滋生了对社会公平的强烈渴望和期盼。显然后者是更

为深层次的原因。例如2012年10月29日《大河报》A11版报道了邓州市卫生局干部殴打环卫工事件[103]，之后人民网、中国青年网、中国经济网、新浪网、腾讯网、强国社区等知名网站、论坛纷纷转载、发表相关消息和评论，截至12月1日，百度搜索有551000个相关结果。仅在腾讯论坛关于主题“环卫工阻止乱倒垃圾遭暴打，打人者系卫生局干部”已有7018条帖子，71598人参与讨论回复。之所以有如此大的反响，除了相关媒体的跟进报道，根本原因在于政府管理和公务员队伍时常出问题，大众存在仇富、仇官、仇权的心理，也怀有对社会不公的不满情绪。官民之间缺少信任，干群关系比较紧张，公务员殴打百姓，强势欺负弱势，自然会引发很多人的共鸣。

另外，互联网所提供的表达平台，也是形成舆情的重要技术环节。不管是莱文森所言的“新新媒介”时代，抑或是目前业界达成共识的“自媒体”时代，它们的共同特征就是，每一位消费者都是生产者。这些媒介的出现、发展和普遍应用，使公众有了更多的话语权，确切地说，我们已经处在人人都有麦克风的时代。随着网络技术的不断发展，互联网覆盖面增大，截至2012年6月底，中国网民数量达到5.38亿，互联网普及率为39.9%。[104]众多网民已经习惯于在互联网上表达看法、意见或者不满，一旦某些触碰大众内心敏感神经的事件曝光，网民言论形成的舆论场势必会成为影响政府决策和推动事件发展的不可忽视的力量。

第二节　河南省2012年重大突发事件舆情分析

一、舆情传播渠道及效果

（一）新媒体重要性显著

微博、论坛、贴吧、博客、播客、SNS社交网站的便捷性，以及在网络舆情传播中的影响力，已经使互联网成为思想文化信息的集散地和社会舆论的放大器，成为社会各阶层利益表达、情感宣泄和思想碰撞的重要平台。网络爆料成为引发重大突发事件舆情的一个重要来源。即便事件本身经由传统媒体率先报道，其后的舆论发酵、扩散过程也多由网络主导，各类论坛、贴吧密切关注，网民积极参与围观，微博强势崛起和迅速传播，把网络传播力和舆论影响力推向新的高峰，进而引起相关部门关注，促使事件得以解决。2012 年 8 月 11 日凌晨，中国经营网发表记者刘永的文章《河南开封千亿豪赌:4 年重造北宋“汴京”》，首先披露开封千亿造城事件[105]。消息一经刊出，立马成为舆论热点，在微博领域各路意见领袖纷纷发声，各类网站纷纷转载。8 月 14 日，开封市委书记祁金立在新浪连发三条微博，面对网友质疑、媒体声讨，简要表明了发展开封的决心，也呼吁公众的信任。中青华云舆情系统显示，自此微博热议声势有所减缓。截至 12 月 1 日，新浪微博搜索“开封千亿”，共有 85284 条结果。

截至 2012 年 6 月底，微博的渗透率已经过半，微博在手机端的增长幅度明显，用户数量由 2011 年年底的 1. 37 亿增至 1. 70 亿，增速达到 24. 2%[106]。3G 时代的到来、智能机等终端的普及，契合人们碎片化的时间，为微博等平台提供了在网络时代大有可为的角色定位。

(二)传统媒体不甘示弱

传统媒体在舆情推进中起着不可忽视的作用。网民在网络世界中形成的快速、碎片化阅读习惯极易对事件产生片面认知，再加上网络世界的虚拟化、匿名性特征，非理性的表达层出不穷，充斥网络，甚至偶尔会左右舆论走向。而传统媒体的某些优势，例如持续跟踪报道、深度报道和评论及层层把关，严格控制的新闻制作流程，会为广大公众展示更为完整、全面的关于事件的来龙去脉，并将虚假新闻的可能发生率降到最低。网络舆论的强大社会影响力依然要倚重传统媒体，体现在新闻源的跟进与二次把关功能上[107]。在“开封千亿造城”事件中，网上首次披露后，8 月 13 日，《中国经营报》刊登《河南开封千亿豪赌:4 年重造北宋“汴京”》一文，随后又刊出《河南开封千亿豪赌:大拆大建是冒险并非开放》深度讨论文章，持续扩大事件的社会认知度和影响力。另外,在传统媒体的发展壮大过程中,形成了独特的公信力资源,在社会中有广泛的权威性和信誉度,媒介自身魅力在受众中有深远影响。比起虚假新闻层出不穷的互联网世界,传统媒体在社会中的影响力不容小觑。关于新闻来源问题,传统媒体也有优势。虽然现在某一事件发生时,任何在场民众一转身就能把相关文字、图片、视频等传至网上引发关注或围观,但是一些不会上网的公众爆料首选的告知对象或许就是媒体记者了。

(三)各方推动,促进事件发展

当前社会是旧媒体、新媒体等各种多元形态的共存状态。任何重大突发事件的发生、相关舆情的形成,以及最终事件的解决都少不了新旧媒体的相互竞争、借力和共同推进。在获嘉县交警收黑钱事件中,河南交通维权人士王金伍,历时1年,拍摄了54段视频,记录了河南省获嘉县部分交警收黑钱的事实。视频一经曝光,就在网络上引起了轩然大波。面对网络舆论的压力,河南省公安厅对此作出回应,派出督察组独立调查此事,先后免去了主管副局长兼大队长、副大队长、中队长的职务,将两名涉事交警清理出公安队伍,将5名协警辞退,至此舆情得以平息。另外,网易论坛原创帖子《下水救人死亡不属见义勇为让人情何以堪?》,截至12月1日,已有3万多次浏览,1000多个跟帖。作者对河南相关法规进行质疑,有网友跟帖认为,这反映了制度的冷漠甚至对人性的违背。令人欣慰的是,河南近期将扩大见义勇为的认定范围,并有望纳入立法计划[108]。在当前网络环境下,网络舆情反映了公民的意见倾向和对各类突发事件关注的热情,已经成为促使事件解决的重要推动力量。网络在监督社会、规范治理、维护权利方面的作用正逐渐凸显。

二、网络舆情的主要特点

分析河南省2012年突发事件网络舆情,其发展有以下几个共同特点:

1. 突然发生。由于以网络为主体的现代通信平台的便捷性,网民之间交流快速而隐蔽，这就为网民发表意见、呼唤声援提供了物质条件[109]。一个事件一旦在网上突然曝光，借助互联网平台，会迅速传播，引起关注，加上各种意见表达，形成不容忽视的舆情声势，但事先并无征兆且不可控。比如，由12月26日的一条微博引出的沸沸扬扬的“郑州‘房妹’事件”。因为互联网给每人提供了发表意见的空间，技术门槛较低，限制也较少，这就为突发事件舆情的发生传播提供了便利的途径。

2. 快速形成。网络舆情的快速形成离不开各种新媒体的应用及“新意见领袖”们的推动作用。以郑州“红地毯迎领导”事件为例，事件10月19日始曝光于微博平台，随后传统媒体、论坛、博客开始迅速跟进。仅仅一天，在微博平台上就达到了对此事件的关注峰值。其中的意见领袖当数《人民日报》《南方日报》《环球时报》及新华网等媒体微博，借助他们的纷纷关注，众多微博网友迅速围观，使事件快速传播，舆情得以形成。

3. 影响范围大。网络媒体具有进入门槛低、信息量超大规模、信息发布与传播迅速、参与群体庞大、实时交互性强等综合性特点。基于我国庞大的网民人数，任何一个热点事件的星星之火，都可以形成燎原之势，影响力极大。在周口平坟事件中，百度搜索关键字“周口平坟”，有433万个相关结果。仅在搜狐网，相关的新闻就吸引了超过16万网民跟帖参与，而腾讯网跟帖数也已超过10万，可谓舆情汹汹。虽然受到诸多争议，但当地政府官员却并未作出相关的合理解释去回应网友的诸多猜测，并表示平坟运动不会停止，要在舆论重压下继续推进。鉴于持续不断的舆情声势及相关部门处理回应不及时，有相关媒体认为，“尽管备受争议，除河南媒体外，舆论一边倒地予以谴责，河南省周口市的‘平坟运动’依然没有消停的迹象”[110]，这不仅仅表达了对事件本身和河南媒体形象的质疑，无疑也会给河南形象蒙上一层阴影。在此事波及面、传播面如此之广的情况下，如果政府不正面回应和解释，不顾及舆情走向，势必会对河南政府和人民造成负面影响。

第三节　突发事件的处置中存在的问题及应对策略

一、突发事件的处置过程中存在的问题

(一)相关部门反应相对滞后

一些相关部门面对突如其来的舆情,总是抱着"捂"的心态,静观其变,希望缩小事件范围,尽快了事,甚至常采用封锁消息之手段。由于互联网舆情的快速形成特征,政府等相关部门若不作出迅速反应,势必会陷入被动、尴尬的局面。在信阳光山县学生被砍事件中,虽然最先由当地网络媒体——光山网曝出相关信息,但是当地公安微博在事件发生后的三天之内并未作出任何正面回应,丧失了引导舆论的优势地位。事件在微博平台上迅速发酵,各大媒体公开质疑,使当地政府面临较为严峻的局面,政府的形象和公信力在危机面前遭遇进一步冲击。滞后的反应及其处理会使政府威信尽失,更易引发网民的不满和猜测,致使舆情一边倒,不利于社会和谐稳定。

(二)观念不正确,信息不公开

在不少网络事件中,相关政府部门或涉事单位,遵循"一拖,二赖,三认,四撤"的模式,一开始拖着不表态,拖不下去就矢口否认事实,在网民穷追猛打下只好硬着头皮承认,为平息民愤,匆匆忙忙把当事人撤职、停职。[111]这样的处置观念在当今社会无疑是行不通的。另外,对相关信息的过分封锁是对公民知情权的亵渎,这样只会引起公众更多的质疑,使政府等相关部门在舆情发展中处于被动地位。

(三)相关法律条文不完善

目前我国关于互联网信息传播的法律条文规定尚未健全,与之相配套的应急措施也不完善,虽然我国已经通过了《互联网信息管理条例》《互联网新闻信息服务管理规定》等法律法规,但是针

对网络谣言、网络暴力等非理性行为，这些法律法规还存在一些缺陷，致使无法可依的状况时有发生，这也给政府工作造成了某种程度的不便。

二、重大突发事件的应对策略

近年来，政府在突发事件应对和舆论危机管理方面的最大进步，就是逐步认同了一个观念，即事件处置第一位，舆论引导第二位。在突发事件中，媒体和互联网既不是事件的起点，也不是终点，诚恳回应民众利益诉求是根本。[112]

（一）迅速反应并积极处理

鉴于当前特殊的网络环境，热点事件一旦曝出，在形成巨大舆情声势以前，以往政府相关部门采取的强行删帖或强制关闭网站以便阻止舆情蔓延的手段早已不再适用。应该取而代之的是，态度积极，迅速反应，果断处理并采取行之有效的传媒手段进行政府公关，有效凸显政府职能。

（二）定时公布结果，引导、平息舆论

积极利用政务微博、官方宣传网站等平台公布事件进展和阶段性成果，及时发布权威信息和评论等，为网民答疑解惑，最大限度地缩小网民质疑的空间。针对热点问题与网友互动协作，保证信息的畅通，政府只有保障公众的知情权、参与权和表达权，及时公开信息，才能切实遏止谣言的传播，化被动为主动，使网民的感性认识直接转化为理性认识，进而有效引导舆论，把握舆论的发展动向，乃至平息舆情。[113]

（三）号召网民自律，加强行业监管，建立责任追究制度

互联网极低的进入门槛加上虚拟性、开放性等特征，以及行业监管力度的极度薄弱，再加上一部分网民阅历和思想认识水平的局限性，使得各种辱骂、诋毁等非理性表达充斥网络，在“真理的自由市场”中，如果“真理”没有足够的时间打败谬论，那么谬论就会占上风，并产生巨大的负面影响力。要有效控制和遏制这种非理性表达的出现和传播，不仅要进行网民素质教育，号召网民的自我

控制，更应该加强行业监管，规范网络舆情发布，并建立责任追究制度，对一些恶意中伤他人、散播虚假信息以扰乱社会稳定的行为予以法律制裁。

（四）建立预防机制

政府相关部门，应该多关注民生民意，采取疏导的方法让网民的利益诉求得到充分表达，也让网民参与监督问题的解决过程，促进民众与政府形成良性互动，及时解决问题，化解矛盾。还应该积极主动地与网民在线交流，了解他们最新的思想动态，认真倾听他们的观点，对于网络存在的一些过激的言论要加以正确分析，在合理的法律范围内保护不同利益群体发表言论的权利，以实现网络虚拟社会的民主和平等，那么舆情发生的可能性就会减少一些。

第七章　提升河南形象传播力的路径选择

所谓形象，是指能引起人的思想或感情活动的具体形状或姿态，它是客观作用于人们的思想领域后，所表现出来的一种外在形式。所谓地域形象，是指一个地区的内部和外部公众对该地区的内在综合实力、外显活力和未来发展前景的综合评价与整体印象。对于一个地区来说，形象就如同人的脸面一样至关重要，它是一种无形资产，是改革开放的助推剂，是经济发展的"原始资本"，是社会稳定的基础因素。一个地区形象的形成和影响，与该地区软硬实力的消长密切相关。一个时期以来，河南形象一度成为社会热议的焦点。当前，在河南经济社会努力实现大跨越发展的关键时期，从新闻传播的角度，分析河南形象的现状，梳理河南形象存在的问题，探索提升河南形象传播力的路径选择，对于河南形象的提升和改观具有重要的意义。

第一节　河南形象的研究现状及问题梳理

提起河南，我们一定会想起她悠久的历史和灿烂的文化，一定会想起河南的国民生产总值，想起河南的粮食总产量，等等。因为我们是河南人，这是我们对家乡的一种感情，但感情并不能代替理智。所谓悠久的历史，并不能说明现实的辉煌；所谓总值、总量，并不能掩盖人均水平的低下。相反，我们探讨河南形象并不能用历史代替现实，用总量掩盖人均，我们必须以一种辩证唯物主义的态度，正视现实。

在中国知网以“河南形象”为主题词，选取“新闻与传媒”学科类别，共有记录398条。其中，核心期刊论文、知名院校的学位论文，以及新闻学专业领域的期刊论文，虽不多，但呈现出逐年递增的趋势，1995年仅有1篇，2012年有39篇，这说明关于河南形象的研究越来越受到重视。同时，总结梳理前人的研究，不难发现，关于河南形象研究主要体系体现在地域文化符号和河南形象塑造两大领域。

认真研读那些核心期刊论文、知名院校的学位论文，以及新闻学专业领域的期刊论文，我们也不难发现，目前存在的影响河南形象的问题，归纳起来可分为以下几类：1. 掺杂使假、坑蒙拐骗的经济案件类。被媒体公开曝光的棉花、食用油掺杂使假和双汇瘦肉精事件即属此类。2. 杀人放火等政治事件类。为了扫除仕途上的障碍而雇用杀手杀掉竞争对手的事件、法轮功痴迷人员在北京自焚事件都属此类。3. 抢劫、绑架等社会治安事件类。军械库枪支被盗、郑州市数家银行被抢、郑州数名儿童遭到抢劫等恶性案件即属此类。4. 矿井瓦斯爆炸、公众活动场所失火的突发事件类。焦作大火、洛阳大火及一些煤矿事故即属此类。5. 官僚主义、形式主义造成的浮夸事件类。河南历史上的粮食产量放卫星，“人有多大胆，地有多高产”在全国影响深远。近年来，虽然浮夸之风没有当时登峰造极，但“干部出数字，数字出干部”的情况仍随处可见、可闻。6. 文艺作品描写落后类。在外省人的心目中，河南人穷、土、脏的形象，在很大程度上扭曲和“妖魔化”了河南的形象。

然而，研究者也发现外界对河南人的歧视大多出现在20世纪末21世纪初。河南形象现状分析《河南人惹谁了》的作者马说在接受《北京青年报》采访时说：对河南人的歧视之所以出现在20世纪末21世纪初这个特定的时代，主要是由于河南人在经济发展过程中与沿海地区和一些大城市拉开了距离。当其他地区已经完成“原始积累”，开始进一步发展的时候，河南大范围的工业化刚刚开始，由河南人组成的“民工潮”也刚刚开始向外涌动。经济发展差距的种种事实竟成了河南人被歧视的依据。

同时，研究者也大都一致认为，河南形象问题既有主观原因也有客观原因,既有历史原因也有现实原因,略其末节,主要取决于生产力发展水平、区域文明程度、特定的发展阶段、公众信息传播不平衡等四个方面。当河南处于“天下之中”,农业发达,商贾云集,洛阳、开封拥有首都或陪都地位之时,其他地方人既不会也不敢歧视河南人,还以能成为河南人为荣呢。但近代以来,河南经常与“水旱蝗汤”连在一起,河南人的优点这才被慢慢遮蔽了。归根到底,河南形象问题实质上是经济和社会发展出现差距的产物。河南形象不好的历史由来已久,可谓冰冻三尺非一日之寒,如不早日改观,势必会影响河南的长远发展和繁荣昌盛。

一、当前提升河南形象的有利因素

河南地处中原,历史悠久,黄河自西向东横贯全省,流入大海。母亲河孕育了灿烂的古代文明:河南既是中华民族的历史文化源头,又是中华民族的祖根所在。电影《手机》中,葛优饰演的严守一一句“要搁在一千年前,你们都要跟我们河南人学说话呢”,道出了河南的历史荣耀,但也遮掩不住昔日辉煌不再的现实。而这也许就是点破河南形象问题的关键所在。对于形象问题,河南人并没有抱怨,而是在暗自发力,着力提升软实力。用文化铸形象,用改革提形象,用稳定护形象,用和谐促形象,打造奋发进取的河南新形象。

十六大以来,中央领导多次到河南视察工作,对河南发展给予了充分肯定和鼓励。俄罗斯国家领导人普京来河南后坦诚评价“如今河南在中国政治经济发展中占有举足轻重的地位”。美国前总统克林顿曾由衷赞叹黄河文明,称在中原大地上生活过的人、发生过的事,曾经塑造着这个国家的精神、这个民族的品格。

最近五年,河南迅速发展成为全国有影响的文化大省,文化产业增加值不到3年翻了两番还多。“中原文化行”系列活动在沿海、港澳、海外劲吹“河南风”;黄帝故里拜祖大典、国际华商文化行、国际老子文化节、固始根亲节等重大品牌节会好戏连连,中原文化活力陡增。

2009年,省委书记徐光春四次赴郑州大学畅谈河南形象,提出我们应全面看待河南形象,辩证看待河南形象,更强调要“用发展赢得尊重,用形象来推动发展”。2010年,省委书记卢展工在第一次与河南在京人员代表座谈时,提出了“普普通通河南人、踏踏实实河南人、不畏艰险河南人、侠肝义胆河南人”这四种河南人形象;在2011年和河南在京人员代表座谈时,又提出“包容宽厚河南人、忍辱负重河南人、自尊自强河南人、能拼会赢河南人”的河南人形象。这八种河南人形象是中华文明发祥地的累积,是改革开放以来河南发展的结果,也可以说是河南人奋斗的形象、发展的形象,但归根到底,是关键在做的形象,做出河南人的精气神。

当前,全国各地都在抓紧时机,全力发展。河南也正面临前所未有的发展机遇,《中原经济区规划》获国务院正式批复、郑州航空港经济综合实验区得到国务院批准建设……全省上下,正在加快推进中原经济区建设,向着全面建成小康社会的目标阔步前进。乘天时,聚地利,秉人和,提升河南形象正当其时。

二、提升河南形象传播力的路径

通过查阅资料和采访调查,最能代表河南形象的文化符号有黄帝故里、殷墟甲骨文、少林寺、包公、龙门石窟、清明上河园、红旗渠、焦裕禄等。但要河南形象更美、更靓,我们还要着力提升形象的传播力。而从新闻传播学的角度分析,打造彰显河南形象的城市名片、打造彰显河南形象的传播通道对于提升河南形象不失为较为正确的路径选择。

在“名”上下硬功夫,打造彰显河南形象的城市名片。

发掘名人。也就是“傍名人”,充分利用名人效应。这里的名人包括历史名人和现当代名人。名人代表的是当地的历史和文化,传承的是当地的精神和形象。以名人打造彰显河南形象的城市名片,就是要将文化名人和名人文化广泛传播开来,弘扬名人的精神,感召世人。有些地方知名度很高,其实,那里的风景比我们的好多地方都差远了。正如焦裕禄之于兰考、二月河之于南阳,都是因现代名人的传播效应而使当地更有名。然而河南有许多名人资源还没有挖掘出来。不过,当地政府现在已经开始注意利用这些资源了。比如,2012 年是杜甫诞辰 1300 周年,杜甫的故乡巩义开展了一系列纪念杜甫的活动。

宣传名胜。名胜包括自然风光和人文景观。中原是中华文明的发祥地,在古代被华夏民族视为天下中心。夏商王朝曾建都于中原的郑州、安阳等地,自汉朝起洛阳、南阳、开封就成为王侯将相建都之地。“一部河南史,半部中国史”,以河南为主要区域的中原地区,历史悠久,文明发展源远流长、博大精深。数千年的文明,遗留下来的文物古迹更是遍布全省,可以说是“伸手摸秦砖,抬脚踢汉瓦”。河南有四大古都和三大世界文化遗产,所以中原地区的名胜数不胜数。龙门石窟、登封少林寺、开封清明上河园、殷墟文化遗址等风景名胜远近闻名。

叫响名产。名产主要是指当地的特产。作为“中国粮仓”的河南,物产丰富,有很多的名优特产。“河南这样的品牌很多,如少林武术河南戏、信阳毛尖南阳玉、洛阳牡丹开封菊、温县山药道口鸡、开封西瓜原阳米、郑州烩面南湾鱼等。”除土特产外,河南还有汴绣、钧瓷、汝瓷、官瓷、唐三彩、朱仙镇木版年画等民间艺术。

举办名会。一个地方要发展文化旅游,一个重要的方法就是要结合当地的文化资源定期办会,举办节庆活动,使人们形成“约会”意识。因此,打造彰显河南形象的城市名片,也要举办一些有名气的节会活动。在这方面,河南一些地方做得不错,如洛阳牡丹花会、开封菊花文化节、新郑黄帝故里拜祖大典、鹿邑老子文化节等。

推出名篇。名篇是文化的承载体,名篇是文化的具象,也就是说文化的具体体现在于名篇的出现。名篇包括文学的、历史的名篇,也包括艺术的、科学的名篇。如在艺术上河南有以宝丰民间演艺、濮阳和周口杂技、豫西社火、豫南民间歌舞等为代表的民俗文化,以及享誉中外的豫剧、曲剧、越调等地方剧种,郑州有《禅宗少林·音乐大典》,开封有《大宋·东京梦华》,濮阳有《水秀·清华》等。一篇《岳阳楼记》千古传诵,使得岳阳楼、岳阳市天下闻名。一部电影《少林寺》,让河南嵩山少林寺从一个默默无闻、青灯古佛的历史遗迹,一跃成为众人慕名而来的文化圣地，这都是名篇的传播力和影响力。

培养名校。学校是文化的摇篮，学校特别是名校所在的地方，会因文明的传播发酵而成为名地。英国的牛津城和剑桥镇，因有了世界著名的牛津大学和剑桥大学，而成为旅游名胜。厦门的集美镇，也是因为有许多学校，而名扬海内外，成为旅游胜地。还有，北京的昌平也是因北京的许多高校进驻而出名。提升河南形象，我们更要引进和培养一批名校，如加大对百年名校河南大学的扶持力度，使其发展成为享誉海外的知名院校。

在"媒"上加大力度，打造彰显河南形象的传播通道。

报纸传播。以政府为主体的城市形象传播自然会把党报作为其主渠道和主阵地，因此，报纸特别是各级党报在城市形象传播中发挥着重要作用。如《河南日报》最近推出的"新九论""三十谈"，特别是"三十二谈"，是河南 32 个具有发展特色的县、市形象的集中展示，营造了热烈的宣传声势，形成了强大的舆论合力，在全省上下乃至全国引起了强烈反响。都市报在城市形象传播中也发挥着独特作用，如《大河报》的《厚重河南》栏目，已开办 10 年之久，栏目文章对河南厚重的历史文化进行新闻的观照，对河南的历史文化进行了深度的挖掘和传播。

电视传播。作为城市形象传播的主要平台，电视有着它独特的作用。如河南卫视的定位是文化河南、文化卫视，以文化为定位，打造出一批文化栏目，更有效地以电视节目带动中原经济区城市形象的传播。如河南卫视的《武林风》《梨园春》《华豫之门》等节目，还有最近推出的姓氏文化栏目《知根知底》、大型纪录片《河之南》等，都很好地彰显了河南的地方特色和优秀文化，娱乐方面的《你最有才》也是河南卫视独具匠心的一档节目，在全国也颇有影响，这种节目能够打造我们中原自己的本土明星，这些明星走出去，同样会对中原经济区的城市形象传播造成影响。

出版传播。用文字为自己呐喊，一本好的杂志或者是一本好的图书对一个城市形象的传播影响是无限的。书与电视和网络相比，其最为突出的优势就是可保存性，书中的文字或者图画不会随着读者的浏览而消失，再次翻阅的时候文字仍然是那样的文字，甚至会收到历久弥新的效果，中原作家群的一些小说对河南文化的传播，影响是巨大的，也是持久的。

网络传播。最近网上热播的河南形象宣传片《河南形象之十二生肖》几乎涵盖了所有的河南形象符号，且以其鲜明的传播特点和传播特色迅速在网上传播，广受公众好评。这也充分说明，全媒体时代，提升河南形象更要注重发挥网络传播的有效作用。

能承载多少历史，就能开创多少未来。提升河南形象，河南人怀着平常之心，坦然处之，既不妄自菲薄，也不沾沾自喜；怀着珍爱之心，倍加珍惜，既细心呵护，又用心培育；怀着进取之心，永不懈怠。千形象，万形象，发展才是硬形象。当河南经济社会各方面实现跨越式大发展，加之我们人人担当维护形象责任、人人做河南形象使者、人人为河南形象增辉，河南形象之改观自然水到渠成。

附录

河南古都：开封、洛阳、安阳、郑州。

中国书法名城：开封、安阳、平顶山。

中国民间文化之乡：中国杜康文化之乡——河南汝阳、中国太极拳发源地——河南温县、中国木兰之乡——河南虞城。

河南特产：原阳大米，新郑大枣，开封、中牟西瓜，杞县、中牟大蒜，信阳毛尖。

河南风光：中国最美的地方——洛阳嵩县白云山森林公园、万山之祖——嵩山、国色天香——洛阳牡丹、开封——清明上河园、嵩山少林寺、信阳鸡公山。

物质文化遗产：龙门石窟、安阳殷墟、二七纪念塔、大河村遗址、登封观星台、白马寺、少林寺、汤阴岳飞庙。

非物质文化遗产：少林功夫、唐三彩、豫剧、陈氏太极、马街书会、朱仙镇木版年画、河南坠子等。

优秀作品：豫剧《朝阳沟》《程婴救孤》、舞剧《风中少林》《大宋·东京梦华》等。

历史名人：老子、孔子、张衡、张仲景、杜甫、韩愈、白居易等

“感动中国”人物：任长霞、洪战辉、魏青刚、谢延信、武文斌、李隆、李灵等。

外媒评20大中国文化符号：汉语、北京故宫、长城、苏州园林、孔子、道教、孙子兵法、兵马俑、莫高窟、唐帝国、丝绸、瓷器、京剧、少林寺、功夫、西游记、天坛、毛主席、针灸以及中国烹饪。[114]

第二节　少林功夫国际传播历程

1979年4月11—20日，应中日友好协会的邀请，以宗道臣为团长的一行6人第4次访华，其间到嵩山少林寺拜访。4月19日的《人民日报》登载了《廖承志副委员长宴请日本友人》的报道；中国月刊杂志《人民中国》第6期刊登了《少林寺拳士回归故里》的文章。1980年4月，日本少林拳法联盟由宗道臣带领，再次拜访少林寺，并在少林寺碑林里竖起一座“日本少林拳法开祖宗道臣大和尚归山纪念碑”。至此，嵩山少林寺与日本少林拳法联盟的关系得以正式确立，少林功夫国际传播和少林寺一起掀开了崭新的一页。宗道臣1979年拜访少林寺的确可以作为少林功夫国际传播的重要节点，甚至可以看作是转折点。[115]

从此以后，少林功夫的国际传播开始逐步有序、系统起来，在质量和规模上都有了大发展。中国政治、经济、文化的繁荣开始能够为少林功夫国际传播提供有力的支撑。被认为对少林功夫国际传播产生重大影响的电影《少林寺》与宗道臣也有着重要的关系。一方面，电影《少林寺》的拍摄得益于廖承志与日本少林拳法联盟的接触和支持；另一方面，电影《少林寺》“受到日本少林拳法联盟的热烈欢迎，宗道臣购买了《少林寺》在日本的放映权，在日本引起轰动，再由日本媒体大力宣传，该片迅速扩展到东南亚、欧洲、美国和全世界，受到内地、台湾乃至世界各国的热烈欢迎……”。正如阿德所说：“20世纪70年代末期，伴随着来自东瀛日本的‘少林拳法联盟’

会长宗道臣大和尚率团拜访少林寺,少林寺及少林功夫拉开了对外交往的序幕。”[116]因此,我们判定少林寺与日本少林拳法联盟的接触是少林功夫国际传播的现代起点。

一、少林功夫现代国际传播历程的阶段特征

表7-1 《禅露》杂志所记载的1979—2011年少林寺外事活动次数统计表(待续)

年度	亚洲国家		欧洲国家		美洲国家		大洋洲国家		非洲国家		国际组织
	来访	出访	来访	出访	来访	出访	来访	出访	来访	出访	来访
1979	1										
1980	1										
1981	1										
1984	1				1						
1985					1						
1987	2										
1988			1								
1990	1	1									
1991	2				1						
1992		1									
1994	1	3		3							
1995	2	1			1						
1996	13	3	1		1		1				
1997	16	2	8	1	3				1		
1998	10	2	4	2	2				28		1
1999	15	2	4	3	3		2		1		
2000	20	3	18	2	4			1			
2001	12	2	8	2	6			1			
2002	16	2	16	2	1	2	2	1	1		
2003	5	3	2	1	3	1					1
2004	10	1	5	2	3	2	2		1		
2005	9	1	3	2	6	1	1	1	1		
2006	8	3	6	5	11	3	2	1	1	1	2
2007	7	1	7	2	4	1	2		1	1	1
2008	4	2	5	8	7	5	3		1	2	
2009	3	1	3	1	5	2					1
2010	6	4	5	2	2	1	2			1	
2011	8	3	6	3	2				7		

《禅露》是少林寺内部发行的刊物，每一期均有“大事记”。表7－1是根据“大事记”所载进行的统计数据。但是释永信方丈认为，这一组数据远远不能说明少林寺国际交往的频次。从在少林寺多次调研所观察的情况看，仅外宾游览参观的人数就是十分惊人的。为此，有必要辅以“海内外游客统计表”。

表7－2　登封市2000—2011年旅游接待海内外游客统计表（万人次）

年度	入境游	国内游	接待人次	备注
2000	3.8	134.2	138	
2001	4.2	164.8	169	
2002	5.3	182.3	187.6	
2003	2.2	119.2	121.4	非典
2004	8.2	229.8	238	
2005	11.62	308.38	320	
2006	16.2	396.6	412.8	
2007	18.9	582	600.9	
2008	20.08	626.12	646.2	
2009	19.49	650.51	670	
2010	19.8	696.3	710.5	
2011	21.6	746.6	768.3	

注：①资料来源：登封市旅游局。

②经比较发现，该列表中关于2006年的数据与王龙飞的博士论文《文化社会学视野下武术在登封的存在与发展研究》中所登录的数据有出入。王龙飞论文中的3个对应数据分别为：16.32、396和413。

据登封市旅游局的有关负责人介绍，到登封市旅游的海内外游客几乎都是冲着少林寺去的，因此，该数据基本上可以认为是少林寺每年接待的海内外游客的人数。但是笔者通过详查少林寺资料，认为《禅露》所载信息同样具有较高的价值。

综合来看，少林功夫现代国际传播历程可以分为3个阶段。

（1）起步阶段（1979—1988年）。这一阶段的主要特点是交流形式全部为来访，以日本少林拳法联盟的交往最为突出。

（2）发展阶段（1989—1999年）。该阶段的主要特点首先表现为少林寺开始努力向海外推广少林功夫。如1990年和1992年的出访分别是应日本武术协会和韩国大韩武术协会的邀请,并分别在南韩学校、东京杏林大学、汉城奥林匹克运动中心、釜山体育馆等处表演了少林功夫。从表7-1看,这一阶段少林功夫的影响日渐扩大。

(3)腾飞阶段(2000年至今)。1999年,释永信荣升为少林寺方丈,随即开始朝着“深山藏古寺”的目标打造少林寺。到2002年,少林寺景区改造基本完成,诸多的武术学校搬出景区。与此同时,与海外的交往次数急剧增加,交往国家的分布范围逐渐扩大,与亚洲、欧洲和美洲(以美国为主)国家的交往占据核心位置。需要提及的是,从表7-2来看,2008年以来,在国内游持续升温的情况下,登封市的入境游人数连续4年稳定在20万人次左右。

二、少林功夫现代国际传播方式分析

表7-3 少林功夫主要传播方式及典型事例一览表

序号	类别	事例
1	官方传播	中国国务院新闻办公室“感知中国”系列活动 1991年开始举办中国郑州国际少林武术节
2	常驻院和寺僧直接传播	1979年接待日本少林拳法联盟会长宗道臣
3	下院及海外中心传播	2012年6月2日,奥地利少林文化中心举办“开放日”活动
4	学校传播	1998年少林塔沟教育集团设立少林武术国际教学中心 2010年以来少林寺、河南大学和美国体育学院拟建立国际学院
5	文化作品传播	1982年电影《少林寺》上映
6	其他活动	2004年,美国加利福尼亚州把每年的3月21日定为“嵩山少林寺日” 2005年举办首届“中国功夫之星”全球电视大赛

对于传播方式的分类,我们尽量秉持逻辑学上的“子项不兼容”原则,但是无法尽除子项内部的细微交叉。比如学校传播过程中免不了有文化作品的辅助,常驻院与海外中心也时有交叉。但是大体来说,表7-3中的类别分为两种类型:第一种是官方传播,第二种是非官方传播(序号2—6中所列内容)。

(一)官方传播

尽管访谈的过程中始终能听到对政府部门的怨言,但是政府在少林功夫国际传播的过程中所起的作用不可小觑。研究发现,政府的作用主要体现在两个方面:管理和组织。

政府的首要责任是管理。尽管这不是直接传播,但是对于国际传播的影响直接而深远。如登封市2007年4月颁布了《登封市人民政府关于加强少林武术涉外管理的通知》,要求任何单位和个人未经登封市人民政府批准和该市外事侨务办公室、体育、宗教局的联合同意,不得以“少林功夫”“少林武功”名义或“少林寺”“少林僧人”“少林武僧”等宗教名义组团出国(境)进行少林武术表演、竞赛、交流、访问等活动。

当然官方的作用并不限于此。有时候政府会直接出面组织对外交流,如2002年3月28日—4月8日,由释永信方丈带队的少林寺武僧团随国家文化访问代表团赴韩国、日本,参加2002年中韩建交10周年、中日邦交正常化30周年系列活动。当下影响较大的一个官方活动是中国国务院新闻办公室1999年开始组织的“感知中国”系列活动。“感知中国”是中国国务院新闻办公室在世界各地组织的一个品牌活动,其目的是通过文化活动,增进各国人民从多方面、多层次对中国的了解和友谊。[117] 在“感知中国”活动中,少林功夫是一个重要内容,如2006年的韩国行和南非行、2007年的墨西哥行、2008年的中欧三国行、2009年的以色列行、2011年的印度尼西亚行,少林功夫都是作为主题活动参与其中的。

以政府力量为主导组织的国际赛事是少林功夫国际传播的一个重要载体,其中最具影响力的是中国郑州国际少林武术节。中国郑州国际少林武术节经历了三个阶段的发展。第一个阶段是1988—1990年。借嵩山少林武术馆开馆的契机,河南省旅游局连续举办了三届“国际少林武术表演邀请赛”,规模从8个国家扩展到13个国家。这三届赛事可以看作是中国郑州国际少林武术节的前身。第二个阶段是1991—2001年。这期间共举办七届中国郑州国际少林武术节,参与国家数从14个增加到26个。2001年以后,世界传统武术节取代了中国郑州国际少林武术节。世界传统武术节自2004年和2006年在郑州举办了两届以后，第三届和第四届转移到了湖北十堰。针对这种状况，2010年中国郑州国际少林武术节涅槃重生，成功举办了第八届，进入第三个发展阶段。第九届中国郑州国际少林武术节于2012年10月如期举行。本届武术节迎来了73个国家和地区195个团队的1500多名运动员。

（二）常驻院和寺僧的直接传播

毋庸置疑，无论下院、海外中心、武校等如何高举“少林功夫”的旗帜进行国际传播，他们都会毫无例外地将少林寺常驻院作为“少林功夫”的根基所在。这可以从众多组织或团体的归山拜祖事件中略现端倪。

正是由于少林寺释永信方丈对少林功夫传承人必须在少林寺的坚持，使得少林寺常驻院和少林寺僧人在少林功夫国际传播中所起的作用无可替代（力量不是最大，次数不是最多，但是旗帜作用无可替代），为少林功夫的可持续发展奠定了坚实的基础。从笔者所做的统计中看，常驻院和寺僧对少林功夫的直接传播主要有4种类型：（1）接待海外客人。少林寺在接待国际友人的经历中最耀眼的一次是2006年的普京来访。细查可以发现，到少林寺拜访的各国高层大部分都会观摩武僧团的表演。（2）武僧团海外演出。近年来少林寺开始在“功夫”的背后增加更多的艺术品质。如2000年以前武僧团外出多为参加年会、纪念活动、文艺汇演等，而在2000年以后开始与影视公司、演艺公司合作量身打造少林功夫舞台剧，如《少林雄风》《生命之轮》。（3）海外支教。2008年3—6月，少林寺委派延林、延宇、延侗3位法师到马拉维“阿弥陀佛关怀中心”进行了为期3个月的访问教学。[97]（4）接受海外弟子到寺院学习。2011年和2012年少林寺迎来了喀麦隆、乌干达、加蓬、科特迪瓦、刚果（布）的10名非洲弟子，少林寺将免费为他们提供3年食宿，以帮助他们学习少林功夫和文化。

一个值得关注的现象是，少林寺也在利用新媒体进行传播。笔者对少林寺的微博情况进行了统计。新浪有两个少林寺官方微博的实名认证。其中用户名为"少林寺"的微博,截至 2012 年年底,有粉丝 4000 多人,发布微博近 1700 条。另有实名认证为"少林寺官方网站"的微博,截至 2012 年年底,有粉丝 6 万多人,发布微博近 4000 条。"少林寺官方网站"微博还建立了名为"少林大家庭"的微群,有成员 1000 多人,设置了"少林功夫""素食养生"等群内话题。有些话题是根据少林寺的相关活动设置的,比如"机锋禅辩"法会等。此外,实名认证为"少林寺藏经阁"的新浪微博也有粉丝 1 万多人。据笔者了解,少林寺很多僧人都开通了新浪微博,其中影响较大的是用户名为"少林弟子释小松"的微博。释小松是少林寺武僧团的最小武僧,有粉丝 21 万人。由此可见少林功夫对网友的吸引力还是比较大的。

(三)下院及海外中心传播

近年来,随着少林寺下院和海外文化中心的不断完善和增多,其对少林功夫国际传播所起的作用不容忽视。关于少林寺下院国际交往的记录可以在各下院网站[118]及少林寺的纪事中找到,其传播的内容、方式等与常驻院基本相同,且往往借助于常驻院的力量或影响来扩大传播的影响。而少林寺海外文化中心虽然近似于下院,但由于各中心之间差别较大,难以统计。

日本少林拳法联盟和美国少林拳法联合武馆是比较典型的两个海外中心。有关资料显示:"目前,日本少林拳法联盟在日本拥有 2800 个支部,注册会员 140 万人,每天练拳人数约 11.5 万人,其中男子约占 84%,女子约占 16%。日本少林拳法联盟在日本不断壮大后,逐步发展到国外,形成了日本少林拳法世界联盟,目前已有 28 个国家加入了该联盟,在国外有 400 个支部,会员有 20 多万人。"[119]"美国少林拳法联合武馆是美国最大的一家武术组织,也是美国最大的一家武术上市公司,下属 140 余家武术院馆,在校学生 4 万人,会员 10 多万人。"[120]然而这些海外中心与少林寺的关系整体上是比较松散的。2006 年 7 月 5 日的《大河报》记录了美国少林拳法联合武馆负责人延谛(Steve Demasco)的一段话,从中可以看出两者之间的关系。"延谛说,他和延灯(Charles Mattera)都已经习武 30 多年了，从习武开始的那一天，他就梦想着能来到嵩山少林寺朝拜，自从1997年第一次与释永信大和尚会面以后，方丈给了他许多荣誉，任命他为少林寺武术的文化大使，允许他们在美国宣传少林功夫，又亲收他们两个做弟子，这是莫大的荣誉。”[121]事实上，在海外还有诸多的“不被允许”的组织以“少林寺”的名义在从事商业活动。“仅在美国西海岸就有3所‘少林寺’；在欧洲，奥地利首都维也纳和匈牙利首都布达佩斯都有‘少林寺’。而这些‘少林寺’跟嵩山少林寺无任何关系。”[122]

（四）学校传播

总体而言，包括河南大学体育学院、郑州大学体育学院，以及各大体育院校在内的高等学府在少林功夫国际传播的过程中都起着积极的作用，但是少林功夫借助学校进行国际传播的核心载体是登封市几十所武校。因此，本文重点对武校进行分析。

武校传播的主体是围绕少林寺在登封市设立的武术学校，如少林塔沟教育集团、少林鹅坡教育集团、少林寺释小龙武院、少林寺武僧团培训基地等。这些学校在历史上都与少林寺有渊源，且随着市场需求的逐渐扩大已经发展为集国际教育、对外表演、科学研究于一体的少林功夫基地。如2012年6月24日下午，鹅坡弟子曹帅、未利杰和柴云龙就作为代表团成员随温家宝总理出访阿根廷[123]。少林塔沟教育集团的学生更是多次参与国际性文化交流活动，如雅典奥运会闭幕式、北京奥运会开闭幕式、上海世博会开幕式、广州亚运会开幕式上少林塔沟教育集团学生的武术表演。下面本文以少林寺释小龙武院为样本来梳理一下武校在少林功夫国际传播方面所做出的努力。

据《中国嵩山少林武术学校志》记载，为了避免“很多游客慕名少林武术千里迢迢来到少林寺，看到的是一座残破的寺院和古代武僧练功时留下的坑印，却没有少林功夫的一点踪影”[124]的遗憾，1980年4月，诞生了一支少林武术表演队。随着咨询习武的游客人数增多，表演队于1980年10月在少林寺寺院东100米处成立了登封县少林寺武术学校，即少林寺释小龙武术学院的前身。由于是在表演队的基础上发展起来的,因此释小龙武院在2002年从少林寺景区搬迁出来以前一直肩负着为海内外游客表演的任务。随着释小龙武院办学规模的扩大,传播少林文化的责任也随之增加。1999年以前,释小龙武院“先后接收了来自日本、美国、德国、法国、俄罗斯等9个国家的30多名洋弟子。他们有的在这里两年,有的在这里仅一周”。[125]2000年以后,释小龙武院国际传播的形式、内容和数量都有所提高。在形式上,除了传统的长短期教学外,派教练出外执教、与演出公司合作舞台剧、与电视台节目组出国访问等也开始增多。如2003年释小龙武院毕业生王世英受国家体育总局委派到缅甸帮助组建国家散打队,2004年执掌国家散打队教鞭,并于2004年8月12日率队回到释小龙武院交流。2007年8月24日,受越南国家体育总局邀请,武院派出孙帅锋和桑平理2人赴越南进行为期半年的少林武术交流活动。2008年3月16日,武院李俊佳、赵利、王少帅、朱志成、陈达5人随郑州奇步文化传播有限公司赴瑞士进行为期半年的武术文化交流活动。2009年6月17日,武院表演团教练高阳率14名团员赴土耳其进行为期3个月的武术文化交流活动。在内容上,释小龙武院积极响应登封市体育局的号召,改变过去传授“少林拳”单一拳种的做法,在“天下功夫出少林”的基础上,努力形成“天下功夫聚少林”的内容格局。在数量上的变化最为明显,1999年以前,释小龙武院仅招收过“30多名洋弟子”,而在2012年,仅暑假期间,到释小龙武院进行短期培训的海外学员就将近1000人。

调查发现,各武校尽管名称上都使用“少林”或“少林寺”的字样,甚至很多学校的名誉校长是释永信方丈,并且都以传播少林功夫为主要内容,但是在关系归属上都是独立单位,和少林寺并无关系。笔者在调研期间问释永信方丈,为什么允许那么多的武术学校使用“少林寺”的字眼?释永信方丈微笑着说:“这样可以使登封保持一个较好的少林武术生态系统。”在经过了大量的实地考察后,笔者才发现这一生态系统的重要性。

首先,拳以寺名,寺以拳显,各武校尽管在管理和经济上独立,但是在传播少林功夫这一点上是相通的。面对巨大的海内外市场需求，仅仅依靠300多人的少林寺僧（其中包括100多沙弥）的力量是远远不够的。佛家讲普渡众生，作为禅武的少林功夫能够在一个更为宽阔的场域中发展，符合少林寺传播少林文化的初衷。其次，少林寺不仅是少林功夫的所在地，更是禅宗和律宗的祖庭。因此传播少林功夫仅仅是少林寺发展的一个方面，其最重要的关注点应该是在佛教传播上。正是基于这一考虑，少林寺对少林功夫的定位与各武校的定位就有了差别。在释永信方丈看来，“少林功夫走的是文化遗产的路子”[126]。而在各武校校长看来（有些校长认为应该称为少林武术），“少林功夫首先是体育运动项目，应该在国家体育总局的指导下发展”。由此可见，求大同存小异应该是释永信方丈在维持登封市少林文化生态环境中的“慈悲胸怀”。

（五）文化作品传播

文化作品传播的价值在1982年版的《少林寺》电影上得到了最好阐释。有意思的是，拍摄电影存在资金短缺问题促使了影片第一时间传播到海外。因为资金短缺，需要向海外预售影片的放映版权。“得到消息，前来洽购的国家很多，日本是最早谈定并支付款项者之一，支付金额35万元港币。[127]”（后来又追加70万元港币）“《少林寺》放映之后，百万中外游客蜂拥至河南登封。”[128]《中国嵩山少林寺武术学校志》也记载：“1982年，《少林寺》电影放映后，全国各地掀起了一股爱武习武热潮，大批的武术爱好者慕名来到了少林寺，使往日沉寂的少林寺一下子繁荣热闹起来，这也是少林寺武校人数快速飞涨的原因。”[129]

2011年署名飞鸿黄的《万片归宗一少林》一书引起了较大反响。该书不仅对耳熟能详的《少林寺》（1982年）、《少林小子》（1984年）、《南北少林》（1987年）、《少林足球》（2001年）、《新少林寺》（2010年）等电影进行了详细描述和深度剖析，还对少林舞台剧和电视剧进行了综述。据该书统计，与少林功夫有关的电影自1974年至今“足足有数百部之多，形成了中国武侠电影，甚至整个中国电影历史上绝无仅有的泱泱奇观”[130]。

另外一个通过文化作品传播的渠道是学术研究。1995年，中国嵩山少林寺建寺1500周年国际学术研讨会召开;2003年4月,少林功夫国际学术研讨会召开;2006年6月,元代佛教与少林寺国际学术研讨会召开。这些由少林寺牵头主办的国际性学术会议对于扩大少林寺的国际影响具有重要价值。除此之外,少林寺还根据自身特点参与其他学术交流活动,如2002年12月,"人类口头和非物质遗产抢救与保护国际学术研讨会"在北京举行,会上释永信方丈作了题为"在文化全球化、标准化浪潮中少林功夫的保护和振兴"的演讲;2004年11月,释永信方丈和河南省文化厅副厅长谢文明一起出席"非物质文化遗产保护国际学术研讨会",谢文明在会上作了题为"少林功夫传承的危机与保护"的发言。学术作品是学术研究的重要载体,笔者通过Academic Search Premier;CINAHL with Full Text;ERIC;MEDLINE with Full Text;Psyc INFO和SPORT Discus with Full Text等6个数据库,在篇名中输入检索词shaolin,共得到书籍和学术论文176篇(1976—2012年)。由此可以看出,少林功夫通过学术载体在海外有了一定的传播,但是力度还不够大。

(六)其他传播方式

作为一个系统的存在,其与社会的交往也是多方位的。除了通过国际赛事、武僧团、海外中心、学术会议和文化作品等积极地传播少林功夫外,少林寺还会利用其宗教属性的社会影响开展对外文化传播,如邀请海外高僧主持大型法会活动、开展全球慈善拍卖活动、举办"中国功夫之星"全球电视大赛等。值得关注的是,由于释永信方丈任中国佛教协会副会长,又是全国人大代表,因此有机会凭借个人影响扩大少林文化的传播方式。如在备受国内外关注的全国人大会议上,释永信方丈多次就"少林文化的保护与传承"进行提案。

三、少林功夫国际传播的内容

(一)禅武一如

2005年年末,中国社科院世界宗教研究所和中国嵩山少林寺联合举办了"少林学"学术研讨会,楼宇烈在发言时说:"我刚才提到的禅武合一,如果深入研究的话,我想单讲合一还是不够深刻,是不是在进一步研究之后,我们可以发现里面禅武一如,或禅武一味。”“一如”是佛教用语。《首楞严三昧经》说:“不二不异,名曰一如。”具体到少林功夫则是表明其追求身心自在的禅武文化,即尽管以身心解脱或者涅槃为最高境界,但是却不把它看作高不可攀的彼岸世界,而是要在现实生活中体悟内在超越。

《坛经》有云:“我此法门,从上以来,顿渐皆立无念为宗,无相为体,无住为本。何明无相?无相者,于相而离相。无念者,于念而不念。无住者,为人本性,念念不住,前念、今念,念念相续,无有断绝;若一念断绝,法身即离色身,念念时中,于一切法上无住,一念若住,念念即住,名系缚;于一切上,念念不住,即无缚也。此是以无住为本。”显而易见,禅宗并非强调一切皆空,而是否定一切执着。少林功夫正是将“无念”“无相”“无住”的法门运用到招式演练之中,武才有了禅的味道;同样,少林僧人正是通过身体活动来体悟“无念”“无相”“无住”的法门,禅宗才实现了作为人间佛法的精神跨越。所以《易筋经》就说:“能清虚则无障,能脱换则无碍。无碍无障,始可入定出定矣。”“设如杂念纷纭,弛想世务,神气随之而不凝,则虚其揉矣,何益之有。”

正是秉持着禅武一如的精神内核,真正的少林功夫在面对世间万象时才能够做到“自性常清静”。众所周知,近代以来武术的发展所走过的是一条“标准化”的道路:“1928 年,民国政府成立中央国术馆,参照西方体育竞赛规则,举行全国国术考试……1958 年,国家成立中国武术协会,颁布《武术比赛规则》。1959 年,武术在第一届全国运动会上成为正式比赛项目。1990 年,武术正式成为亚洲运动会比赛项目。”[131]即便是学界,如果说“宏观武术”还有着中国传统哲学的思想基础,那么从中剥离出来的竞技武术则完完全全成了竞技体育的附庸,必须要符合“更快、更高、更强”的一般规律。“既然‘更快、更高、更强’是竞技武术技术发展的一般规律,在竞技武术的发展过程中它体现为‘难、高、美’,那么在竞技武术的套路运动中保留武术原来的技击特点,就会受到一定的制约。这是一个两难的问题,要么武术不向竞技体育的方向发展,要么就必须从武术固有的东西中有选择地进行舍弃，除此以外，别无他途。到今天，我们不得不承认武术的技术特点最终已成为竞技武术套路的点缀，这是一个令人十分无奈却又不得不面对的结果。”[132]而在释永信方丈看来，“武术不是单项性的竞技……武术比赛追求踢得高、旋转圈数多，实际上是违反武术最基本的原则的”[133]。少林功夫讲究“短小精悍”“朴实无华”，一个重要的技术特点就是“踢不过膝”，这些表征如果拿到竞赛场上去衡量显然是无法满足观众需求的。所以在这个意义上禅武一如的少林功夫不是搏击、不是比赛也不是表演，而是直指强身防身、御敌制敌的平凡世界。

（二）少林功夫国际传播过程中对禅武一如的表达

2000 年中国对外演出公司与少林寺共同打造了一部舞台剧《少林雄风》。该剧以一个小和尚对少林禅武的发问拉开序幕，通过“春绿、夏红、秋黄、冬白”的四季变换来展示少林武僧的寺院生活，最后以老和尚的回答作为结束。全剧将禅与武的阐释放在了主线位置，耐人寻味。同年，英国 3A 公司和美国好莱坞环球影业公司联合拍摄的少林功夫舞台剧《生命之轮》在全球发行。该剧讲述了少林寺在遭遇变故之后，僧人们是如何通过少林功夫的传承来诠释生命轮回的。2008 年，少林寺和英国古典剧院联合制作了舞台剧《箴言》。该剧没有一句台词，却通过武僧与生灵的关系充分表达了人类与大自然之间相互依存、互为因果的精神与力量联系。2012 年，少林寺精心打造的另一部舞台剧《风中菩提》也已巡演。该剧试图告诉人们，“只有超越自我，回到生命之初，才能拥有源于内心深处的快乐和满足；只有在风云变幻中始终保持那份菩提之心，拥有那份包容和真善美，才不会迷失自己”[134]。

除通过实践来表达禅武外，少林寺近年来也开始注重理论构建。具体表现为：

（1）积极利用出访机会进行演讲。如：2008 年 6 月 1 日，释永信方丈带领僧人们参加罗马中国艺术节时，发表了《禅武合一的成就之道》的演讲；2011 年 9 月 16 日，释永信方丈在韩国安养大学作了题为“少林文化禅和武”的演讲。（2）出版大量的研究成果。如：少林书局出版的《少林功夫》、《少林功夫文集》(1、2)、《少林学论文选》;通过其他出版社出版的《少林寺武功秘籍》(十卷本)、《功夫少林》(系列丛书)、《少林传统功夫系列DVD》等。(3)构建"少林学"学术体系。"2002年以来,少林寺借启动少林功夫申报'人类口头和非物质遗产'工程的机会,对少林寺文化形态、内涵及历史、现状,进行了一次较为全面的审视和梳理,使我们对少林文化的当代价值及其未来发展,有了进一步的理解和把握。"[135]在此基础上,少林寺与中国社科院于2005年联合举办了"少林学"学术研讨会,使得"少林学"学术体系构建迈出了重要一步。

尽管我们完全可以认为少林功夫就是禅武合一,但是这一内涵总要通过僧人们在一招一式中表现出来。从目前的少林功夫表演看,僧人们有意识地增加了诵经表演,不过禅武的真正内容却孕育在无意识的行为中。试举一例:双手合十。做双手合十已经是僧人们的习惯性动作,很多研究将其作为少林僧人的礼仪行为。可是我们在很多拳法演练中也可以看到这个动作,如罗汉拳第一式就是双手合十,少林护手钺中有童子拜佛的动作,少林烧火棍的歌诀中有"韦陀合十拜观音"等。事实上,这个动作有着深厚的佛学意义。双手合十是指合十法界于一心。就是说,在练习或修行的过程中,要跳出天地之外,寻求内心的宁静,契合了见性成佛的基本教义。

四、少林功夫国际传播的建议

(一)拓展教育渠道,注重人才培养

通过调研发现,少林功夫国际传播所面临的最大障碍是人才的匮乏。多个僧人对笔者提及:"如果给师父(释永信方丈)说想读书、进修或上学,师父就会很开心,总是给予最大的支持。"释永信方丈也多次就僧人的教育问题提出自己的看法:"重视修持,重视戒律,重视僧人整体素质的普遍提高,才是当前佛教发展重心之所在。"[136]"现在大家都感叹佛教界人才缺乏,人才培养是佛教界的当务之急。但我认为佛教界人才缺乏的最重要原因之一,正是佛教界僧人群体素质普遍较低造成的。"[137]

就少林功夫国际传播而言，人才的匮乏主要体现在武僧们难以将“禅武”和“传播能力”合而为一。少林寺不乏禅学高僧，也不乏功夫高僧，但是能够熟练地使用一门外语将“禅武”精神传播出去的僧人远不能满足需求。正如法宝法师2012年8月18日晚在少林寺的讲座中所说：“如果说少林文化的国际传播有什么挑战的话，传法人的素质应该是第一位的。显然，不能用汉语给欧洲人传法，要对法国人说法语，对德国人说德语。”而就笔者对少林寺武僧团100余名僧人（沙弥）的了解来看，能够达到这种要求的屈指可数。少林文化学院负责人延芷法师对笔者讲：“很多僧人出国演出，由于语言不通，常常背负着较大的思想包袱，所以少林武僧在出国支教方面受到很大局限。”在这种情况下，为了更好地传播少林功夫，少林寺才为10名非洲弟子提供3年的免费食宿让他们来寺院学习（之前，少林寺曾经派武僧到非洲支教，但是由于语言障碍，效果不理想）。可是即便如此，我们也无法期望在少林寺就可以使用汉语向他们传播禅武精神。事实上，在面对外国学员时，不少武僧教练的确是这么做的。

显而易见，这种“沉默的传播”或许可以引导海外弟子模仿少林功夫的一招一式，但是却无法让他们体会这一招一式的内在奥妙，更不要说让他们体悟“禅武一如”的至高境界。针对这种情况，少林寺在近年来做了大量的工作，其中包括将相当一部分僧人送到新加坡、斯里兰卡或中国香港等地去学习。最具有突破性的一个举措是少林寺、美国体育学院和河南大学的合作，三家正在积极筹备创建少林国际武术学院。然而笔者认为最核心的工作还要从少林寺本身做起，即回到佛陀最初对寺院的定位上：寺院是一所学校，僧人是教育者。[138]翻阅佛教中国化的历史，佛陀的这一传统印迹分明，嵩山少林寺和西安慈恩寺都曾是翻译佛经、研究佛学的道场，唐代神秀、元代福裕都是国师和皇家顾问。

然而，在寺院普遍地与学术分离、与大众分离，甚至与僧人分离并最终演变成博物馆或旅游胜地的今天，要想将只有300多僧人且要应对繁杂的内外事务的少林寺变成一所学校或一个研究机构，是一件艰辛而漫长的工作。但也只有这样，人才才不会匮乏，少林功夫和少林文化的可持续发展才会有基本保障而不是昙花一现。笔者认为，要实现这一目标，需要走好以下三步：(1)走出去和请进来并举。走出去即送僧人出国深造；请进来即为少林文化学院(负责沙弥和僧人的日常教育)制定系统的文化教育体系，并结合该体系配备师资。在这个过程中，加强管理是至关重要的，要通过制度建设促使武僧拿出"练武"的精神来"练文"。(2)建立与海外文化中心的人才轮换制度。目前，少林寺与海外文化中心的关系还多处在"归山—认可"的层面上。因此，在第一个阶段运作的同时应加强与海外文化中心的深层合作，并逐步建立与各海外文化中心的人才轮换制度，最终培养具有国际视野和国际水准的少林僧才。(3)将寺院建设成一所研究机构，建成一所关于佛学教育、禅武教育，并最终教育社会普渡众生的学院式寺庙。

(二)明确推进区域，确立传播战略

少林功夫尽管已经开启了向全球推广的目标定位，但是在目前条件下，无论是少林寺的人力、物力，还是国际社会的文化、政治、经济环境，都不能够支撑少林文化传播的全球布局和实践。因此，明确重点推进区域，确立最优推进战略是少林功夫国际传播的重要议题。

从少林功夫的佛教背景看，日本、韩国和越南的佛法传入经由中国而来，同属于汉传佛教体系，且这些国家的文化深受中国的影响，因此对"武之禅"的接受度应该最为容易。斯里兰卡、缅甸、泰国、柬埔寨等属于南传佛教(我国常称之为小乘佛教)，但总有佛教的传统存在，因此在与少林寺的交往上也较为频繁。印度虽然是佛教的发源地，且欧美学者的佛教研究也往往以印度佛教为根基，但是佛教在印度早已成为过去式。值得关注的是，随着佛教在国际社会的大发展，印度也开始认识到佛教的多重价值，并开始试图在精英阶层寻求佛教的涅槃之路。佛教在欧美的发展虽然是从 19 世纪才起步，但又可以分为两个阶段：20 世纪 70 年代以前，欧美佛教研究的重心在欧洲；20 世纪 80 年代以来，美国逐渐成为佛教研究的重镇。尤为重要的是,随着学术界对社会达尔文主义的批判和研究范式的转变,汉传佛教由于其鲜活的存在形式而开始备受西方学者的关注。非洲和中东的情况较为复杂,一方面是由于佛教之传入受到当地信仰的较大排斥,另一方面是这些地区依然深受贫困和战争的困扰。

从少林功夫的国际传播实践看,日本、韩国是与少林寺交往最为密切的两个国家。且不说历史上陈元赟曾经到日本传播武术,也不说宗道臣在20世纪30年代到少林寺习武和70年代末认祖归宗,单从近30年少林寺对外交往史中也可以看出日本与韩国的重要地位。由于地缘关系和宗教信仰的双重作用,斯里兰卡、泰国、缅甸、老挝、柬埔寨等南亚和东南亚国家与少林寺的交往也很频繁,但值得提及的是,就少林功夫的国际传播看,欧美国家和澳大利亚似乎比南传佛教国家表现出更大的兴趣(很容易就可以从少林寺的记录中发现这种趋向)。少林功夫在非洲的传播实践正在增多。有关资料显示:"在非洲屋脊埃塞俄比亚,近年来如雨后春笋般冒出来许多中国武术馆。仅在首都亚的斯亚贝巴,就已经出现了17家全由黑人创办、黑人担任教头的中国武术学校。"[139]少林寺与中东国家的交往相对较少。

由此可见,如果要勾画一张少林功夫的传播战略图,那么首先应该将战略重心放置在汉传佛教国家。在这些国家中,由于佛法和少林功夫在推进过程中遇到的阻力都不大,因此可以同时推进。其次,第二战略重心应该是南传佛教国家、欧美国家和大洋洲国家。其中在南传佛教国家要摈弃"大""小"乘佛法的观念,将禅置于武前进行传播;在欧美国家和大洋洲则要充分彰显少林功夫的魅力,沿着技术—文化的方式梯次深入。再次,非洲国家对少林功夫的兴趣也应该引起关注。从目前在少林寺学习的10名非洲弟子的情况看,他们最担忧的事情是:如何处理佛教与他们原始宗教间的冲突。最后,以中东地区国家为代表的伊斯兰教国家依然与少林寺少有往来,与其民众共享少林文化尚有较长的路要走。

（三）瞄准目标群体，实现重点突破

在探讨这个问题前，需要明确海外的佛教徒有哪些，以及在佛教徒群体内外又有哪些人对少林功夫感兴趣。从上面对区域的分析看，主要的战略重点区有相当一部分就是佛教国家。日本和韩国虽然不能称为佛教国家，但是也深受佛教文化的滋养。法宝法师说欧洲的佛教徒由 4 类人组成：知识分子、和平人士、追求身心自由的人和艺术圈里的人。遗憾的是，法宝法师没有给出进一步的解释和讨论。可是回溯佛教传入欧洲的历史，知识分子（更确切地说是学者群体）的确是最早接触佛法的人。“19 世纪上半叶，最早送到欧洲的尼泊尔梵文写本、锡兰巴利语写本，得到了像布奴夫（E. Burnouf）这样的一流学者的高度重视。他们依靠语言文献学的工具，校正这些写本里的错讹，还把它们校注、翻译出版。佛教的教义思想，缘此得以呈现在欧洲人面前。”[140] 当然，在这一过程中，一开始学者们是试图通过研究来判定印度以外的佛教是“堕落的”“退化的”佛教，随着时间的推移和研究的深入，他们才转变观念，有相当一部分人成为佛教徒或同情佛教的人。佛教在美国遇到了同样的场景，“大学教授，类似于我国佛教史上信佛的士大夫，他们既有机会接触佛教界的领袖人物与义学高僧，同时也很熟悉自己的宗教文化与思想传统，因此有能力去表现东方佛教的思想与价值，从而成为推动美国佛教发展的重要因素”[141]。至于和平人士、追求身心自由的人和艺术圈里的人，在笔者所查阅的少林寺对外交往记录中的确有所展现，如由千叶省三所带领的日中友好访问团、意中友好协会的邀请，以及俄中友好协会的来访等；日本禅画家协会会长平冈嘉卫门、澳大利亚著名画家查尔·比利奇（Charr Bilic）的到访和皈依等。然而这些数据都不具备统计学意义，只能用来作为法宝法师观点的注脚。

可是从大批量到少林寺习武或希望得到功夫认证的海外弟子观察，群体分布更为广泛。2006 年 7 月 4 日，由美国少林拳法联合武馆少林寺弟子延谛和延灯率领的朝拜团一行 500 多人来到少林朝圣进香。这些“‘洋弟子’源自美国社会的各个阶层，有议员、好莱坞明星、

警察、律师、医生、环卫工等"[142]。日本少林拳法联盟的内刊《SHORINJIKEMPO GROUP 日中交流30年》中说,"少林拳法联盟……是以中学、高中、大学、政府机关、民间企业、自卫队、体育少年团体俱乐部活动为中心、积极开展少林拳法普及活动的团体"。另外一个值得关注的现象是,无论是美国少林拳法联合武馆还是日本少林拳法联盟,作为少林功夫的商业运作模式,更多地吸引的是年轻人,且所蕴含的意味已经和"禅武"之"禅"有了一定距离。反而是每天清晨到少林寺山门前"站桩""吐纳"的海外弟子在试图更好地理解"禅武"的内涵,据笔者观察,这一群体年纪较长。

总而言之,对少林功夫国际传播的目标群体进行定位是少林寺需要做的一项重要工作,建议少林寺进行立项并展开相关的调研工作。从笔者掌握的资料看,知识分子应该是少林功夫国际传播的重要推动者,学校和精英阶层应该是少林功夫国际传播的主阵地。

(四)寻求国家扶持,谋求高层介入

早在两晋时期,僧人道安就认为,"不依国主,则法事难立"[143]。少林寺1500多年的发展也不断地在证明这一判定。因此与国家战略紧密配合并积极寻求国家扶持,是少林寺在未来的发展中必须坚持的一条准则。在国家高度重视文化建设的今天,这一准则更为少林寺提供了大好机遇。中国共产党十七届六中全会的决议中明确提出:"加强海外中国文化中心和孔子学院建设,鼓励代表国家水平的各类学术团体、艺术机构在相应国际组织中发挥建设性作用,组织对外翻译优秀学术成果和文化精品。"[144]

正是在这样的国家扶持环境中,少林功夫国际传播可以选择一条高层介入的路线。所谓高层介入,是指从外交和文化入手,在对象国的高层中开拓一条少林功夫传播途径。调查发现:(1)少林功夫作为我国文化传播的一个品牌,多次随同国家领导人到海外出访,在对象国的高层中产生了较大的影响。如2004年11月17—24日,为配合胡锦涛主席出访南美,释永信方丈率领少林寺武僧团一行27人抵达巴西圣保罗,参加国务院新闻办公室举办的"感知中国"大型文化交流活动;2009年4月10日,温家宝和韩国总理韩德洙在首尔会见了中韩两国青年代表团一行约300人。会见以后两国总理共同观赏了少林功夫。(2)诸多的国外高层到少林寺观看少林功夫。如俄罗斯总统普京、新加坡总统纳丹、新加坡资政李光耀、莫桑比克总统阿曼多·埃米利奥·格布扎、塞拉利昂总统卡巴、美国前国务卿基辛格、泰国公主诗琳通、俄罗斯国防部长伊万诺夫、泰国三军最高统帅蒙空·安蓬披西、俄罗斯联邦边防部队前司令安德烈·尼古拉耶夫,以及大量的驻华大使等。(3)少林寺武僧团在海外表演时也受到了国外高层的热烈欢迎。如2000年7月10日,少林寺武僧团应邀参加黎巴嫩贝特丁文化节演出时受到黎巴嫩总统拉胡德及夫人的亲切接见;2008年12月3日,南非前总统曼德拉在位于约翰内斯堡曼德拉基金会总部的曼德拉办公室会见了释永信方丈。

需要说明的是,与国家文化战略相配合、积极谋求高层介入,与其他传播方式是相辅相成的。整体来看,少林功夫国际传播方式应该是一个完善的、与寺院目前的能力相匹配的运作体系,在这个体系之中,既要有统揽全局的总体规划,也要有具体实践的操作办法,只有这样,少林功夫国际传播才能在现有条件下获得最大成果。

(五)开展学术研究,提高传播效率

少林功夫国际传播在整体上还处于摸索阶段,而学界在两种倾向上的认识似乎也无意于帮助传统体育文化从摸索向有序的过渡。一种倾向可以被认为是“文化自信主义”。这种观点更多地建构在“文化例外”(法国)、“文化自觉”(费孝通)、“文化自治”等理论体系上(并不顾及这些理论体系的真实含义)。近年来,这种心理倾向借助人文学界普遍的对“全球化”的焦虑而增长。第二种倾向可以称之为“新的犬儒主义”。这种观点与第一种倾向一样已经认识到了“全球化”背后“西方中心主义”的本质,但是“新的犬儒主义者”却并不寻求“例外”,反而在行动上沿着现行的、西方划定的道路大踏步前进。

然而对于少林功夫鲜活的实践来说,学界的这些研究总有隔靴搔痒之嫌。武僧团现在必须面对的问题是:禅武如何实现美国化、欧洲化或者非洲化?禅武所蕴含的宗教信仰对于其他信仰的人来说,到底意味着什么?如何才能让其他信仰的人在既有信仰中体悟禅武?对于美国人或欧洲人来说,禅武之“禅”与禅宗之“禅”是不是同一个意义?西方国家逐渐形成的“参与佛教”(Engaged Buddhism)和“基督禅”(Christian Zen)发生了哪些变化?能否在信仰“基督禅”的群体中寻找少林功夫国际传播的种子呢?甚而至于,武僧团要知道哪些国家允许佛教传播,哪些国家不允许;到哪些国家的表演更多地属于佛学范畴,到哪些国家的演出则纯属于艺术领域;哪些人是少林功夫的习练者,哪些人是同情者,哪些是反对者;等等。

显而易见,这些答案的获取需要持续的、专业的学术研究,而不能仅仅依靠实践和经验。事实上,在少林寺展开如火如荼的文化国际传播的今天,也有必要构建一套少林文化可持续发展的理论体系,这是事物发展的必然规律。调查发现,以“少林学”为研究对象的学者不在少数,但是始终没有能够形成合力。据少林寺藏经阁(图书馆)负责人朱炳帆讲:“研究少林功夫的不乏博士、博士后,都分散在世界各地,师父(释永信方丈)说这是深水养鱼,让大家自由发展。”但是笔者认为文化已经取代意识形态而成为当今时代国家间竞争的主旋律,就少林功夫国际传播而言,如何迅速围绕少林寺凝结一支学术队伍,提高学术研究指导实践的效率,是少林寺亟待解决的一个大课题。

第三节　太极拳国际传播研究

一、改革开放以来太极拳的国际传播

从20世纪80年代开始,太极拳国际传播的局面迅速改观,大陆和民间开始取代港台和政府成为太极拳国际传播的主力军。

1981年3月17—20日,全日本太极拳协会成员在三浦英夫的

带领下,先后访问了河北永年杨氏太极拳发源地广府镇和河南温县陈氏太极拳发源地陈家沟。这次来访开启了太极拳国际传播的新局面,从此以后,陈家沟和广府镇都开始迎来海外太极拳爱好者。太极拳也开始全面、系统、规模化地向国外传播。除海外太极拳爱好者频繁地到中国大陆学习太极拳外,中国大陆的太极拳名家也开始通过民间团体的邀约和政府部门的组织而走出国门,并逐渐发展成为一支重要力量。"1983 年 7 月,陈正雷、王西安应邀访问日本,陈家沟拳师首次走出国门。""1983 年 11 月,朱天才受国家体委派遣到新加坡传授陈氏太极拳。""1985 年 6 月,温县太极拳代表团对日本进行友好访问。团长马荣茂,成员陈小旺、陈正雷、陈桂珍。"[145]总的来看,改革开放以来太极拳国际传播可以划分为两个阶段:

1. 初开国门阶段(1981—1990 年)。如前所述,1981 年对于太极拳的国际发展是具有转折意义的一年,在经过了大量的"铺垫性接触"[146]以后,杨氏和陈氏太极拳的发源地终于开始迎接国外太极拳爱好者了。

表 7-4 1981—1984 年间到陈家沟访问的海外团体(个人)一览表(待续)[147]

序号	时间	团体或个人	人数
1	1981 年 3 月 20 日	全日本太极拳协会	–
2	1982 年 3 月 18 日	全日本太极拳协会	–
3	1982 年 5 月 31 日	日本泛亚细亚文化交流中心	–
4	1982 年 11 月 4 日	新加坡全国武术总会	22
5	1982 年 11 月 6 日	日本泛亚细亚文化交流中心	–
6	1982 年 12 月 14 日	挪威帕 · 候恩	1
7	1982 年 12 月 31 日	全日本太极拳协会	–
8	1983 年 3 月 8 日	日本静冈太极拳友好协会	15
9	1983 年 5 月 6 日	日本泛亚细亚文化交流中心	–
10	1983 年 6 月 20—21 日	日本东京电视台	7
11	1983 年 6 月 24 日	日本泛亚细亚文化交流中心	–
12	1983 年 8 月 18 日	全日本太极拳协会	–
13	1983 年 11 月 5—6 日	日本共同社	2
14	1983 年 11 月 9 日	印度尼西亚陈功武	1

（续表）

序号	时间	团体或个人	人数
15	1983 年 11 月 18 日	日本泛亚细亚文化交流中心	-
16	1983 年 12 月 2 日	美国马尔文·斯莫赫瑟	1
17	1983 年 12 月 21 日	日本无拳无意求太极会	17
18	1984 年 1 月 4 日	日本武当派研究会	12
19	1984 年 4 月 16 日	全日本太极拳协会	-
20	1984 年 5 月 3 日	全日本太极拳协会	-
21	1984 年 6 月 13 日	日本访华团（团长为日本人，4 名团员均为意大利人）	5
22	1984 年 8 月 2 日	德国宋延庆	3
23	1984 年 9 月 20 日	日本近畿摄影访华团	5
24	1984 年 10 月 12 日	日本泛亚细亚文化交流中心	-
25	1984 年 11 月 14 日	美国太极拳访华团	40

这些记载并不是外宾到陈家沟参观学习的全部。据《陈正雷传》记载，“县门一开，外国人纷至沓来。仅 1981 年和 1982 年两年，来访的国外代表团就有 13 个。陈正雷每次都参加接待。1982 年 10 月，一个欧洲国家的代表团访问陈家沟……”。而表 7－4 仅记录了其中的 7 次来访，且不包括 1982 年 10 月的“一个欧洲国家的代表团”。总之，这些材料都表明，1981 年以来，太极拳的国际交流掀开了新的一页。正是在包括太极拳在内的中国武术于 20 世纪 80 年代借助国家的改革开放，以新的姿态走出国门，才催生了 1990 年国际武联[148]的成立，从而为世界武术发展翻开了新的一页。

2. 快速发展阶段（1991 年至今）。首先，1990 年国际武联成立，为开展国际活动、赛事等奠定了良好的基础。其次，各类太极拳“协会”“学会”“研究会”纷纷成立。据《永年太极拳志》记载，新中国成立前成立的与杨氏或武氏太极拳有关的拳社有 8 家，1949 年到 1991 年 10 月成立的各种团体有 19 家，1991 年 10 月到 2005 年则成立了 66 家[149]。据《陈氏太极拳志（增订本）》载，1992 年以前建立的国内辅导站点仅有 3 家，而在 1992 年到 2008 年迅速增加了 52 家。最后，赛会或赛事开始在太极拳国际传播过程中起到至关重要的作用。《永年太极拳志》载：“特别是 1991 年以来，永年县政府以‘弘扬太极拳文化，造福人类社会'为宗旨，先后成功举办了十届中国·永年国际太极拳联谊会，在国内外产生了深远的影响，有力地推动了太极拳事业的蓬勃发展，扩大了太极文化的广泛传播。"[150]《陈正雷传》中也提到："1992 年 9 月 5 日，太极拳发展史上应该重笔浓彩书写的一天。"[151]因为在这一天，首届中国温县国际太极拳年会顺利召开。杨振河也说："第一届联谊会前，习武的人很少。第一届联谊会后，掀起了习武的热潮。"韩清民说："1991 年以后变化很大，要求学太极拳的和教拳的人都多了。"

二、太极拳国际传播方式分析

讨论太极拳国际传播方式，有必要回顾少林功夫的相应内容，因为单纯从表格内容来看，太极拳与少林功夫的国际传播方式几无二致，分析起来似乎有重复之嫌。然而事实完全不是这样。少林功夫国际传播有一个强有力的文化空间体在做支撑，因此表现为以集团化为基础的放射状传播格局（如图 7－1）；而太极拳的国际传播却并没有在陈家沟或广府镇形成巨大向心力，因此表现为以个人为基础的网状传播格局（如图 7－2）。

表 7－5 太极拳主要传播方式以及典型事例一览表

序号	类别	事例
1	官方传播	1991 年 10 月首届中国·永年国际太极拳联谊会举行 1992 年 9 月首届中国温县国际太极拳年会举行
2	朝圣地传播	1981 年 3 月全日本太极拳协会代表团访问永年和温县
3	拳师传播	1990 年陈小旺赴澳大利亚，成立"世界陈小旺太极拳总会" 截至 2012 年，陈正雷在海外 30 多个国家设立了教学点
4	学校传播	孔子学院是海外传播太极拳的重要渠道
5	文化作品传播	1992 年 8 月，陈正雷应邀赴日参加日文版《陈氏太极拳》教科书发行仪式
6	其他活动	2004 年 5 月，"中、日、韩民间太极文化交流大会"在石家庄举行 2011 年 4 月 30 日，休斯敦太极拳学会举办了休斯敦第四届世界太极日

注：这种排序完全是为了与少林功夫国际传播方式相对应，序列先后并不代表重要性程度。

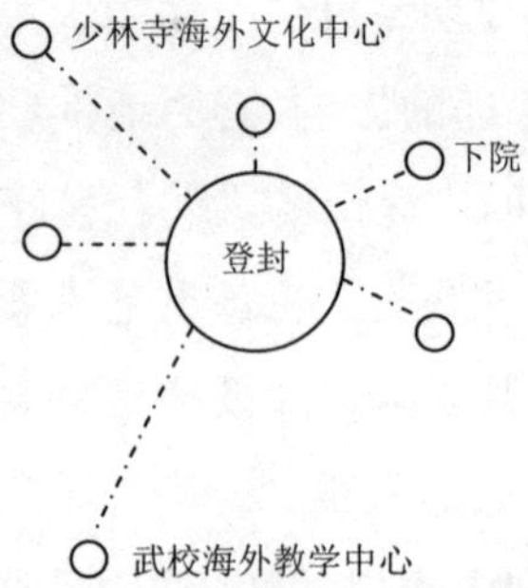

图 7－1　少林功夫国际传播示意图

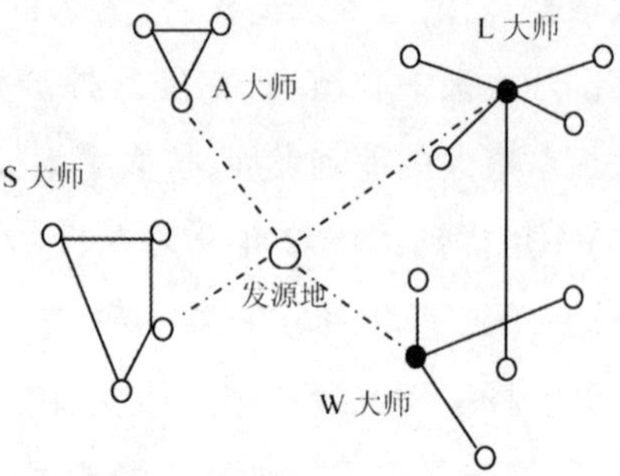

图 7－2　太极拳国际传播示意图

（一）官方传播

官方在组织和协调太极拳的国际传播时尽管饱受“缺位”或“越位”的诟病，但是其发挥的作用不可低估。从太极拳的各方力量权衡，即便到了今天，如果没有政府的力量，也不可能组织具有节点意义的中国·永年国际太极拳联谊会和中国温县国际太极拳年会。何况政府的作用远不止于组织几次国际赛事。

康戈武在谈及政府的作用时说：“值得一说的是，由中国政府有组织有计划地向国外推进，这是武术国际传播的一大进步。准确点说，就是在 1982 年全国武术工作会议上正式提出了国家要有计划地将武术推向世界。在此之前，武术在海外的传播都是民间的、自生自灭的传习。习武者单枪匹马出国去教，形不成教学环境或者入不敷出，教不下去了，就不教，一走了之。这是一个无计划的自生自灭的个人传习活动。1982 年以后，武术的对外传播就纳入国家对外文化交流、体育交流的计划里面了。……如果没有国家力量的推动，仅仅靠个人的喜好和能力，靠为数不多的走出去的个人教学传承活动，不可能出现如此速度、如此规模的国际传播。第二个，个人自己出去，势必会出现各行其是——你爱教什么教什么，你爱做什么做什么。发展的结果就是：每人都是老子天下第一，唯我独尊。难以形成能够代表国家形象的传播行为。现在纳入国家计划来做，它就是一个国家行为，有助于充分发挥每个个体传习者的传播作用，推动国际武术的标准化发展、规模化发展和可持续发展。”可以看出，官方传播的意义还在于使传播有了牢固的根基，即国家做基础。而官方传播的另一个价值是引领发展方向。最为典型的例子是国家推出24式和48式太极拳。开始的时候,很多拳师反对这种“标准化”,但是恰恰是这种“标准化”的套路使得太极拳在国际范围内迅速传播。最终结果是很多拳师也开始推出自己的简化套路。

(二)朝圣地传播

相对于少林功夫的国际传播而言,作为太极拳朝圣地的陈家沟和广府镇所发挥的作用都是较小的。表7-6是登封市和温县入境游的数据对比。可以看出,登封市在2008年到2011年,入境游人数已经稳定在20万左右,而温县在2008年时的数据仅为9320人。广府生态文化园区文化旅游局的有关领导表示至今尚没有进行过入境游的统计,永年县旅游局也没有相关的统计数字。但是据有关领导估计,入境游数量“不会比温县多”。

表7-6 登封市、温县近年来入境游人数统计一览表

序号	年度	登封市入境游人数	温县入境游人数
1	2000	3.8万	-
2	2001	4.2万	-
3	2002	5.3万	-
4	2003	2.2万	-
5	2004	8.2万	-
6	2005	11.62万	-
7	2006	16.2万	-
8	2007	18.9万	-
9	2008	20.08万	9320
10	2009	19.49万	11640
11	2010	19.8万	12010
12	2011	21.6万	26000

注:表格中的“-”指该年未进行入境游的相关统计。

导致太极拳发源地凝聚力不强的原因是多方面的。首要原因是广府镇和陈家沟在旅游开发方面都有先天不足。广府镇虽然是一座古城,并且曾经是州、府、郡、县所在地,但是广府在旅游开发方面既不像丽江、凤凰和平遥保存得那么完整,也不像歙县有黄山可

以凭借。陈家沟则仅仅是一个中国的普通村落，更是找不出吸引游客的亮点。

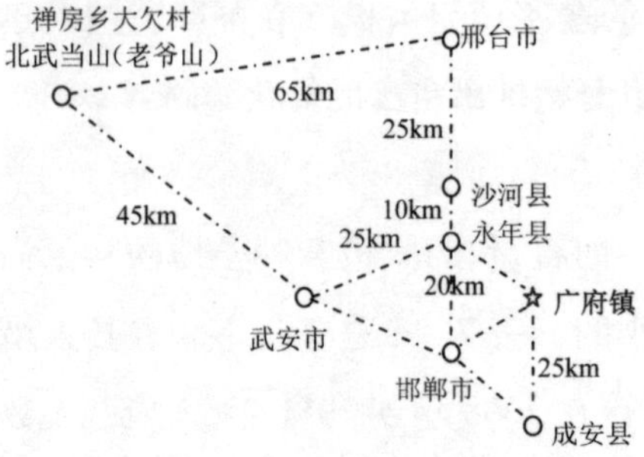

图7－3　广府镇周边环境图

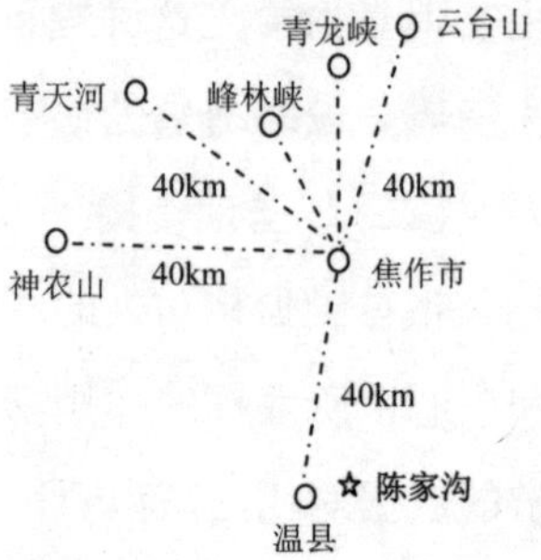

图7－4　陈家沟周边环境图

在访谈中，有学者提出在广府镇自身不足以吸引巨大客流的情况下，广府太极文化与北武当山（老爷山）的玄武崇拜或成安县禅宗二祖慧可崇拜相结合，应该是一举两得的事情。即不但为太极拳找到了"拳道合一"的"道"之所在，而且利用旅游资源整合的优势，扩大了广府镇作为太极拳朝圣地的国际影响力。但是从笔者实地考察的情况看，这两种结合无论是空间距离上还是结合点（即北武当山和二祖遗址）目前发展的成熟度上都无力达到广府太极拳现实发展的需求（参见图7－3）。陈家沟同样存在这样的问题，焦作市北部的云台山旅游景区尽管风光秀美，但是距离陈家沟有一定距离，就目前而言，在构建文化空间时不具备整体性和凝聚力（参见图7－4）。

正是由于朝圣地发展的不充分，造成了图7－2所示的国际传播格局。而这种格局对太极拳的未来发展将产生深远影响。首先，这种发展格局有架空太极拳发源地的危机。释永信方丈认为："太极拳的传承人都离开陈家沟了，谁还认陈家沟？这样慢慢下去，陈家沟不就被架空了？"2011年8月19日，陈氏太极拳"四大金刚"齐聚家乡共话太极拳的传承与发展时，陈正雷说："树不能离开根，水不能断其源，人不能忘其祖。我们在世界各地奔波传授太极拳30多年，也该回到陈家沟了。"[152]其次，这种发展格局不利于太极拳的集团化发展。胡锦涛在党的十八大报告中指出，要"促进文化和科技融合，发展新型文化业态，提高文化产业规模化、集约化、专业化水平”。这就要求必须改变太极拳国际传播目前存在的“各自为战，各行其是”的分散格局，而应朝着集团化和规模化方向发展。

（三）拳师传播

拳师传播是当前太极拳国际传播的主要途径。调研发现，就国际传播而言，拳师们发展出4种不同的传播方式：（1）以董英杰、郑曼青、罗邦桢、程进才、杨军、傅清泉为代表的移居海外的职业传播者；（2）以陈正雷、陈小旺、杨振河、朱天才、王西安为代表的在海外建立太极拳协会或设立教学点的职业传播者；（3）以杨名时、陈沛山为代表的海外非职业传播者；（4）其他传播者。

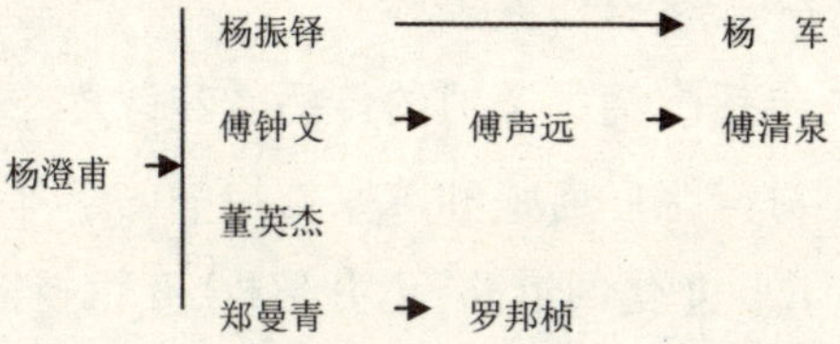

图7－5　杨氏太极拳师承关系示意图（部分）

移居海外的职业传播者至少涵盖了3代人（图7－5）。仔细考究，这三代人移居海外的动因各不相同。以董英杰和郑曼青为代表的第一代移居海外者，多凭借中国香港、台湾及东南亚为跳板。以罗邦桢、程进才为代表的第二代移居海外者，年龄跨度和移居海外的时间跨度较大，因此动因也有较大差别。罗邦桢1974年离台赴美，程进才1994年旅居休斯顿。第三代移居者更多地凭借着全球化的国际环境和改革开放的国内环境。比如杨军，1968年生，1998年在美国创立了国际杨氏太极拳协会，现定居美国西雅图。

在海外建立太极拳协会或设立教学点的职业传播者大多数是改革开放后第一批与海外接触的太极名家。这些太极名家由于在改革开放初期为太极拳对外交往做出过特殊贡献，因此往往在政府部门担任职务，如：陈正雷担任过河南省武术管理中心副主任，杨振河担任过永年县政协常委和邯郸市政协委员，陈小旺担任过第七届全国人大代表、第七届河南省政协委员，朱天才担任过温县政协副主席、焦作市人大常委会委员等。在太极拳国际传播过程中，这些太极名家经历过3个阶段的转型：（1）与海外初步接触、认识阶段；

(2)受邀到海外授拳,在海外建立太极拳协会或设立教学点阶段;(3)创办太极拳馆,稳固根基,扩大规模阶段。

海外非职业传播者的拳师数量似乎不多,杨名时和陈沛山是具有代表性的例子。杨名时1924年出生,1942年到日本留学,1948年毕业于京都大学法学部政治学科,在日本主要从事中文教学。1960年以后杨名时逐步开始在日本教授太极拳,1975年"杨名时八段锦·太极拳友好会"成立。[153]陈沛山现任日本八户工业大学教授及同校研究生院教授,工学博士,国际空间结构协会(IASS)会员、专业研究委员。由于其有着陈氏太极拳的祖传家学,遂在日本创立了国际陈氏太极拳联盟和日本陈氏太极拳协会,自任主席。

其他传播者包括围绕朝圣地的传播者和散落在世界各地的传播者。笔者通过对围绕广府镇和陈家沟授拳的拳师进行实地考察发现,有些走向了职业化的道路,创办学校,开馆授徒;有些则将授拳作为业余的爱好,仍以耕种捕鱼为主要收入来源。这些传播者又可以按照时代划分为两类。第一类以姚继祖、翟文章为代表,这个年龄段的老拳师在改革开放后已经年龄较大,在传播思路和年龄状况两方面的限制下,几乎不走出国门进行授拳。第二类的年龄相对较轻,且国际影响力相对较小。不过这个群体人数众多,是朝圣地维持当前状况而不被完全架空的重要力量。

(四)学校传播

武校是武术文化空间得以彰显的另一个因素,然而考察武校发展的历史,有一个问题必须回答:为什么围绕少林寺形成了那么多的教育集团,而围绕广府镇和陈家沟却没有形成一所如此规模的武校?除了前面所述的空间场效应的凝聚作用外,还有没有别的因素在起作用?从表7-7可以看出,改革开放至今,三地都不断有新的武术学校出现,且同时代的创办人总有着相似的历史烙印。比如第一批武校创办之初都是白手起家,创办人几乎都是武术大师,办学形式都相对多样。再如塔沟武校"建校伊始,学生几人,不收学费,亦农亦武"[154],广府太极拳学校"同时开办杨氏班、武氏班、健身班和功夫技击班等"[155]。但是如果细心考证,会发现登封市的武校在获得办学批准后，迅速完成了向全日制学校的转型，而广府镇和陈家沟的第一批太极拳学校则往往还停留在办短期培训班的基础上。笔者认为，这是影响太极拳武术学校可持续发展的一个重要因素。

表 7－7　登封市、永年县和温县武术学校相关资料对比表

序号	登封市			永年县			温县		
	武校名称	创办人	时间	武校名称	创办人	时间	武校名称	创办人	时间
1	塔沟武校	刘宝山	1979	武氏太极拳学校	姚继祖	1978	陈家沟太极拳学校	张蔚珍	1981
2	释小龙武院	张丙坤	1980	广府太极拳学校	翟文章	1981	陈家沟功夫学校	陈照森	1988
3	鹅坡武院	梁以全	1981	古城武术学校	翟文章	1987	陈家沟武术学院	王西安	2001
4	少林武术研究院	郑忠孝	1992	武氏太极武校	贾海清	2000			
5	武僧团培训基地	释延鲁	1998	杨露禅太极拳学院	韩清民	2003			

注：武校名称多有修改，有些是教育集团，本表以目前武校的名称为准，多为简写。

然而诸多的太极拳武校都没有顺利完成这一转型，仅仅是历史的巧合吗？当然不是。笔者认为武校作为登封市武术文化空间体的重要组成部分，其壮大的动因除了有上述优越的人文地理资源外，还得益于另外一个因素——少林功夫作为外家拳所具有的丰富表现力。

众所周知，电影《少林寺》"在 20 世纪八九十年代产生的影响是无法估量的"[156]。正是在这部电影的催动下，登封市武校出现了飞速发展[157]。事实上，电影《少林寺》效应的背后正是少林功夫技术特点的有力支撑。由"长城"和"新联"组成的香港中原电影制片公司在大陆寻求拍摄古装武侠电影时并非没有考虑太极拳。廖承志在对"新联"董事长廖一原提建议时就曾说："现在中国的武术两大派，一派是少林，一派是太极，这是全世界都知道的。我建议你可以选这两个题材。"[158]有关资料也显示，拍摄电影《少林寺》的剧组的确在陈家沟"待了几天"[159]。剧组选择少林功夫作为拍摄内容的决定因素是：少林功夫是外家拳，极具表演性，而太极拳是内家拳，讲

究用意不用力，在表演性上稍逊一筹。对此，于承惠先生曾这样描述："太极的发劲儿和别的运动不一样，是小肌肉群非常复杂地在一瞬间产生高度协调，刷的一下，没了。这种劲儿召之即来，一触即发，无迹可察，只有用它的人才能感觉到。"[160]因此技术特点决定了香港中原电影制片公司选择少林而不是太极。也就是说，太极拳武校发展的现状很大程度上可以归结于太极拳技术特点的内敛性。

高校是太极拳国际传播的另一个重要场所。河南理工大学和焦作大学结合陈氏太极拳，分别建立了体育学院（太极拳学院）和太极武术学院。邯郸学院结合杨氏和武氏太极拳建立了太极文化学院。这些学院在太极拳国际传播方面都做出了积极贡献。比如：邯郸学院与中国国际广播电台共同投资450万元拍摄对外太极拳教学、宣传片，举办对外太极拳网络视频教学；与国家"汉办"合作，承接了留学生夏（冬）令营项目；向在孟加拉国、蒙古和巴基斯坦建立的孔子学院派遣太极拳教师，以及在海外举办讲习班、培训班等。

（五）文化作品传播

文化作品在国际传播中的价值在特定时期内具有放大效应，《少林寺》就是最为典型的例子。笔者认为，20世纪80年代初期是典型的"特定时期"，这一时期"文化大革命"刚刚过去，改革开放的号角刚刚吹响，国际社会亟待认识一个庞大而神秘的中国，电影《少林寺》走红全世界绝不是偶然现象。30年过去，当下中国的文化事业，又进入了一个"特定时期"：国家对深化文化体制改革、推动社会主义文化大发展大繁荣作出全面部署，国民急需重拾文化自觉和文化自信，国际社会亟待明确经济快速发展的中国要在世界上扮演一个什么样的角色。在这种情况下，无论是少林功夫还是太极文化都有责任以高质量的文化作品提高"中华文化国际影响力"。[161]

2010年以来比较引人关注的一件事情是李连杰提出的"太极大业"构想。用李连杰的话说："'太极大业'就是怎么样用10年时间，把太极这个中华民族的体育文化品牌推向全世界，使太极拳成为一项世界性的文化体育产业。"[162]围绕这个构想，有关各方计划拍摄一部《太极大业》电影。百度百科甚至给出了有李连杰、李安、冯小刚、袁和平共同加盟的强力阵容。无论信息是否准确,《太极大业》能否达到预期效果,人们希望通过电影作品来传达中国文化符号的愿景正在一步步走向成熟。

文化作品的另一个表现是学术研究。不过从笔者查阅文献的情况看,太极拳理论在国际学术刊物上的影响还很小。通过 Academic Search Premier; CINAHL with Full Text; ERIC; MEDLINE with Full Text; Psyc INFO 和 SPORT Discus with Full Text 等 6 个数据库,在篇名中输入检索词 Tai Chi,共得到书籍和学术论文 734 部(篇)(1972—2012 年)。

(六)其他活动传播

协会是非常重要的传播方式。比如,论及美国篮球的传播,就不可能只谈乔丹、奥尼尔、姚明,或者只谈公牛队、湖人队、火箭队,而弃 NBA 于不顾。我们认为协会主导下的传播将是未来太极拳国际传播的主要方式。然而,上述内容并没有很好地说明协会在太极拳国际传播过程中所占据的位置。这一方面固然是由于在拳师传播的分析中已经暗含了协会传播的一些内容(参见有关陈沛山及其日本陈氏太极拳协会的相关内容),另一方面也说明了协会力量的薄弱或者说协会并没有在太极拳发展中成长起来(尤其是在国内)。从收集到的材料看,这类活动虽不鲜见,但不成体系。2006 年 6 月,日本太极拳友好协会应北京市人民对外友好协会邀请,来京参加“纪念 24 式太极拳创编 50 周年 · 中日太极拳交流大会”;2007 年 5 月,由北京、山西、河北等地的老年人体育协会组成的太极拳代表团访问了日本九州地区;2010 年 3 月,东京都日中友好协会和日本太极拳友好协会共同举行太极拳交流大会;2010 年 10 月,由韩中文化友好协会主办的“中华缘第二届健康太极拳韩国交流大会”在首尔举行。

三、太极拳国际传播的内容

(一)拳道合一

李连杰在致力“太极大业”的推广时,提出了“太极禅”的理念,并与马云一起成立了太极禅国际文化发展有限公司。太极禅“以传统太极拳为基础，融汇佛学之禅法，旨在强健体魄，净化身心，摒除不良习气，摆脱负面情绪，提高情商，使习练者趋向健康快乐、善良聪慧、质朴厚道、宽容豁达、沉稳冷静、雍容优雅、自在清凉之境”[163]。在邯郸学术界也有学者试图将太极拳与禅宗二祖结合起来，像少林功夫的“禅武一如”一样，生发出太极拳的信仰体系。当然，太极拳作为我国古代哲学思想的载体，在几代甚至几十代人的共同努力下创造而出，自然会受到儒、道、释思想的共同孕育。事实上，儒、道、佛三家在经历了唐代的大发展以后，延至宋、明已经在很大程度上相互融合。理学就是儒、道、佛[164]融合的产物。从这个意义上讲，“太极禅”的提出和“禅拳（太极拳）一如”的构想都有一定的发展空间。康戈武在访谈时也说：“太极拳是超宗教的、超文化的、超地域的。它不为谁所独有，而是谁都可以利用。这样来看的话，谁都可以练太极拳。你看，搞儒学的可以练太极拳，用它修身养性；信仰道教的，可以用练太极拳修道；喜欢禅修的，可以用练太极拳修禅。我既不把它限制在某一个领域，同时我也不排斥任何流派。我说的这个太极拳是大太极，无所不包的太极理念育成的太极拳。”事实上，“太极”二字最早见于《易・系辞上》。此一时期，儒道未分，禅宗未有，“太极”观念并不会亲近某一学派。而即便将儒、道、释三家分开来看，太极理论依然可以在三家之中找到归宿。如王宗岳《太极拳论》所谓的“无过不及”“不偏不倚”“仰之则弥高，俯之则弥深”，几乎是《论语》的原话。

然而笔者认为，尽管太极拳融汇各家思想于一体，且在现代社会能为各家各派所借用，但总体来看，太极理论与道家学说更为契合。首先，如果沿着陈抟《太极图》、周敦颐[165]《太极图说》和王宗岳《太极拳论》的传承体系来分析，则是道家更多地发展了太极理论，并最终孕育了太极拳。众所周知，道家有“常”的概念。朱谦之说：“老子著五千之文，于此（道可道，非常道）首发其立言之旨趣。盖道者，变化之总名。与时迁移，应物变化，虽有变易，而有不易者在，此之谓常。”[166]与此相对，儒家更多地关注现实世界。按照李泽厚的说法，儒家是用血缘基础、心理原则、人道主义和个体人格四要素来表现孔子“实践（用）理性”的价值诉求[167]。至于佛学，则认为无常无我，一切现实世界都不是永恒的，不是不易的，而是变化的、生灭相随的。其次，从《太极拳论》的内容上看，太极拳的核心思想也是对道家思想的彰显（参见表7－8）。

表7－8 《太极拳论》与《道德经》内容对比

序号	太极拳论	道德经
1	太极者，无极而生，动静之机，阴阳之母也	无名，天地始；有名，万物母 有物混成，先天地生。寂兮寥兮，独立而不改，周行而不殆，可以为天地母。吾不知其名，强字之曰：道，强为之名曰：大
2	人刚我柔谓之走，我顺人背谓之粘	挫其锐，解其忿，和其光，同其尘。湛兮似若存 上善若水。水善利万物而不争
3	由着熟而渐悟懂劲，由懂劲而阶及神明。然非用力之久，不能豁然贯通焉	上士闻道，勤而行之；中士闻道，若存若亡；下世闻道，大笑之，不笑不足以为道
4	仰之则弥高，俯之则弥深。进之则愈长，退之则愈促	道冲，而用之久不盈。深乎！万物宗 谷神不死，是谓玄牝。玄牝之门，天地之根。绵绵若存，用之不勤
5	人不知我，我独知人	迎之不见其首，随之不见其后 知人者智，自知者明
6	斯技旁门甚多，虽势有区别，概不外乎壮欺弱，慢让快耳。有力打无力，手慢让手快，皆是先天自然之能，非关学力而有为也。察四两拨千斤之句，显非力胜。观耄耋能御众之形，快何能为	将欲歙之，必固张之；将欲弱之，必固强之；将欲去之，必固举之；将欲夺之，必固予之。是微明：柔之胜刚，弱之胜强
7	偏沉则随，双重则滞。每见数年纯功，不能运化者，率皆自为人制。双重之病未悟耳	曲则全，枉则直，洼则盈，敝则新，少则得，多则惑。是以圣人抱一为天下式。不自见，故明；不自是，故彰；不自伐，故有功；不自矜，故长。夫惟不争，故天下莫能与之争

《道德经》第36、47、52、76章分别提出"柔弱胜刚强""天下之至柔，驰骋天下之至坚""见小曰明，守柔曰强""坚强者死之徒，柔弱者生之徒"。而"柔"正是太极拳技法的集中体现。最后，太极拳在国际上正沿着弱技击强养生的方向传播，这一方向正契合了道家养生[168]思想。或许"太极拳的经典和精华都是技击术。什么表演、养生，都不是太极拳的本质"[169]。但是这并不妨碍太极拳在养生的层面上进行国际传播。前

文所及734部(篇)国外的书籍和论文绝大部分是关于太极养生和太极医疗的研究。太极大师黄性贤在技击修为上达到了很高的境界后,也提出“愿天下豪杰增寿延年,不作技击之末”的思想。[170]

(二)太极拳国际传播过程中对“拳道合一”的表达

如前所言,太极拳国际传播的主导模式更多地体现在拳师传播上。因此研究太极拳国际传播过程中对“拳道合一”的表达,有必要讨论向海外传播太极拳的拳师们是如何诠释太极拳以及太极拳中的“拳”“道”关系的。

1973年,黄性贤对新西兰太极学院的教练巴特力·肯里解释太极拳时说:“太极,是中国古代哲学的一句术语。古书《易》上曾说:‘易有太极,是生两仪,两仪生四象,四象生八卦。’这里的太极,是当作滋生万物的本源来理解的。‘大无其大为之太,高无其高为之极’,这里的太极,也是指宇宙本源的意思。中国的先哲们根据太极是宇宙本源和中心的思想,结合道家的学说,运用动静虚实相济,刚柔开合相生的表现形态,创造出在世界上独特奇妙的武术——太极拳。你刚来吉隆坡时不是说过要学一种深有文化内蕴的武术吗?太极拳就极富文化内涵,它由道化技,再由技入道,是一种道技结合、文武相渗的文化拳。学练太极拳,可以收到修心养性、健身、益寿的综合效益。”[171]

1997年,陈正雷对美国《太极》杂志创编人马文说:“什么是太极拳?解说、诠释、定义它的大有人在,但限定、说出它的唯一性的人却很少。其实太极和太极拳是一种非常态的、特定的状态和运动。它的前提必须是‘太——极’:一种其大无边或其小无内,刚到极致或柔到极致的状态——一种既冲突到极致又调和到极致的状态。它要求太极拳习练者在一种动态平衡的运动状态下,竭力体现出四肢与躯体整体性的身手反称、斜正互参的二律背反:既能体会到行拳时身体各个部位细腻微妙的冲突转化劲,又能保持住在走架时身体重心点的平衡、拳势在极限处的稳定。”[172]

无须多举,从时隔20多年的两位在海外授拳的拳师对太极拳的解释中,可以清晰感觉到他们自己对于太极和太极拳的理解与体悟。这种理解和体悟从小的方面说都是对王宗岳《太极拳论》的阐述，从大的方面说都是对以太极拳为载体的中华文化的诠释。

四、太极拳国际传播的建议

(一)积沙成丘，树立太极拳发展集团化意识

杨安兵通过对太极拳的定义、文化发展、起源、流传、竞技，以及对太极拳的现状研究分析发现，“太极拳的统一是可行的，而且是势在必行”。[173]但太极拳各流派之间并不这样想，从笔者实地考察和访谈的情况看，“统一”既不“必行”也不“可行”（本研究所谓的集团化不等于统一化）。当然这并不表示要将太极拳文化的未来维持在当下零散的局面上。事实上，无论是政府、各流派的拳师们还是企业和学校都有将太极拳文化产业做大做强的意愿。但吊诡的是，在实际操作过程中，参与各方总是无法合拍：政府在积极搞基础建设，试图通过文化产业园区的形式招商引资，增加凝聚力；著名拳师们依然在开辟国内外的太极拳文化产业市场，更多的拳师则在授拳一线苦苦挣扎；企业看到了太极拳文化所能够带来的巨大效益，但苦于找不到切入点而只能等待观望[174]；高校似乎嗅到了文化建设被提高到国家战略以后所带来的机遇，寄希望于在科学研究、服务社会并最终在学科发展上取得新突破，但仍难逃与实践脱钩的尴尬现实。

笔者认为，要想对上述各方进行有效统筹，必须建立太极拳文化产业发展的集团化概念。如果这个问题不解决，太极拳的国际化传播还可能继续在量上有所发展（比如习练者继续增加，更多的拳师走出国门，更多的太极拳爱好者到发源地归宗认祖），但是无法完成质的转变。所谓质的转变，应该同时表现出以下三点：太极拳产业集团出现，有一个稳定的国际展示舞台，有一套公认的价值体系。综览世界各国运动项目兴衰规律，其兴总是伴随着上述三个特征的出现，其衰则必然表现为某一特征的沦亡。美国在向世界推广篮球运动时，有几十家产业集团，有风靡全球的 NBA 职业联赛，有“美国梦”的价值体系；韩国在向世界推广跆拳道运动时，有世界跆拳道联盟和国际跆拳道联盟，有奥运会作为竞技舞台，有东方文化的伦理支撑。那么太极拳为什么没有走上集团化发展道路，又如何才能走上集团化发展道路呢？

笔者认为应“各安其位”:(1)对于政府来说,要做社会不愿做和做不了的事情,即要做到不缺位、不越位。近年来,党和政府高度重视文化的国际传播,多次在报告中就中华文化走向世界进行阐述和部署。这些统揽全局的重要论述凝聚了力量、提出了方向。但在实际工作中,仅仅有宏观的部署是远远不够的。孙大光针对中国体育文化具体工作总结出的“6 条需要解决的问题和不足”[175]是有针对性的。笔者认为,政府是一个宏观概念,“在驻外使、领馆派遣体育官员”和“对体育对外交往活动的管理协调”并不是一个部门可以完成的工作。同样就太极拳文化产业的集团化发展而言,国家体育总局,河南、河北两省,焦作、邯郸两市,温县、永年两县和陈家沟、广府镇两地各肩负着不同的责任。总而言之,笔者认为在国家层面上,面对太极拳发展的集团化需求,最需要做的是给政策、给舞台[176];在省、市、县层面上,最需要做的是给空间、给投入。各级政府都不必过多地陷入到将各派别凝结在一起的具体事务中去。(2)对于拳师们来说,要转变观念、开拓进取。张杰(2012 年)在其博士论文中就“门派之间相互诋毁”的问题进行了较为深入的讨论,且引用了自由运动俱乐部教练员 Chad Eisner 的原话来说明其严重性。其实我们无意夸大拳师之间的竞争,正如陈沛山就这一现状所说:“问题就是问题,要摆出来,要去面对。”笔者认为针对这种情况,应该建立一个联盟或者协会。在调研中发现,许多太极拳名家已经开始在海外着手推动协会的发展,只是还没有形成规模、联成网络。比如陈沛山早在几年前就试图在日本建立一个全国性的传统武术交流平台,经过多方努力后,原计划在 2011 年举办第一次交流会,场地都已经租定,但是由于 3 月 11 日发生了福岛大地震,一切只能搁浅。

(二)深根固本,加大太极拳文化源环境建设

尽管如前所述,相对于少林寺得天独厚的人文自然环境来说,广府镇和陈家沟在旅游开发方面都有先天不足,但是这并不妨碍两地的旅游开发,即用后天补先天(太极拳的文化源环境建设不仅仅表现在对旅游资源的开发上)。

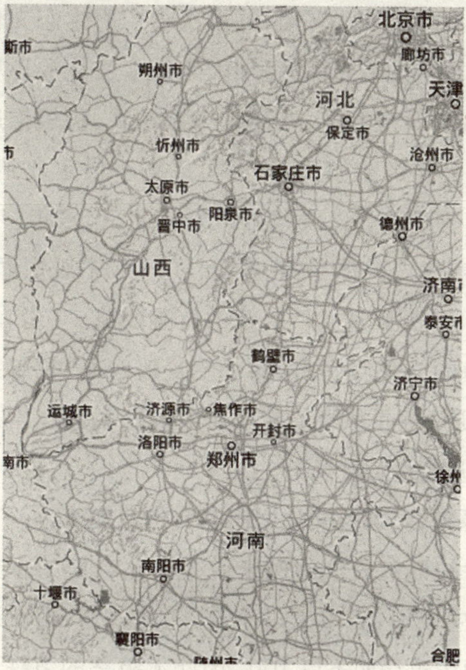

图 7－6　从北京到武当山的线路示意图

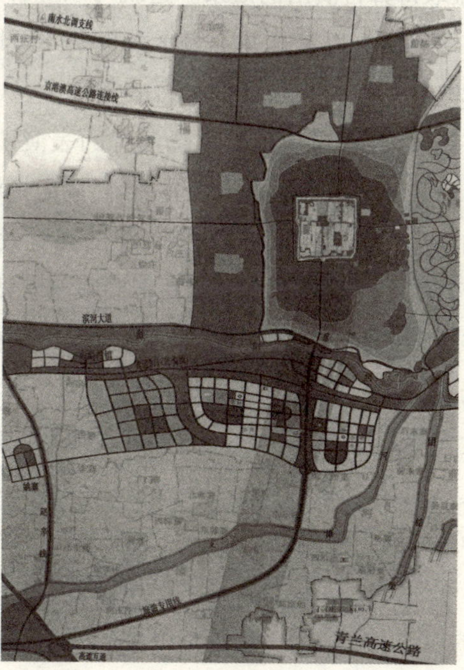

图 7－7　广府古城地理环境示意图

注：图 7－6 源自百度地图，图 7－7 源自邯郸市广府古城总体规划图。

在多次考察广府周边环境，并多次与广府生态文化园区常务副主任李剑青进行沟通后，笔者就加大太极拳文化源环境建设提出三点建议：(1)在宏观层面上，要建立大旅游观，积极推进沿京广铁路和京港澳高速公路的旅游长廊，即可以初步设定北到北京、南到武当山的武术旅游线路。该线路可以囊括北京、永年(广府镇)、温县(赵堡镇和陈家沟)、少林寺、武当山。(2)在中观层面上，要积极联手省内旅游景点，开辟通达广府镇的旅游线路。(3)在微观层面上，要增加广府镇的文化吸引力，除了要复建府衙、甘露寺、清晖书院、仝家大院外，更要注重软环境建设，比如扶持武校、增加太极拳习练人数、营造太极城的太极氛围。

(三)资源整合，加强文化之间的合作与交流

以太极拳的舞台表演为例来说明文化合作的重要性。如前所述，太极拳是内家拳，要求无过不及，随曲就伸，即便最为神秘的技击也讲究四两拨千斤而不以力胜，因此太极拳的习练形式更多的是绵软缓慢，很难取得舞台演出的效果。这就可以理解为什么几乎看不到太极拳的演出队。但是这并不表示太极拳不可以进行舞台演出。吕福祥(2010)从竞技太极拳的舞台表演着手，认为“其突破以往的规定套路集体演练、单项依次上场演练的表演模式，巧妙地运用舞台表演中的各种艺术手法来丰富其内容，同时还将竞技武术套路技巧动作加以运用，凸显难、美、新、险、稳的视觉效果”[155]，因此极具观赏性。其实太极拳的舞台表演并不局限于竞技太极拳，缺少高难动作的传统太极拳在特定场景下更能展示中国传统文化中天人合一的韵味。2008年北京奥运会开幕式上2008名演员的太极拳表演足以给世人留下永久的回忆，不过这种表演不具有可复制性。

有拳师认为，少林功夫的演出已经探索出了一条极为成功的道路，太极拳也可以立足于学校或者演出公司来办一台太极拳表演。这种设计未尝不可，但绝不是最佳选择。正如前面所说，太极拳作为内家拳，在单纯的表演方面有着一定的局限性。少林功夫可以在30秒将一个象形拳表现得淋漓尽致，而太极拳的各个拳架一般用时较长，且外行人很难看出里面的区别。因此少林功夫完全依靠不同的套路来组成一台演出的办法并不适合太极拳。好在出路不仅如此。有太多的情景剧舞台演出可以供太极拳借鉴:如开封清明上河园的《大宋·东京梦华》,嵩山景区的《禅宗少林·音乐大典》,少林寺与海外演出公司合作的《生命之轮》,等等。当然,太极拳也可以和少林功夫、杂技、绘画甚至西方的文化元素相结合,构建不同时空跨度的情景剧。

第四节　郑州航空港——河南省耀眼的新名片

2012 年 11 月 17 日,国务院批准《中原经济区规划》,提出以郑州航空港为主体,以综合保税区和关联产业园区为载体,以综合交通枢纽为依托,以发展航空货运为突破口,建设郑州航空港经济综合实验区。

2013 年 3 月 7 日,国务院批准《郑州航空港经济综合实验区发展规划》。作为国务院批准的首个以航空港经济为主题的实验区,郑州航空港经济综合实验区将通过体制机制创新,大力发展航空物流、高端制造及现代服务业,力求建设成为一座与全球联通,生态宜居的现代绿色智慧航空大都市。

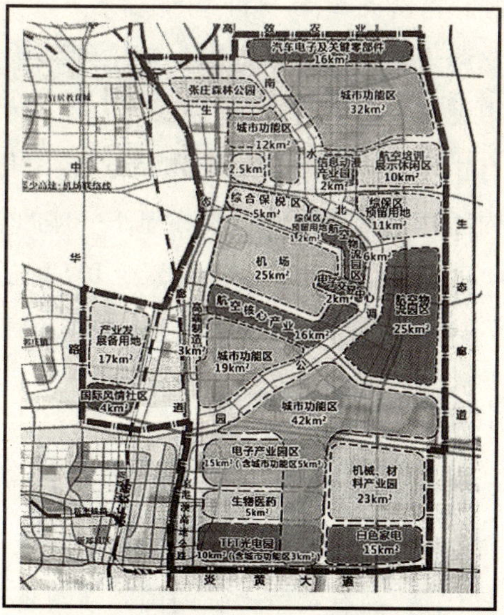

图 7－8　郑州航空港经济综合试验区发展规划图

一、郑州航空港空间布局

郑州航空港经济综合实验区位于郑州市中心城区东南约20千米，是郑(州)汴(开封)一体化区域的核心组成部分。实验区内按照集约紧凑、产城融合发展的理念，规划构建“三区两廊”的空间发展格局，范围涉及中牟、新郑、尉氏3县(市)部分区域，面积415平方千米。主要包括：

1. 航空港区。主要包括机场及其周边核心区域，建设空港服务区、综合保税区、航空物流区，建设陆空联运集疏中心等设施，重点布局发展航空运输、航空航材制造维修、航空物流、保税加工、展示交易等产业。

2. 北部城市综合服务区。位于空港北侧，建设高端商务商贸区、科技研发区、高端居住功能区，围绕绿色廊道和生态水系进行布局，重点发展航空金融、服务外包、电子商务、文化创意、健康休闲等产业，建设生态、智慧、宜居新城区。

3. 南部高端制造业集聚区。位于空港南侧，建设航空科技转化基地和航空关联产业发展区，重点布局发展通用航空设备制造、电子信息、生物医药、精密机械、新材料等产业。

4. 沿南水北调干渠生态防护走廊。充分利用南水北调主干渠两侧宽防护林带设置生态防护走廊，遵循优先保护水质原则，按照干渠管理规定有序建设沿岸森林公园、水系景观、绿化廊道等，打造体现航空文化内涵、集生态保护和休闲游览于一体的景观带。

5. 沿新107国道生态走廊。在实验区新107国道两侧，规划建设防护林带，形成错落有致、纵贯南北的生态景观长廊。

二、郑州航空港区域优势

郑州航空港经济综合实验区获国务院批准为国家首个以航空经济为主题的实验区，有其自身的竞争优势：

1. 区位条件优越，拥有竞争力强的国际航空枢纽。郑州航空港地处我国内陆腹地，空域条件比较好，便于接入国内国际主要航路航线，适宜联通东、西、南、北航线，开展联程联运。有利于辐射京津冀、“长三角”、“珠三角”、成渝等主要经济区，具有发展航空运输的独特优势。

郑州新郑国际机场是全国八大枢纽机场之一，是国内干线运输机场和国家一类航空口岸，规划建设5条跑道。2014年，郑州新郑机场累计完成货邮吞吐量37.04万吨，同比增长44.86%；旅客吞吐量1580.54万人次，同比增长20.29%，客、货运量增速在全国大型机场中排名均为第一；在郑州机场运营的货运航空公司增至17家，通航城市增至90余个，除非洲外，郑州发出的货物已能通过航空直达世界各地。

2. 陆空衔接高效，具备完善便捷的空路联运体系。郑州市是全国铁路网、高速公路网的重要枢纽，陆空联结、多方式联运、内捷外畅的现代交通运输体系日益完善，郑州的综合交通枢纽地位持续提升，可构建以空港为中心的放射状陆路交通网络。

“三纵两横”高速公路网：建成登封至商丘、机场至周口等地方高速公路，与京港澳高速、机场高速和郑民高速共同构成高速公路网。

“五纵六横”干线公路网：升级改造G107相关路段和S102、S223、S221线，形成干线公路网。

“米”字形的铁路网：建成郑州东站至郑州机场至许昌、郑州机场至登封至洛阳、郑州至焦作、郑州至开封等城际铁路，形成以郑州为中心的铁路网。

3. 开放活力彰显，覆盖开放度高的新郑综合保税区。综合保税区、保税物流中心、出口加工区、铁路集装箱中心站等集中布局，航空、铁路、公路口岸功能不断完善，各类园区与航空港联动机制初步建立，开放型经济发展势头强劲。2013年一季度郑州航空港区进出口总额增长20.9%，占河南省进出口的56.3%，对全省外贸进出口增长的贡献率为91.2%，拉动全省进出口总额位居中部六省第一。年实验区进出口总额达294亿美元。2014年，外贸进出口总额完成379亿美元，约占全省进出口总额的55%。继续领跑全省180个产业集聚区与全市四个开发区。

2010年10月24日，郑州新郑综合保税区获国务院批复，成为中部地区第1个、全国第13个获批的综合保税区，规划面积5.073平方千米，2011年11月4日正式封关运行，是我国目前开放层次最高、政策最优惠、功能最齐全的特定经济功能区域，目前正在积极实施区港联动、区区联动。

三、郑州航空港战略定位

以“建设大枢纽、培育大产业、塑造大都市”为发展主线，以郑州大型航空枢纽建设为依托，以航空货运为突破口，着力推进高端制造业和现代服务业聚集，推进产业和城市融合发展，推进对外开放合作和体制机制创新，力求将郑州航空港经济综合实验区打造成为“国际航空物流中心、以航空经济为引领的现代产业基地、内陆地区对外开放重要门户、现代航空都市、中原经济区核心增长极”。

四、郑州航空港发展目标

到2017年，实验区基础设施、公共服务、产业体系初步形成，主要功能区开发建设初具规模，航空港经济发展初见成效。机场二期工程建成使用，国际航空货运能力大幅提升，连接实验区内外的主要交通通道基本建成；航空设备制造维修、与航空关联的高端制造业和现代服务业快速发展，集聚一批具有国际竞争力的知名品牌和优势企业，航空港开放门户地位基本确立；市政基础设施和公共服务设施支撑有力，航空都市框架基本形成。

到2025年，建成富有生机活力、彰显竞争优势、具有国际影响力的实验区。国际航空货运集散中心地位显著提升，航空货邮吞吐量达到300万吨左右，跻身全国前列；形成创新驱动、高端引领、国际合作的产业发展格局，与航空关联的高端制造业主营业务收入超过10000亿元；建成现代化航空都市，营商环境与国际全面接轨，进出口总额达到2000亿美元，成为引领中原经济区发展、服务全国、连通世界的开放高地。

图7-9　郑州航空港经济综合实验区展示厅

五、郑州航空港发展现状

2013年是郑州航空港经济综合实验区建设元年,2014年是建设“提速年”,2015年是航空港经济综合实验区枢纽建设的“关键之年”、产业培育的“项目建设之年”、改革创新的“攻坚之年”。

郑州航空港经济综合实验区确定“1+3+8+N”的招商引资工作思路。“1”即制定一个总体招商工作实施方案;“3”即围绕航空物流、高端制造、现代服务业三大主导产业,紧盯世界500强、国内500强和行业20强三类企业开展招商;“8”即将三大主导产业细分为航空物流产业园、智能终端产业园、电子信息产业园、精密机械产业园、电子商务产业园、商贸会展产业园、生物医药产业园、航空制造维修产业园八大产业园;“N”即在每个产业集群确定若干个具体项目,编制招商图谱,制定专项方案,一企一策,强力推进。目前,在港区管委会的管理下,郑州航空港经济综合实验区航空物流业发展迅速,产业园项目全速推进,公共服务基础设施加强完善。

1. 航空物流业发展迅速。郑欧班列实现常态化,郑州口岸已成为欧洲汽车进入内陆市场最经济、最便捷的国际物流大通道。

2. 跨境贸易电子商务运行以来,取得明显成效。截至2015年1月份,跨境贸易电子商务业务量已突破100万票,货值近9000万元,业务量和征税额均在全国5个试点城市前列。

3. 随着富士康集团入驻河南,郑州已成为全球最大的苹果智能手机生产基地。2014年,港区实现手机产量1.43亿部,约占全球供货量的1/8。

4.2015年3月,郑州航空港经济综合实验区已筛选出279个项目作为今年的重点建设项目,并将成立四个片区组团指挥部推动项目建设。279个重点项目总投资3868亿元,涉及产业发展、基础设施、公共服务等多个领域。产业项目中,有三类项目是重中之重,即航空物流、高端制造和现代服务业。

总投资259.5亿元的21个航空物流项目力争年内完成投资18.9亿元,主要包括中外运中部区域物流网络枢纽、TNT中原陆运中转枢纽、普传物流等续建项目,菜鸟中国智能骨干网、TCL华中电子商务配送中心、唯品会中部运营中心项目、苏宁华中地区物流枢纽、顺丰郑州电商产业园等新开工项目。

总投资1319.4亿元的72个高端制造类项目计划年内完成投资95.2亿元,主要包括富士康后续项目、酷派手机产业园、智能终端产业园二期、友嘉精密机械产业园、中泽生物产业园等项目。

总投资1463.4亿元的46个现代服务业项目计划年内完成投资88.3亿元,主要包括正弘中央公园、丹尼斯购物中心、河南移动数据中心、世纪文化创意产业园、罗斯洛克文化艺术保税交易中心等项目。

基础设施及公共服务项目主要包括机场二期工程、综保区三期围网建设,新开或续建60条道路,新建或续建29所学校、兰花河公园、梅河公园、青年公园、郑州市第一人民医院等。

5.积极推行招商工作。2015年前两个月,郑州航空港经济综合实验区先后举办多次招商活动,与美国高通、IBM、超微公司等近百家国内外知名企业进行接洽会谈。目前,该区已与韩国NVK公司签订柔性透明OLED项目投资协议,与民生投资公司签订500亿元投资战略合作协议。美国超微公司4月份来郑就相关生产基地进行考察对接,正威集团与53家手机整机和配套企业签订入园协议。

河南省委书记郭庚茂提出,河南省将主动自觉地融入国家“一带一路”战略,提升实验区在国家战略中的地位,并通过郑州航空枢纽的能力建设保障实验区的良好发展态势，推动实验区航空经济实现由量变到质变的转化，以及高端产业的聚集。从目前各项工作的发展趋势上看，郑州航空港经济综合实验区积极攻坚克难，向港区发展目标努力前行。

六、郑州航空港发展特点

郑州航空港经济综合实验区规划的出台，意味着我们的区域布局从陆地走向海洋，又从海洋走向空运。这个布局正在不断地完善。郑州航空港经济综合实验区是国家批复的第一个以临空经济为主题的区域发展规划，具有不少亮点和特点。

第一个特点，紧扣临空经济发展主题。充分体现航空特色是规划最鲜明、最突出的特点。整个规划以发展航空经济为主线，在指导思想、战略定位、发展目标，以及设置的重要任务中都体现航空港区的特点，打造区域核心增长极，推动中西部经济实现可持续发展。

第二个特点，突出了实验和创新的功能。这个规划不仅是发展航空运输、航空经济的规划，也是体现改革创新的规划。关于航空经济发展的重要领域、重要环节、重要方面的先行先试都提出了要求，而且有一些具体举措。比如改革航空管理体制，进一步开放航权；进一步改革监管体制，推进通关便利化迈向新台阶；打造和国际化接轨的营商环境，这对建设郑州航空港经济综合实验区这样的开放高地具有至关重要的意义。

第三个特点，体现了中原经济区战略规划的核心要求。规划对于郑州航空港经济综合实验区有五个定位，其中一个定位是“中原经济区核心增长极”。这一点不仅体现了实验区的发展要求，同时在各个方面都把握了中原经济区发展规划中所提出的重要要求。比如中原经济区建设的核心内容，就是在不牺牲农业和粮食、不牺牲生态和环境的前提下，探索新型城镇化、新型工业化、新型农业现代化协调发展的路径。郑州航空港经济综合实验区，在某种程度上是中原经济区发展的缩影，如果在实验区内把这些关系都处理好，那么就为中原经济区的发展提供了路径和示范。

七、郑州航空港发展的意义

2012年11月,国务院批复了《中原经济区规划》,短短四个月之后又批复了《郑州航空港经济综合实验区发展规划》,河南省委副书记、省长谢伏瞻说过,在半年的时间之内,国务院连续批复了《中原经济区规划》和《郑州航空港经济综合实验区发展规划》,这体现了党中央、国务院对于河南经济社会发展的关心和支持。这两个规划一脉相承、紧密联系。规划建设郑州航空港经济综合实验区是在《中原经济区规划》中提出的明确要求,是推进中原经济区建设的关键环节和重大举措,对于实现《中原经济区规划》的战略定位和目标任务具有非常重要的意义。

这主要体现在三个方面,可以概括为三个"有利于":

一是有利于构建中原经济区的战略突破口。规划郑州航空港经济综合实验区,就是通过建设大型的航空枢纽,增强多种要素的集聚功能,增强郑州的辐射带动作用,加快建设具有核心竞争力的高端制造业和核心增长极,辐射带动周边区域联动发展,进一步强化新型城镇化的引领作用、新型工业化的主导作用、新型农业现代化的基础作用,充分发挥信息化的综合带动提升作用,在坚持推动"三化"协调的同时促进"四化"同步。

二是有利于高端制造业和现代服务业的集聚发展,促进产业结构升级和发展方式的转变。改革开放30多年,河南的经济发展取得了辉煌成就。但是在经济总量迅速增长的情况下,我们同全国一样面临着结构调整、转变发展方式的巨大挑战。建设郑州航空港经济综合实验区就是要通过大力发展与航空运输紧密相关的产业,包括电子信息、生物医药、飞机维修、航材制造等产业的发展,吸引高端研发、总部经济、仓储、物流、金融、会展等现代服务业在郑州航空港经济综合实验区集中布局,形成高端制造业和现代服务业的一个重要集聚区,带动产业转型升级,促进发展方式转变。

三是有利于建设内陆开放高地,探索像河南这样的中部地区全方位扩大开放的新途径。建设郑州航空港经济综合实验区重要的目的就是弥补河南不沿边、不沿海的区位制约，充分发挥航空最便捷的通道作用，高水平地承接国内产业转移，加速融入全球产业链和产业分工体系，吸引人流、物流、资金流、信息流在实验区集聚，在更广领域、更高层次参与全球经济合作，形成中原经济区和内陆地区的开放新高地，提升对外开放水平。

建设郑州航空港经济综合实验区是河南的机遇，也是全国和世界的机遇。河南有超过一亿的人口，河南的发展对全国的影响是不言而喻的。河南巨大的市场和人力资源优势充分发挥出来，能够辐射和带动周边地区的发展。所以，建设郑州航空港经济综合实验区，对于全国来说也有非常重要的意义。

八、郑州航空港创新河南形象

过去，河南作为农业大省，人口众多，经济发展缓慢。正当河南人在埋头发展经济的时候，却受到几乎全国范围内的地域歧视，甚至有“防火防盗防河南人”一说。河南人在外经商、打工，总会遭受不公正的待遇。商店“河南人不得入内”，人才招聘“河南籍免谈”，交易会上“河南产品免谈”，外商不敢投资河南，等等。河南人总被贴上不诚信、素质低、没文化的标签，这些情况让河南人苦不堪言。

近年来，河南形象在全国范围内有了明显的改观。不管是在省内还是省外，河南人都可以与其他省人一样平等、自由地工作和生活。这不仅得益于河南经济社会的发展、社会风气的改变，还与千千万万个河南人用自己的实际行动向外传播正能量、改变河南形象有关。从2000年起，河南省委书记陈奎元、李克强、徐光春、卢展工、郭庚茂都认识到树立河南新形象的重要性，并实施重要举措力改河南形象。2009年，卢展工调任省委书记时，总结了八种河南人形象：“普通通河南人、踏踏实实河南人、不畏艰险河南人、侠肝义胆河南人、包容宽厚河南人、忍辱负重河南人、自尊自强河南人、能拼会赢河南人”。2015年3月，省委书记郭庚茂到访北京“河南人之家”时为河南人代言，有底气地说：“我是河南人。”

同时，新闻宣传、媒体传播推动了河南新形象的树立。近年来，

“感动中原”“文明河南”等活动深入展开，受到人们的广泛关注。《河南日报》《大河报》《郑州晚报》等本土报纸层出不穷的报道，展现出河南新形象，将河南正能量传遍全国。河南专家学者、社会团体也在为河南形象努力，作家二月河出生在山西，却始终把自己当成河南人。“河南好人”不断涌现，在各种媒体上经常有关于河南的好人好事、见义勇为等报道。总之，河南人在用自己的一言一行传递着正能量，努力把河南人心中善良朴实的种子播撒出去。

郑州航空港经济综合实验区的规划建设则给河南形象增添了一抹亮丽的色彩。它的出现不仅使河南摆脱了贫穷、懒惰、没文化的形象，还使河南形象在原有的基础上更上一层楼，使河南走在了全国前列。郑州航空港是河南省向全国人民展示的新面孔，是河南省闪耀的新名片，它代表的是自信、开放、创新的现代活力都市形象。河南省地处内陆腹地，自古至今都是连通中国东、南、西、北的交通枢纽，而以综合交通枢纽为依托，以发展航空货运为突破口的郑州航空港经济综合实验区则为郑州、为整个河南带来了新鲜活力，提升了全国人民对河南形象的整体心理定位，而河南人也会为自己是河南人而感到骄傲、自豪，由衷地说出一句：“我是河南人，我骄傲！”

（一）郑州航空港作为河南省新标签在全国范围内广泛传播

20世纪著名的哲学家波普尔提出了颇有影响力的“三个世界的理论”：第一世界是物质世界，第二世界是精神世界，第三世界则是符号世界。我们不仅生活在物质和精神世界当中，还生活在“符号产品”异常发达的世界里。随着现代科学技术的日新月异，人与符号之间的交流方式更加多样，人与符号的关系更加密切。

瑞典语言学家索绪尔把符号分为语言符号和非语言符号。在人们的日常交流中，不管是哪种类型的符号，都是信息编码和解码的过程。信息的发出者首先要把想要传播出去的信息表示成一定的符号，通过特定的媒介传送给接收者，接收者把接收到的一系列符号翻译成原来的信息，这样才算完成了传播过程。这样，传播信息的过程可以看成是反复编码和解码的过程。比如：看到“马踏飞燕”符号,就能让人想到它是中国旅游标志;提到“包青天”,就能想到河南开封;提到少林寺,就能想到河南登封;提到龙门石窟、白马寺,就能想到河南洛阳。包青天、少林寺、龙门石窟、白马寺、豫剧、河南烩面,等等,这些都已汇聚成人们对河南的符号表达。

2013 年,郑州航空港经济综合实验区经国务院批准,成为首个上升到国家战略层面的航空港经济发展先行区。郑州航空港经济综合实验区以郑州航空港为核心,辐射带动周边地区及相关产业的发展,从而带动中原经济区的规模式发展。2013 年是实验区的建设元年,各项项目思路初步形成并积极落实;2014 年是实验区项目建设的提速之年,项目全速推进;2015 年是实验区的关键攻坚之年,推动枢纽建设和产业项目培育,进一步加大改革创新力度。两年多来,郑州航空港经济综合实验区根据既定的发展目标和方向踏踏实实平稳发展着,它的每一步发展也被众多河南媒体及全国主流媒体记录着。现在提到航空港,首先让人想到的就是郑州航空港经济综合实验区。郑州航空港成为河南省的新型代名词,是除了少林寺、豫剧、龙门石窟之外的河南省的新符号、新标签,这也正是信息传播中信息编码和解码的最好范例,如果有人提到“航空港”,人们通过接收、翻译信息,联想到的前两个词汇便是“河南”“郑州”了。郑州航空港经济综合实验区的飞速发展推动其带着河南的独特魅力在全国范围内广泛传播。

(二)郑州航空港促进河南城市品牌形象建设

城市品牌是城市建设者分析、提炼、整合所属城市的独特的(地理、人造自然)要素禀赋、历史文化沉淀、产业优势等差异化品牌要素,并向城市利益相关者提供持续的、值得信赖的、有关联的个性化承诺,以提高城市利益相关者对城市的认同感效应和满意度,增强城市的聚集效应、规模效应和辐射效应。从定义来看,城市品牌是有独特性、差异性、唯一性的,具有区别于其他城市的独特魅力。城市形象,一般是城市给人的印象和感受,包括三个部分:城市信仰与城市基本理念系统、城市行为系统、城市视觉识别系统。可以代表城市形象的东西有很多,比如道路、交通、建筑物、旅游景点、服务设施等，而城市的风土人情、市民行为、文化氛围等才是形成城市形象的关键内容。

郑州航空港经济综合实验区以郑州航空港为核心，是国内首个以航空经济为主题的航空港实验区，能驱动航空物流、高端制造业及现代服务业协同发展，带动郑州、开封、中牟等地区经济发展，进而促使整个中原经济区的经济水平呈蓬勃上升趋势。郑州航空港经济综合实验区本身就是河南的一个新品牌。根据城市自身的特点，城市品牌可以分为政治型品牌、经济型品牌、交通型品牌、文化型品牌、旅游型品牌等，郑州航空港经济综合实验区则属于其中的交通型品牌。新郑国际机场是全国八大枢纽机场之一，郑州航空港经济综合实验区的规划建设无疑提高了新郑国际机场的国际枢纽地位，为河南打造出区域性品牌，提升了河南的美誉度和影响力。

郑州航空港经济综合实验区的发展以航空大都市建设为中心。航空大都市的概念是由美国教授约翰·卡萨达提出的，用来形容一种基于空中交通而发展起来的城市形态。在国际上，孟菲斯、仁川、香港和迪拜都是当今世界上著名的航空大都市。美国中南部的孟菲斯因地理位置优越，航运和铁路运输发达，曾连续 18 年成为世界上最繁忙的货运机场；韩国仁川机场是韩国最大的国际机场，也是东北亚的交通枢纽，基础设施完善，管理高效便利；香港国际机场航空网络发达，并具有得天独厚的经济区位优势，实行了与国际接轨的经济体制与政策；目前在建的迪拜世界中心是世界首个专门建立的航空城，是现今世界上最大的航空大都市。四个国际航空大都市各有特点，但也有共同的地方：地理位置优越，交通条件便利，基础设施完善，服务高效便捷，具备自由开放的经济环境，经济腹地广阔。郑州航空港连通全国东、南、西、北，地理位置优越，而郑州航空港经济综合实验区在既定规划的基础上发展交通运输体系，积极培育产业园区项目，规划建设“集约、智能、绿色、低碳”的航空大都市。航空大都市的城市形象定能增加河南郑州的独特魅力，使其声名远播海内外。

(三)郑州航空港促进河南城市媒介形象建设

媒介形象通常是指媒介的社会形象,是公众对媒介所持有的观点看法,是媒介消费者对于媒介的知觉性概念,是由媒介外在和内在的特征和风格构成的,常常经由公共宣传、广告和公共关系等有意识地树立或更正。

城市通过树立媒介形象,可以为吸收优秀人才创造良好的外部条件。城市媒介形象能使人产生强烈的荣誉感、归属感。能给人巨大的发展空间,进而形成城市凝聚力,吸引外部优秀人才拥入城市;城市通过树立媒介形象,可以取得社会各界的资金支持和社会支援。良好的城市媒介形象能增强城市的知名度、信誉度和社会影响力,促使城市获得社会政治、经济、文化各界的支持和帮助;城市通过树立媒介形象,可以得到公众的支持和理解。良好的城市媒介形象一旦通过媒介传播植根于公众心中,这座城市就形成了自身竞争优势和无形的财富。

目前,我国城市媒介形象的传播存在一些问题:(1)传播手段单一,传播内容单调乏味。现在全国大多数城市依然通过口号、标语或内容单调、形式相似的宣传片来向公众宣传和推广。比如,所有河南的宣传片中几乎都包括几个元素——少林寺、黄河、河南烩面、龙门石窟,还有另外一些宣传片制作粗糙,质量低劣。(2)与城市公众互动少。现在的公众不再只是被动的信息接收者,还可能变成信息制作的参与者,目前城市形象的官方单向传输严重制约了公众参与城市形象传播的积极性。(3)只停留在传统媒体的利用上,没有准确把握新媒体的使用。政府的媒介使用策略还停留在传统的媒介宣传和动员上,没有认识到网络、手机、平板电脑等媒介工具对城市媒介形象传播的重要性。

郑州航空港经济综合实验区依托中原经济区的地域优势,中原经济区位于中国中心地带,范围涵盖河南全省,辐射周边,地理位置优越,市场潜力巨大,文化基础浓厚,在国内改革发展浪潮中居于重要战略地位。古有“得中原者得天下”之说,其区位优势可见一斑,郑州航空港经济综合实验区与中原经济区的发展相互影响、相互促进。郑州航空港经济综合实验区依托中原经济区地域优势得到发展,形成中原经济区核心增长极,反过来,也能推动中原经济区成为支撑全国经济发展的新的经济增长版块。

随着中原经济区和郑州航空港经济综合实验区的共同发展,全国各大传统主流媒体和省内媒体时刻关注着郑州航空港经济综合实验区的发展进度,郑州航空港经济综合实验区不仅受到传统媒体的青睐,新浪、网易、光明网、凤凰网、腾讯·大豫网、映象网等门户网站和网络媒体也都争相传播郑州航空港的发展步伐。在媒体的集中关注下,郑州航空港经济综合实验区俨然成为河南郑州的城市媒介形象代言。郑州航空港经济综合实验区有助于推动河南城市形象建设,郑州航空港经济综合实验区的规划建设目标是建成富有生机活力、彰显竞争优势、具有国际影响力的实验区,成为引领中原经济区发展、服务全国、连通世界的开放高地。河南媒介形象增加了郑州航空港这一角色,就相当于给河南增添了自由、开放、自信、创新的城市形象,一改往日土、穷、没文化的河南形象。

郑州航空港经济综合实验区不仅成为郑州市经济发展的新版块,还成为中原地区的发展龙头,在交通、产业、生态环保方面都起着示范作用。郑州航空港经济综合实验区的规划建设,对河南经济的跨越式发展具有重要影响作用,将吸引更多的优质企业和优秀人才流入河南郑州,也将直接推动郑州成为全国第一个航空大都市,促使河南城市形象品牌建设、河南媒介形象建设跨上一个新台阶。郑州航空港经济综合实验区在万众瞩目下,定会沿着自己的发展轨迹,踏着坚定的步子,走出充满活力、经济稳步发展的国际化路子。乘中原地区临港发展的新机遇,河南人民将实现富裕的梦想,河南将实现经济腾飞的梦想,中国临空经济将与国际接轨,实现大发展、大繁荣的梦想。

注释

[1]朱云龙.关于传媒塑造河南形象的研究[J].今传媒,2011(7):67-68.

[2]徐国定.形象学[M].深圳:香港国际海洋出版社,1998:26.

[3]刘继楠等.国际传播与国家形象一国家关系的新视角[M].北京:北京广播学院出版社,2002:284.

[4]管文虎.国家形象论[M].西安:电子科技大学出版社,1999:22.

[5]张毓强.国家形象刍议[J].现代传播,2002(2):228.

[6]李希光等.全球传媒评论(Ⅲ)[M].北京:清华大学出版社,20099:5.

[7]刘继南.国际传播——现代传播论文集[C].北京:北京广播学院出版社,2000:27.

[8]刘小燕.关于传媒塑造国家形象的思考[J].国际新闻界,2002(2):61.

[9]汤光鸿.论国家形象国际问题研究[J].2004(4):19.

[10]杨伟芬.渗透与互动——广播电视与国际关系[M].北京:北京广播学院出版社,2000:25.

[11]李寿源.国际关系与中国外交——大众传播的独特风景[M].北京:北京广播学院出版社,1999:305.

[12]管文虎主编.国家形象论[M].西安:电子科技大学出版社,1999:1-3.

[13]程曼丽.大众传媒与国家形象塑造[EB/OL].人民网.http://media,people,com.cn/GB/40628/5815856.html.

[14]张昆. 国家形象传播[M]. 上海:复旦大学出版社,2005:183-185.

[15]张毓强. 国家形象刍议[J]. 现代传播,2002(2):30.

[16]郭宏斌. 地域歧视形象的社会建构分析[J]. 甘肃社会科学,2010(2):74-77.

[17]陈宁. 地域歧视的话语、权利与真相——记忆中的"东北人"形象及其建构过程[D]. 长春:吉林大学,2005:4-5.

[18]郭宏斌. 地域歧视形象的社会建构分析[J]. 甘肃社会科学,2010(2):74-77.

[19]胡正荣. 传播学总论[M]. 北京:中国传媒大学出版社(原北京广播学院出版社),1997:101.

[20]索绪尔. 普通语言学教程[M]. 北京:商务印书馆,2002:37-38.

[21]王铭玉,宋充. 中国符号学研究 20 年[J]. 外国语. 2000(1):13-21.

[22]卢德平. 皮尔士符号学说再评价[J]. 北方论丛. 2002(4):99.

[23]赵林娟. 符号研究的文化维度[D]. 哈尔滨:黑龙江大学,2010:5.

[24]胡正荣. 传播学总论[M]. 北京:中国传媒大学出版社(原北京广播学院出版设),1997:102.

[25]郭庆光. 传播学概论[M]. 北京:中国人民大学出版社,1999:43.

[26]洛克. 人类理解论(下册)[M]. 北京:商务印书馆,1998:721.

[27]恩斯特·卡西尔,甘阳译. 人论[M]. 上海:上海译文出版社,1986:34.

[28]爱德华·霍尔,何道宽译. 超越文化[M]. 北京:北京大学出版社,2010:16.

[29]赵林娟. 符号研究的文化维度[D]. 哈尔滨:黑龙江大学,2010:2.

[30]爱德华·霍尔,何道宽译. 超越文化[M]. 北京:北京大学出版社,2010:序16-17.

[31]郭小霞. 河南形象的媒体建构[J]. 青年记者,2012(11):10.

[32]孙法智. 在历史与现实中重新打造河南形象——"新世纪河南形象研讨会"综述[J]. 河南社会科学,2002,10(2):109.

[33]焦锦森. 塑造河南形象重在提升文化品位[J]. 河南社会科学,2002(03):18-20.

[34]王冬梅. 青年网民心目中的河南形象[J]. 新闻爱好者,2012(1):12-13.

[35]新浪发布政务微博报告　河南政务微博排名全国第四. 新浪网,http://news.sina.com.cn/o/2013-05-07/042927043881.shtml.

[36]河南成全国唯一同时成功"双申遗"省份. 河南省人民政府,http://www.henan.gov.cn/zwgk/system/2014/06/24/010481633.shtml.

[37]河南省"十二五"旅游产业发展规划. 河南省人民政府,http://www.henan.gov.cn/zwgk/system/2012/02/16/010291177.shtml.

[38]台湾教授回应"茶叶蛋"言论:河南乡村真吃不起. 新华网,http://news.xinhuanet.com/tw/2014-03/27/c_126325122.htm

[39]吴建勋. 进言河南形象危机管理[J]. 公关世界,2004,06:30-32.

[40]程曼丽,王维佳. 对外传播及其效果研究[M]. 北京:北京大学出版社,2011:139.

[41]沃尔特·李普曼著,阎克文等译. 公众舆论[M]. 上海:上海人民出版社,2002:67.

[42]周志懿. 媒体竞争:传播力制胜[J]. 传媒,2006,08:49-51.

[43]李生校. 企业策划学[M]. 北京:科学出版社,2012:127.

[44]张继焦,帅建淮. 成功的品牌管理[M]. 北京:中国物价出版社,2002:103.

[45]李巍,陆林.符号营销:市场营销模式的新视角[J].现代企业教育,2007,24:52-53.

[46]宋奕勤,范蓓.城市品牌形象的符号化传播基础理论研究[J].中国艺术,2012,01:146.

[47]郭庆光.传播学教程[M].北京:中国人民大学出版社,2010:85.

[48]徐光春.一部河南史　半部中国史[N].光明日报,2009-11-19010.

[49]申凡.传播学原理[M].武汉市:华中科技大学出版社.2012:281.

[50]陆小华.新媒体观:信息化生存时代的思维方式[M].北京:清华大学出版社,2008:66.

[51]甘惜分.新闻学大辞典[M].郑州:河南人民出版社,1993:5.

[52]现代汉语词典(第六版)[M].北京:商务印书馆,2012:1304.

[53]习近平在河南考察:中国梦需要中原更加出彩,新华网,http://www.ha.xinhuanet.com/zfzx/2014-05/12/c_1110636306.htm

[54]刘明华,徐泓,张征.新闻写作教程[M].北京:中国人民大学出版社,2002:147.

[55]董广安著.现代新闻写作教程[M].郑州:郑州大学出版社.2010:26.

[56]新华社记者李斌,河南日报记者平萍、张建新.粮食生产王牌不能丢商贸物流目标向全球[N].大河报,2014-5-11A02.

[57]谭勇.我省GDP去年首破3万亿大关[N].河南日报,2014-01-24001.

[58]舆论监督,百度百科,http://baike.baidu.com/link?url=MFDCgL7J3RZaNrAsQxxVNbQQVup5X9FNAaTgkYN_yCBytVvujo37kk-AtxXDFt3Yc9YfYik8bH7QWHYTxg5BUq.

[59]《天不下雨　水不停送》,《中国青年报》,2009年2月8日。

[60]《破解青年创业融资难的“河南模式”》,《中国青年报》,2011年3月18日。

[61]《青丝成白发,孝心不改——谢延信》,《中国青年报》,2009年12月27日。

[62]《“房妹”之父翟振锋被刑拘》,《中国青年报》,2013年1月7日。

[63]《河南周口暂停“平坟复耕”问题依然难解》,《中国青年报》,2012年11月22日。

[64]《医科毕业生下基层卡在何处》,《中国青年报》,2009年8月29日。

[65]《打造外出务工青年的温馨家园》,《中国青年报》,2010年6月14日。

[66]《河南耿庄盘活土地走上富强路》,《中国青年报》,2009年1月2日。

[67]《河南五年内将成“电动汽车城”》,《中国青年报》,2010年1月6日。

[68]《河南:补贴省扶贫开发工作重点村村官》,《中国青年报》,2009年5月8日。

[69]《团事新办　河南一青年微博入团》,《中国青年报》,2012年4月29日。

[70]《失踪的安阳市委副书记李卫民涉嫌受贿被立案》,《中国青年报》,2010年9月1日。

[71]《整治“齐抓不管”:谁收费谁负责》,《中国青年报》,2011年3月18日。

[72]《哪一天,孩子们将不用自带桌椅上课》,《中国青年报》,2010年9月3日。

[73]《一名基层公务员对“禁酒令”的期待》,《中国青年报》,2009年3月11日。

[74]《河南团组织:服务大局　彰显价值》,《中国青年报》,

2011 年 11 月 17 日。

[75]《郑州向社区分配精神病筛查指标引质疑》,《中国青年报》,2013 年 10 月 13 日。

[76]《富裕村的大学生村官能干啥》,《中国青年报》,2010 年 11 月 19 日。

[77]《迁址保护还是为拆迁开路》,《中国青年报》,2012 年 3 月 16 日。

[78]依据问卷星网站 http://www.sojump.com/report/3669257.aspx 提供的技术支持,结合研究所需设计问卷,调查对象面向全国及海外,于 2014 年 7 月 17 日发放调查问卷,至 2014 年 8 月 6 日回收问卷,共计 20 天,得到有效问卷共 145 份。

[79]《刘庄:"长工村"到"明星村"》,《中国青年报》,2009 年 6 月 15 日。

[80]《河南团组织探索服务青年创业成才新模式》,《中国青年报》,2013 年 4 月 28 日。

[81]江根源,季靖. 地区媒介形象:传统、权威与刻板印象[J]. 新闻与传播研究. 2006(04):62.

[82]黄旦. 组织喉舌:中共党报延安范式的确立——延安,《解放日报》改版再审观[R]. 香港:"民国时期知识分子与报刊学术研讨会",2007.

[83]江根源,季靖. 城市媒介形象:中国新闻体制下历史和现实的建构[A]. 中国传播学评论第四辑[C]. 上海:复旦大学出版社,2009:329.

[84]数据取自中华人民共和国国家统计局分省数据查询. [OB/DL]. http://data.stats.gov.cn/workspace/index? m=fsnd.

[85]百度百科. 注意力经济[EB/OL]. http://baike.baidu.com/view/128883.htm? fr=aladdin,2014-08-22.

[86]第 33 次中国互联网络发展状况统计报告[R]. 北京:中国互联网络信息中心,2014.

[87]李建伟,尚露露.河南省2012年重大突发事件舆情分析[J].中州大学学报,2013(4):76.

[88]新浪微博介绍[EB/OL].http://vdisk.weibo.com/s/A-q4TgwKcDRE,2014-4-20.

[89]2013政务微博年终盘点[EB/OL].http://henan.sina.com.cn/city/zt/hnzwwbpd/index.shtml.

[90]2013年新浪政务微博报告[R].北京:人民网舆情监测室,2013.(本部分关于新浪政务微博的统计数据,均来自人民网舆情监测室与新浪微博联合发布的四份新浪政务微博报告:即2013年第一季度新浪政务微博报告、2013年上半年新浪政务微博报告、2013年第三季度新浪政务微博报告、2013年新浪政务微博报告)

[91]国务院办公厅关于进一步加强政府信息公开回应社会关切提升政府公信力的意见[EB/OL].http://www.gov.cn/zwgk/2013-10/15/content_2506664.htm,2014-4-20.

[92]2013年中国政务微博客评估报告[R].北京:国家行政学院电子政务研究中心,2014.因此报告综合了新浪网、腾讯网、人民网、新华网四家政务微博数据,因此评选结果中会出现一些其他微博平台的入选微博。(本文引用的中国政务微博客评估报告的数据均出自此份报告)

[93]新浪微博风云影响力榜说明[EB/OL].http://data.weibo.com/top/help#tag5,2014-4-20.

[94]新浪微博2013年12月份政府影响力风云榜[EB/OL].http://data.weibo.com/top/influence/govern?class=0006&type=month&level=3&open=1,2014-4-20.

[95]新浪河南:2013政务微博年终盘点[EB/OL].http://henan.sina.com.cn/city/zt/hnzwwbpd/index.shtml,2014-4-20.

[96]嘉琛.政府发言人探索微博时代“新群众路线”[EB/OL].http://media.people.com.cn/GB/40606/16378223.html,2014-4-20.

[97]新浪政务微博考核管理办法(针对独立官博)[EB/OL].

http://vdisk. weibo. com/s/A - q4TgwJY7Vj,2014 - 4 - 20.

[98]本部门内容完成时间为2013年4月20日。

[99]曹劲松. 政府网络传播[M]. 江苏:江苏人民出版社,2010. 65 - 69.

[100]中华人民共和国突发事件应对法[EB/OL]. 新华网. http://news. xinhuanet. com/legal/2007 - 08/30/content_6637105. htm.

[101]刘毅. 网络舆情研究概论[M],天津:天津人民出版社, 2007:51.

[102]舆情[EB/OL]. 百度百科. http://baike. baidu. com/view/2143779. htm.

[103]郭启朝. 屈连文. 57岁环卫工阻止乱倒垃圾遭暴打[N]. 大河报,2012 - 10 - 29(A11).

[104]第30次中国互联网络发展状况统计报告(R). 中国互联网络信息中心,2012.

[105]刘永. 河南开封千亿豪赌:4年重造北宋"汴京"[EB/OL]. 中国经营网,2012 - 08 - 11. http://news. cb. com. cn/html/26/n - 569926. html.

[106]开封千亿打造汴京舆情报告[EB/OL]. 中青在线. http://yuqing. cyol. com/content/2012 - 08/15/content_6796971. htm.

[107]党生翠. 传统媒体与网络舆论的协同:比较优势理论角度的解读[J]. 现代传播,2012,(1):139.

[108]救人溺亡 不算见义勇为? [EB/OL]. 凤凰网. http://news. ifeng. com/gundong/detail_2012_09/11/17501974_0. shtml.

[109]濮小金. 建立网络舆情应对预案条件分析[J]. 现代商业, 2010,(29):256.

[110]翟春阳. 周口平坟能多打多少粮食[N]. 青年时报,2012 - 11 - 27(A05).

[111]李良荣. 徐晓东. 互联网与民粹主义流行——新传播革命

系列研究之三[J].现代传播,2012,(5):29.

[112]祝华新.单学刚.胡江春.2011年中国互联网舆情分析报告(R).2011.

[113]范达超.论政府应对网络舆情的政策研究[J].内蒙古农业大学学报,2012,(4):228.

[114]外媒评20大中国文化符号[EB/OL].http://history.huanqiu.com/china/2008-11/288494.html

[115]王俊彦.廖承志与日本少林拳法联盟[N].人民政协报,20100729.

[116]阿德,谷文雨,周亚非.走进少林[M].开封:河南大学出版社,2006:161.

[117]顾玉清,宋斌.感知中国风,吹进万国宫[N].人民日报,2010-11-26.

[118]如三门峡空相寺 http://www.damo.org.cn/;商丘观音寺 http://www.sqfj.org/.

[119]慕侠.宗道臣与日本少林武术(下)[J].精武,2004,(7):49-51.

[120]500名美国少林拳法弟子冒雨前往少林寺朝圣[EB/OL].中华网.http://news.china.com/zh_cn/news100/11038989/20060705/13448489.html.

[121]尚若云.独立纪念日皈依少林时 美国500少林弟子"回家"寻根[N].大河报,2006-07-05.

[122]胡劲华.少林功夫保卫战:少林寺国外维权"功夫"难施展[N].北京娱乐信报,2004-06-06.

[123]王少威.鹅坡弟子随温总理出访在阿根廷演出[EB/OL].少林鹅坡武术专修院.http://www.shaolinepo.cn/Article_Show.asp?ArticleID=2540.

[124]刘爱玲.中国嵩山少林寺武术学校志[M].香港:天马图书有限公司,2000:25.

[125]沐雨.少林寺武校的洋弟子[J].龙在少林(内部刊物),1999,(5):6-10.

[126]我问释永信方丈:“当做‘遗产’来发展,岂不是少林功夫的悲哀”。方丈说:“叫遗产不一定就是遗产,不一定就不发展。”

[127]飞鸿黄.万片归宗一少林[M].北京:北京联合出版公司,2011:76,81.

[128]飞鸿黄.万片归宗一少林[M].北京:北京联合出版公司,2011:106.

[129]刘爱玲.中国嵩山少林寺武术学校志[M].香港:天马图书有限公司,2000:25.(当然,必须指出的是,真正推动少林寺走向世界的并不单单是一部《少林寺》电影,真正的推动力应该来自改革开放。是改革开放的大背景推动了《少林寺》的拍摄和热映,并使得电影能够迅速传播到世界各地。)

[130]飞鸿黄.万片归宗一少林:史上最全少林揭秘[M].北京:北京联合出版公司:2011:15.

[131]释永信,阿德.少林功夫[M].郑州:少林书局,2006:173-174.

[132]温力.武术与武术文化[M].北京:人民体育出版社,2009:99.

[133]释永信.我心我佛:释永信方丈禅语录[M].北京:华龄出版社,2008:145.

[134]风中菩提[EB/OL].百度百科.http://baike.baidu.com/view/8425776.htm.

[135]释永信.少林学论文集:序[M].郑州:少林书局,2006:序.

[136]释永信.戒律与僧才[J].禅露(内刊),2010,夏卷:4-5.

[137]释永信.关于佛教僧人教育的思考[J].禅露(内刊),2008,秋卷:4-5.

[138]这一判定得益于2012年8月17-20日在少林寺聆听的法宝法师的4次讲座。

[139]阿德,谷文雨,周亚非.走进少林[M].开封:河南大学出版社,2006:164.

[140]李四龙.欧美佛教学术史——西方的佛教形象与学术源流[M].北京:北京大学出版社,2009:16.

[141]李四龙.欧美佛教学术史——西方的佛教形象与学术源流[M].北京:北京大学出版社,2009:449.

[142]尚若云.独立纪念日,皈依少林时,500美国少林弟子归山朝圣[N].大河报,2006-07-05.

[143]转引自叶小文.宗教七日谈[M].北京:宗教文化出版社,中共中央党校出版社,2007:26.

[144]中共中央关于深化文化体制改革推动社会主义文化大发展大繁荣若干重大问题的决定[G].中国共产党第十七届中央委员会第六次全体会议的报告,2011年10月18日.

[145]焦作市地方史志办公室,温县人民政府.陈式太极拳志(增订本)[M].郑州:中州古籍出版社,2008:9.

[146]据《中国体育年鉴》《陈式太极拳志》《日本心身锻炼法纵览》记载:1974年6月5日至17日,日本太极拳代表团访问北京、上海、杭州和广州;1975年10月3日至24日,日本太极拳代表团访问北京、上海、延安、西安等地;1976年11月10日至24日,日本太极拳学习团访问北京、广州、桂林、上海等地。1978年11月,邓小平应日本友人请求,欣然题词"太极拳好";1979年11月,杨名时率领日中友好东京太极拳访中团到中国访问。

[147]资料来源:温县志编委会.温县志[M].北京:光明日报出版社,1991:598-599.

[148]国际武联于1994年10月被国际单项体育联合会接纳为正式会员;1999年6月,国际武联得到国际奥委会的临时承认;2002年2月,国际奥委会正式承认国际武术联合会。

[149]从1991年到2005年成立的66家太极拳社包括:1993年杨振河任名誉会长的日本永年杨式太极拳协会、1995年傅声远在澳

大利亚注册的世界永年太极拳联盟、1995 年杨居昌任主席的新加坡传统杨式太极拳协会、1997 年沈德丰任会长的加拿大永年太极拳社、1998 年杨军在美国创立的国际杨氏太极拳协会、1998 年在赵幼斌授拳基础上建立的泰国永年杨氏太极拳学会、2004 年杨振河任主席的欧洲永年杨式太极拳协会等。

[150]李剑青. 永年太极拳志[M]. 北京:人民体育出版社,2006:570.

[151]崔春冬. 陈正雷传[M]. 郑州:中州古籍出版社,2008:283.

[152]李建华. 太极拳"四大金刚"将在陈家沟开馆授徒[EB/OL]. 大河网(www.dahe.com),2011-08-21.

[153]赵一凡. 日本心身锻炼法纵览[M]. 北京:中医古籍出版社,2003:177-185.

[154]王长青. 少林拳接触传承人刘宝山[M]. 郑州:中原农民出版社,2009:66.

[155]永年太极拳志编纂委员会. 永年太极拳志[M]. 北京:人民体育出版社,2006:442.

[156]肖沛雄,万文双. 中美体育电影文化观念的比较与蝉变[M]. 广州:暨南大学出版社,2012:197.

[157]刘爱玲. 中国嵩山少林寺武术学校志[M]. 香港:天马图书有限公司,2000:27.

[158]飞鸿黄. 万片归宗一少林:史上最全少林揭秘[M]. 北京:北京联合出版公司,2011:73-74.

[159]徐振江,王向前. 太极"推手",请你推推陈家沟[EB/OL]. 河南商报. http://news.163.com/09/0914/11/5J5UN9LI000120GR.html.

[160]飞鸿黄. 万片归宗一少林:史上最全少林揭秘[M]. 北京:北京联合出版公司,2011:74.

[161]就太极拳而言,虽然在影响力上无法找到与《少林寺》一

样具有转折意义的作品,但是出现过有国际影响力的电影。比如好莱坞影片《功夫熊猫》在全球取得超过6亿美元的票房成绩。

[162]何薇.太极大业[EB/OL].华龙网-重庆晨报,20110319. http://news.sina.com.cn/o/2011-03-19/090622143940.shtml.

[163]百度百科.太极禅[EB/OL]. http://baike.baidu.com/view/6512681.htm.

[164]有不少学者从《易经》的哲学思想出发讨论王宗岳的《太极拳论》。《易经》中国传统思想文化中自然哲学与伦理实践的根源,无论是儒家还是道家都从中汲取了不少营养。但是本文还是把注意力放在了儒道佛三家的比较上。

[165]周敦颐虽为巨儒,但是其《太极图说》基本上是受道家影响的。

[166]朱谦之.老子校释[M].北京:中华书局,1984:4.

[167]李泽厚.中国古代思想史论[M].北京:三联书店,2008:11.

[168]道家和道教是两个概念,但是有诸多连接可供沟通。西方就将道家与道教统称为Taoism,一为Religious Taoism,一为Philosophical Taoism。

[169]于志钧.中国太极拳史[M].北京:中国人民大学出版社,2012:8.

[170]王植伦,黄铮生.黄性贤传[M].吉隆坡:立成印务有限公司,1990:230.

[171]王植伦,黄铮生.黄性贤传[M].吉隆坡:立成印务有限公司,1990:229.

[172]崔春冬.中国当代十大武术名师陈正雷传[M].郑州:中州古籍出版社,2008:305.

[173]杨安兵.将各派太极拳统一的可行性研究[D].扬州大学硕士学位论文,2010:27.

[174]李连杰所谓的"中国企业家已经开始行动了,目前已经开始进行资源整合",也不过是"复星集团董事长郭广昌,已经在北京的六

星级酒店建立了太极拳馆;阿里巴巴集团首席执行官马云,要求公司七千人必须练太极;证大集团董事长戴志康,也已经在他六星级酒店的顶楼开设了两层的太极院……”(《李连杰详谈“太极大业”》陈正雷太极网. http://www.czl.cn/html/xwdt/gndt/4082.html)。

[175]孙大光. 推动中国体育文化走出去战略构想[J]. 体育文化导刊,2012,(5):1-4.

[176]太极拳是非奥项目,要想让国家体育总局一下子从“奥运战略”中抽身而出是不现实的,而给政策、给舞台则在不影响当前整体格局的情况下为太极拳发展赢得了空间。

后记

“一部河南史，半部中国史”，河南是中原文化的发源地，也是中国传统文化的缩影，读懂河南，就读懂了中国。地域形象是地域发展中的客观条件和文化内涵的体现，是受众对接受到的信息进行解码和反馈所构成的具有主观性的构建和映射的过程。但不知何时，河南的历史光环由灿烂变得黯淡，河南的形象由辉煌逐渐走向衰落。在相当长的一个时期内，河南形象被外界媒体所误读和曲解，造成了外界对河南人、河南形象的偏见，使河南、河南人承受了难以言表的屈辱。地域形象作为一个地区综合社会发展的集中体现，作为综合反映地区政治、经济、人文等领域发展的主观意识和无形资产，深刻影响着地区人民的自信心和荣誉感，影响着地区形象的认可度和美誉度，同时对地区的主客体和整体发展环境等有着巨大的能动作用。

河南拥有悠久灿烂的历史文化资源，诞生出了许许多多代表河南形象的文化符号。文化符号是地域精神的象征，是地域形象的展现。我们试图通过运用国家、地域形象的理论背景框架，以符号学的视角，并入文化符号的概念进行研究，以河南这一具有代表性的省份进行案例分析，对河南形象符号进行研究与探讨，分析河南形象的现状并为改变这种现状提出对策，尝试给出所能代表河南、河南人、河南精神的文化符号，分析河南文化符号传播的现状和问题，为河南文化符号的发展提出更多建议和意见。对于文化符号的深入理解，会促使我们选择并呈现出最具河南特色，最能表现河南内涵和风格、令人印象深刻、具有极大传承价值的文化符号，从而对内、对外传达出意境深厚、别具一格的河南形象，对于提升河南形象，塑造河南品牌，推动河南和中原地区的发展影响深远。

本书为河南省教育厅人文社会科学重点项目（WX02）结项成果，项目组成员为完成本项目付出了辛勤的劳动，他们有的是高校的教授，有的是高校的青年教师，有的是长期在媒体工作的高级记者，对于河南形象的塑造及传播都有着独到的见解。我们引用了前河南省委书记徐光春同志的《中原文化与中原崛起》一文作为全书的代序，与全书内容十分贴切。本书由李建伟教授统一制订写作计划，并对全书的定稿进行编纂和审定。项目组成员郭奇、赵建国、祁涛、王守国、董彦君、李天姣全程参与了本书的编写工作，河南大学史友宽副教授撰写了本书第七章的第二、三、四节。河南大学新闻传播学院青年教师张锦华和硕士研究生陈连富、杨阳、李梦龙、杜彬、张培培等也参与了本书的资料搜集和部分撰写工作。感谢新媒体平台“豫记”为河南形象符号开展了受众问卷调查，为本书提供了部分第一手资料。感谢大象出版社为本书的出版提供了良好的条件。感谢大象出版社张前进同志为本书的出版进行了精心策划，感谢河南人民出版社高保杰老师为本书的修改提供了很好的意见。此外，由于书中涉及部分介绍性资料，如果涉及版权问题，请与我们联系，在此不再一一感谢。

河南形象文化符号的研究和河南良好形象的传播，是中原崛起需要长期关注的问题，由于时间关系和课题组在学术视野方面的局限，本书所呈现的河南形象文化符号研究成果还有许多方面需要深入挖掘，敬请方家批评指正。

李建伟

2015 年 5 月 15 日于河南大学博雅楼